2011年浙江省会计从业资格考试学习指南

财经法规与会计职业道德

朱 丹 编

机 械 工 业 出 版 社

本书是2011年浙江省会计从业资格考试“财经法规与会计职业道德”的辅导用书，是帮助参加会计从业资格考试人员顺利通过本门考试的必备辅导用书。本书详细介绍了本课程的学习重点，并针对各知识点配有同步强化练习题和答案解析，以帮助考生轻松复习，提高复习效果，顺利通过考试。

本书紧扣考试大纲，按照大纲规定的内容和近三年考题涉及的知识点及分值分布，提炼出每一章、每一节的学习重点，内容全面系统，简明扼要，重点突出，便于考生理解和记忆。同时本书对每一节的每个重要知识点都按考试题型配有同步强化练习题和答案解析，考生可以边学边做，并可结合本书提供的答案解析进行自我检验，有利于考生对知识点的掌握和巩固。

本书最后附有近三年浙江省会计从业资格考试“财经法规与会计职业道德”真题和答案解析，有利于考生熟悉题型和掌握重点。

图书在版编目（CIP）数据

财经法规与会计职业道德/朱丹编．—北京：机械工业出版社，2011.1
（2011年浙江省会计从业资格考试学习指南）
ISBN 978-7-111-33218-3

Ⅰ．①财… Ⅱ．①朱… Ⅲ．①财政法—中国—会计—资格考核—自学参考资料 ②经济法—中国—会计—资格考核—自学参考资料 ③会计人员—职业道德—资格考核—自学参考资料 Ⅳ．①D922.2 ②F233

中国版本图书馆CIP数据核字（2011）第012347号

机械工业出版社（北京市百万庄大街22号 邮政编码100037）
策划编辑：孔文梅　　责任编辑：张　亮
封面设计：饶　薇　　责任印制：杨　曦
保定市中画美凯印刷有限公司印刷
2011年2月第1版第1次印刷
169mm×239mm・16.75印张・326千字
0 001—5 000册
标准书号：ISBN 978-7-111-33218-3
定价：28.00元

凡购本书，如有缺页、倒页、脱页，由本社发行部调换

电话服务
社服务中心：（010）88361066
销 售 一 部：（010）68326294
销 售 二 部：（010）88379649
读者服务部：（010）68993821

网络服务
门户网：http://www.cmpbook.com
教材网：http://www.cmpedu.com

前　言

自从2005年1月财政部发布了新的《会计从业资格管理办法》，规定会计从业资格的取得实行考试制度后，所有申请会计从业资格的人员都必须参加统一考试，“财经法规与会计职业道德”是会计从业资格考试必考的科目。

本书是2011年浙江省会计从业资格考试“财经法规与会计职业道德”的辅导用书，具有紧扣大纲、内容全面、重点突出、习题精炼、解析精辟的特点。本书根据浙江省近三年从业资格考试知识点分布情况，分章节对学习重点进行介绍，同时配有同步强化训练，并辅以答案解析，使考生边学边练，并能做自我检验，有助于考生对知识点的掌握和理解，有助于考生轻松复习，顺利过关。

浙江省会计从业资格考试中“财经法规与会计职业道德”的考试时间为120分钟。考试题型及分值为：单项选择题（40题，每小题1分，共40分）、多项选择题（30题，每小题1分，共30分）、判断题（30题，每小题1分，共30分）。其中多项选择题要全部选择正确才能得分，多选、少选、错选、不选均不得分；判断题实行倒扣分制度，判断错误的要倒扣相应分值，不答题则不得分也不扣分，判断题最低得分为零分。由于判断题实行倒扣分制度，是以往年度考试中考生失分最多的大题，考生在复习时尤其要注意判断对或错的原因，不能光靠死记硬背，同时要注意答题技巧，务必看清题目，对于没有把握的判断题可选择不答题。

由于试题全部为客观题，考生在复习时应重在理解，切忌死记硬背。单选、多选、判断题的解答必须建立在对知识点理解的基础上，因为题目和选项都是多变的。经验告诉我们，对所学的知识不求甚解，要真正记住是不可能的。靠死记硬背，可以记住几天，但时间稍长一点就会忘记。反之，如果我们对所学的知识点完全理解了，那么即使因为经过一段较长时间而忘记了，要重新记忆也很快。

“财经法规与会计职业道德”考试内容共五章，各章近三年分值分布如下表所示。

内　容	2008年	2009年	2010年
第一章　会计法律制度	58	48	48
第二章　支付结算法律制度	22	27	16
第三章　税收法律制度	16	12	24
第四章　财政法律制度	—	—	—
第五章　会计职业道德	4	13	12

本书由高级会计师、副教授朱丹编写。由于编写时间仓促，书中难免有错误和不妥之处，敬请读者批评指正。

最后预祝各位考生顺利通过考试！

编　者

2010年12月

目　录

第一章 会计法律制度

考情分析

本章是财经法规与会计职业道德这门课程的重点内容，知识点多，但不难理解，在历年考试中所占分值均占相当大的比重。考试题型覆盖了单选、多选和判断全部三种题型，最近三年考试平均分为 51 分。

今年由于采用新大纲，教材中对本章内容做了部分删减和改动。比如，删除了第三节会计核算中的部分内容，将整个第二节会计工作管理体制做了改动等。今年预计分值为 25～35 分，因此，考生在学习中仍应对本章内容予以充分关注，对知识点应在理解的基础上牢记。

各节近三年分值分布

内　容	题　型	年　度		
		2008 年	2009 年	2010 年
第一节　会计法律制度的构成	单项选择题	2	3	1
	多项选择题	1	4	2
	判断题	1	1	1
	合　计	4	8	4
第二节　会计工作管理体制	单项选择题	1	0	0
	多项选择题	2	0	0
	判断题	0	1	0
	合　计	3	1	0
第三节　会计核算	单项选择题	7	7	5
	多项选择题	3	1	3
	判断题	2	6	4
	合　计	12	14	12
第四节　会计监督	单项选择题	2	3	2
	多项选择题	3	2	1
	判断题	4	1	0
	合　计	9	6	3
第五节　会计机构与会计人员	单项选择题	9	6	9
	多项选择题	6	5	0
	判断题	6	4	5
	合　计	21	15	14
第六节　法律责任	单项选择题	2	2	6
	多项选择题	4	1	5
	判断题	3	1	4
	合　计	9	4	15

第一节　会计法律制度的构成

学习重点

1. 会计法是调整经济关系中各种会计关系的法律规范。（注意与会计行政法规概念的区别）

2. 会计法有广义和狭义之分。广义的会计法指各种会计规范性文件的总称。狭义的会计法即指《中华人民共和国会计法》。

3. 我国会计法律制度的基本构成：会计法律、会计行政法规、国家统一的会计制度（会计部门规章、会计规范性文件）。

层次		制定部门	代表性法律法规	法律地位
会计法律		全国人大及其常委会	《中华人民共和国会计法》（简称《会计法》） 《注册会计师法》	《会计法》层次最高，是制定其他会计法规的依据，是指导会计工作的最高准则
会计行政法规		国务院	《总会计师条例》（1999.12.31） 《企业财务会计报告条例》（2000.6.21）	调整经济关系中某些方面会计关系的法律规范，以《会计法》为制定依据
国家统一的会计制度	会计部门规章	财政部（部门首长签署命令）	《会计准则——基本准则》（2006年2月15日发布，2007年1月1日起实施） 《财政部门实施会计监督管理办法》 《会计师事务所审批和监督暂行办法》 《注册会计师注册办法》 《会计从业资格管理办法》 《代理记账管理办法》 （一准则、五办法）	关于会计核算、会计监督、会计机构和会计人员以及会计工作管理的制度，根据《会计法》制定
	会计规范性文件	财政部	《会计准则——38项具体准则》 《事业单位会计准则》 《企业会计制度》 《金融企业会计制度》 《小企业会计制度》 《民间非营利组织会计制度》 《村集体经济组织会计制度》 《行政单位会计制度》 《事业单位会计制度》 《内部会计控制规范》 《会计基础工作规范》 《会计电算化管理办法》 《会计档案管理办法》 （两准则、七制度、两规范、两管理办法）	

同步强化练习题

一、单项选择题

1.（ ）是指调整经济关系中各种会计关系的法律规范。

A．国家统一的会计制度　B．会计行政法规

C．会计法　D．会计部门规章

2．关于《会计法》的表述，不正确的是（ ）。

A．《会计法》是会计工作的最高准则

B．《会计法》是会计法律制度中层次最高的法律规范

C．《会计法》是制定其他会计法规的依据

D．《会计法》是国家宪法

3．下列属于会计法律的是（ ）。

A．《会计基础工作规范》　B．《总会计师条例》

C．《中华人民共和国会计法》　D．《企业会计制度》

4．会计行政法规是由（ ）制定并发布的。

A．国务院财政部门　B．全国人大

C．国务院　D．全国人大常委会

5．国家统一的会计制度由（ ）制定。

A．全国人大　B．国务院财政部门

C．国务院　D．全国人大常委会

6．会计规范性文件，是由（ ）制定的制度办法。

A．全国人大常委会　B．国务院

C．各级财政部门　D．财政部

7．《企业会计准则——基本准则》属于（ ）。

A．会计规范性文件　B．会计行政法规

C．会计部门规章　D．会计法律

8．《财政部门实施会计监督办法》属于（ ）。

A．会计法律　B．行政法规

C．会计部门规章　D．会计制度

9．会计部门规章，是由（ ）制定的关于会计工作方面的制度方法。

A．全国人大常委会　B．国务院

C．省级财政部门 D．财政部

二、多项选择题

1．下列各项中，属于我国会计法律制度构成内容的有（ ）。

A．会计法律 B．地方性会计制度

C．会计行政法规 D．会计部门规章

2．我国会计法律由（ ）制定。

A．全国人大 B．全国人大常委会

C．财政部 D．国务院

3．下列属于会计行政法规的有（ ）。

A．《会计准则——基本准则》

B．《总会计师条例》

C．《金融企业会计制度》

D．《企业财务会计报告条例》

4．国家统一会计制度包括（ ）。

A．会计法律 B．会计行政法规

C．会计部门规章 D．会计规范性文件

5．下列各项中，属于会计规范性文件的有（ ）。

A．《小企业会计制度》

B．《行政单位会计制度》

C．《会计基础工作规范》

D．《代理记账管理办法》

6．下列属于会计部门规章的有（ ）。

A．《会计准则——具体准则》

B．《注册会计师注册办法》

C．《会计从业资格管理办法》

D．《会计师事务所审批和监督暂行办法》

7．国务院财政部门可以制定并自行发布（ ）。

A．会计法律 B．会计行政法规

C．会计部门规章 D．会计规范性文件

8．会计行政法规由（ ）。

A．省、直辖市、自治区人大制定并发布

B．国务院制定并发布

C．国务院有关部门拟订并经国务院批准发布

D．全国人大及其常委会

9．下列属于会计规范性文件的有（　　）。

A.《企业会计制度》

B.《财政部门实施会计监督办法》

C.《会计档案管理办法》

D.《内部会计控制规范》

10．属于国家统一的会计制度有（　　）。

A.《企业财务会计报告条例》

B.《会计从业资格管理办法》

C.《会计档案管理办法》

D.《企业会计准则——基本准则》

11．会计部门规章的效力低于（　　）。

A．国家统一的会计制度　　B．会计法律

C．会计行政法规　　D．宪法

12．会计规范性文件的制定依据是（　　）。

A．会计法　　B．会计部门规章

C．会计行政法规　　D．企业会计制度

13．会计法律制度是指国家权力机关和行政机关制定的各种会计规范性文件的总称。下列各项中，属于会计法律制度的是（　　）。

A．会计法律　　B．会计行政法规

C．会计部门规章　　D. 单位制定的内部监督制度

三、判断题

1．会计行政法规是调整经济生活中某些方面会计关系的法律。（　）

2．国家统一的会计制度，是指国务院财政部门根据《会计法》制定的关于会计核算、会计监督、会计机构和会计人员以及会计工作管理的制度。（　）

3．2006 年 2 月 15 日财政部公布了修订后的《企业会计准则——基本准则》（财政部第 33 号令），该准则自 2007 年 1 月 1 日起施行。（　）

4．会计规范性文件是根据《立法法》规定的程序，由财政部制定，并由部门首长签署命令予以公布的。（　）

5．国家统一的会计制度是国务院制定发布或国务院有关部门拟订并经国务院批准发布的。（　）

6．《会计从业资格管理办法》、《会计档案管理办法》均是由财政部首长签署命令予以公布的制度办法，属于国家统一会计制度中的会计部门规章。（　）

第二节　会计工作管理体制

学习重点

我国会计工作管理体制的内容：明确会计工作的主管部门、明确会计制度的制定权限、明确对会计人员的管理内容、明确单位内部的会计工作管理职责。

一、会计工作的行政管理

会计工作的行政管理部门：国务院财政部门主管全国的会计工作，县级以上地方各级人民政府财政部门管理本行政区域内的会计工作。（统一领导，分级管理）

财政部门履行的会计行政管理职能	会计准则制度及相关标准规范的制定和组织实施	国家统一的会计制度由国务院财政部门根据《会计法》制定并公布。国务院有关部门对会计核算和会计监督有特殊要求的行业，依照《会计法》和国家统一的会计制度制定具体办法或者补充规定，报国务院财政部门审核批准。中国人民解放军总后勤部可以依照《会计法》和国家统一的会计制度制定军队实施国家统一的会计制度的具体办法，报国务院财政部门备案
	会计市场管理	对会计市场的管理包括：会计市场准入管理、过程监督、会计市场的退出管理
		会计市场准入包括：会计从业资格、会计事务所的设立、代理机构的设立
	会计专业人才评价	初级、中级、高级会计人才的评价主要通过会计专业技术考试来进行（全国统一考试）
		会计领军人才培养工作由财政部门负责组织
		对会计人员的表彰奖励也属于会计人才评价范畴
	会计监督检查	财政部门（包括国务院财政部门、国务院财政部门的派出机构、县级以上人民政府财政部门）是会计工作的政府监督实施主体
		财政部门实施的会计监督检查主要是会计信息质量检查和会计师事务所执业质量检查
		县级以上人民政府财政部门为各单位会计工作的监督检查部门

二、会计工作的自律管理

1. 中国注册会计师协会是中国注册会计师行业的管理组织，是由注册会计师组成的社会团体，履行行业自律管理职能。

2. 中国会计学会是财政部所属由全国会计领域各类专业组织及个人自愿结成的学术性、专业性、非营利性社会组织。

三、单位会计工作管理

1. 单位负责人负责单位内部的会计工作管理，应当保证会计机构、会计人员依法履行职责，不得授意、指使、强令会计机构和会计人员违法办理会计事项，对本单位的会计工作和会计资料的真实性、完整性负责。

2. 单位负责人是指单位法定代表人或者法律、行政法规规定代表单位行使职权的主要负责人。

3. 会计人员的选拔任用由所在单位具体负责。

同步强化练习题

一、单项选择题

1. 根据《会计法》的规定，行使会计工作行政管理职能的政府部门是（ ）。
   A. 税务部门 B. 财政部门
   C. 审计部门 D. 证券监管部门

2. 根据《会计法》的规定，主管全国会计工作的部门是（ ）。
   A. 注册会计师协会 B. 国务院财政部门
   C. 中国会计学会 D. 全国人大常委会

3. 根据《会计法》的规定，主管本行政区域内的会计工作的部门是（ ）。
   A. 县级以上地方各级人民政府财政部门 B. 注册会计师协会
   C. 国务院财政部门 D. 中国会计学会

4. 单位内部的会计工作管理由（ ）负责。
   A. 财务处处长 B. 单位负责人
   C. 主管会计工作的副经理 D. 总会计师

5. 根据《会计法》的规定，（ ）级以上人民政府财政部门为各单位会计工作的监督检查部门。
   A. 镇 B. 县 C. 乡 D. 市

6. （ ）对本单位会计工作和会计资料的真实性、完整性负责。
   A. 审计人员 B. 会计机构负责人
   C. 总会计师 D. 单位负责人

7. 《会计法》规定，（ ）是单位会计行为的责任主体。
   A. 会计人员 B. 单位负责人
   C. 总会计师 D. 会计机构负责人

二、多项选择题

1. 我国会计工作管理体制的主要内容有（ ）。
   A. 明确会计工作的主管部门
   B. 明确对会计机构的管理内容
   C. 明确会计制度的制定权限

D. 明确单位内部的会计工作管理

2. 我国的会计工作管理体制主要包括（　　）。

A. 会计工作的行政管理　　B. 会计工作的自律管理

C. 单位会计工作管理　　D. 行业会计管理

3. 财政部门履行的会计行政管理职能主要有（　　）。

A. 会计准则制度及相关标准规范的制定和组织实施

B. 会计市场管理

C. 会计专业人才评价

D. 会计监督检查

4. 下列机构中，有权制定国家统一的会计制度及具体办法的是（　　）。

A. 国务院财政部门　　B. 解放军总政治部

C. 解放军总后勤部　　D. 国务院有关部门

5. 会计市场准入包括（　　）。

A. 会计从业资格　　B. 会计师事务所的设立

C. 代理机构的设立　　D. 会计专业人才评价

6. 我国会计专业人才评价包括（　　）。

A. 初级、中级、高级会计人才机制

B. 会计行业领军人才的培养评价

C. 对会计人员的表彰奖励

D. 会计人员整体素质的培养评价

7. 财政部门是会计工作的政府监督实施主体，这里所说的“财政部门”是指（　　）。

A. 国务院财政部门

B. 国务院财政部门的派出机构

C. 县级以上人民政府财政部门

D. 市级以上人民政府财政部门

8. 单位负责人是指（　　）。

A. 单位法定代表人

B. 单位的高层领导

C. 代表单位行使职权的主要负责人

D. 单位的总会计师

9. 单位负责人负责单位内部会计工作管理，应当（　　）。

A. 保证会计机构和会计人员依法履行职责

B. 不得授意、指使、强令会计机构和会计人员违法办理会计事项

C. 对单位会计工作的真实性、完整性负责

D. 对单位会计资料的真实性、完整性负责

三、判断题

1. 县级（包括县级）以上地方各级人民政府管理本行政区域内的会计工作。（ ）

2.《会计法》所指对本单位会计资料的真实性、完整性负责的单位负责人，是指单位财务部门的负责人。（ ）

3. 单位法定代表人是单位负责人。（ ）

4.《会计法》中所指的单位负责人包括单位的副职领导人。（ ）

5. 单位负责人对本单位的会计工作和会计资料的真实性、完整性负责，不得授意、指使、强令会计机构和会计人员违法办理会计事项。（ ）

6. 我国会计专业人才评价机制包括中级、高级会计人才机制和会计行业领军人才的培养评价等。（ ）

第三节 会计核算

学习重点

我国会计法律制度对会计信息质量要求、会计资料的基本要求、会计年度、记账本位币、填制会计凭证、登记会计账簿、编制财务会计报告、财产清查、会计档案管理等作出统一规定。

一、总体要求

1. 会计核算必须以实际发生的经济业务为依据（保证会计信息真实可靠的重要前提），以虚假的经济业务事项或资料进行会计核算是违法行为。

2. 并非所有实际发生的经济业务事项都需要进行会计核算，只有当一项经济业务的发生引起资金变动时，才需要对该经济业务进行会计核算。

3. 会计资料包括会计凭证、会计账簿、财务会计报告和其他会计资料。

4. 会计资料的生成和提供必须符合国家统一会计制度的规定。生成和提供虚假的会计资料是一种严重的违法行为。

5. 目前我国规范会计资料的统一会计制度主要有：《会计基础工作规范》，《会计档案管理办法》，财政部发布的一系列会计准则、会计核算制度。

6. 会计资料的真实性和完整性是会计资料最基本的质量要求，是会计工作的生命线（注意真实性和完整性概念的区别）。

7. 伪造会计资料与变造会计资料的区别：伪造会计资料是以虚假的经济业

务为前提的，即无中生有；变造会计资料的手段是涂改、挖补。

二、会计凭证

1. 会计机构、会计人员必须按照国家统一会计制度的规定对原始凭证进行审核。对不真实、不合法的原始凭证有权不予接受，并向单位负责人报告。对记载不准确、不完整的原始凭证予以退回，并要求经办人员进行更正、补充。

2. 记账凭证以审核无误的原始凭证为依据，是登记账簿的直接依据。除结账和更正错误记账凭证外，记账凭证必须附有原始凭证。

3. 一笔经济业务需填制两张以上记账凭证的，应采用分数编号法。

三、会计账簿

1. 所有实行独立核算的国家机关、社会团体、公司、企事业单位和其他组织都必须依法设置、登记账簿。各单位应当依法设置的账簿包括总账、明细账、日记账和其他辅助账簿（或备查账）。任何单位不得在法定会计账簿之外私设会计账簿。

2. 会计账簿的登记必须以审核无误的会计凭证（原始凭证和记账凭证）为依据。

3. 会计账簿应当按照连续的页码顺序登记。登记错误或隔页、缺号、跳行的，应按国家统一会计制度规定的方法更正，并由会计人员和会计机构负责人（会计主管）在更正处盖章。

四、财务会计报告

1. 财务会计报告由会计报表、会计报表附注和财务情况说明书组成。

2. 财务会计报告分为年度、半年度、季度、月度财务会计报告。

3. 企业应按规定的结账日进行结账（每年、每半年、每季度、每月的最后一天），不得提前或延后。

4. 向不同会计资料使用者提供的财务会计报告，其编制依据应当一致。

5. 对外提供的财务会计报告应由单位负责人、主管会计工作的负责人、会计机构负责人（会计主管人员）签名并盖章。设置总会计师的企业，还应由总会计师签名并盖章。

6. 单位负责人是单位对外提供的财务会计报告的责任主体，必须保证对外提供的财务会计报告的真实、完整。

7. 财务会计报告须经注册会计师审计的，审计报告随同财务会计报告一并对外提供。

五、会计档案管理的基本要求

1.《会计档案管理办法》适用于我国国家机关、社会团体、企事业单位、按规定应当建账的个体工商户（按规定不需建账的个体工商户不适用该办法）、其他组织。

2. 会计档案工作的指导、监督和检查由财政部门和档案行政管理部门共同负责。

3. 实行会计电算化的单位，有关电子数据、会计软件资料应当作为会计档案进行保管，并保存打印出的纸质会计档案。

六、其他相关规定

1. 我国以公历年度为会计年度，自每年1月1起至12月31日。

2. 我国会计核算以人民币为记账本位币。业务收支以人民币以外的货币为主的单位，可以选定其中一种货币为记账本位币，但编报的财务会计报告必须以人民币反映。

3. 会计处理方法一经确定，不得随意变更。会计处理方法的变更会直接影响会计资料的质量和可比性。

同步强化练习题

一、单项选择题

1. 会计资料的（　　）是会计资料最基本的质量要求，是会计工作的生命线。

A. 真实性和完整性　　B. 相关性

C. 可比性　　D. 及时性

2. 下列项目中，不属于会计资料的是（　　）。

A. 财务计划　　B. 会计凭证

C. 财务会计报告　　D. 会计账簿

3. 《会计法》规定，我国会计年度自（　　）。

A. 公历1月1日起至12月31日止

B. 农历1月1日起至12月30日止

C. 公历4月1日起至次年3月31日止

D. 公历10月1日起至次年9月30日止

4. 某外商投资企业，业务收支以日元为主，也有少量的人民币，根据《会计法》的规定，该单位可以采用（　　）作为记账本位币。

A. 人民币　　B. 人民币和日元

C. 欧元　　D. 日元或人民币

5. 《会计法》要求，作为记账凭证编制依据的必须是（　　）的原始凭证和有关资料。

A. 经办人签字　　B. 审核无误

C. 金额无误　　D. 领导认可

6. 对于记载不准确、不完整的原始凭证，会计人员应当（　）。

A. 拒绝接受，并报告领导，要求查明原因

B. 予以退回，并要求经办人员按规定进行更正、补充

C. 应予销毁，并报告领导，要求查明原因

D. 没收凭证，并报告领导

7. 下列各项中，关于编制记账凭证要求的表述不正确的是（　）。

A. 编制记账凭证必须以原始凭证及有关资料为依据

B. 作为记账凭证编制依据的原始凭证和有关资料必须经过审核无误

C. 一笔经济业务不可以填制两张以上的记账凭证

D. 除部分转账业务以及结账和更正错误的记账凭证外，记账凭证必须附有原始凭证

8. 某外商投资企业因贷款需要，要向中国人民建设银行某分行报送年度财务会计报告，年度财务会计报告的结账日期应为（　）。

A. 公历3月31日　　B. 公历4月1日

C. 公历10月31日　　D. 公历12月31日

9. 下列各项中，有关财务会计报告编制或报送要求表述不正确的是（　）。

A. 编制的财务会计报告应当真实、完整

B. 向不同会计资料使用者提供的财务会计报告，其编制依据应当一致

C. 财务会计报告根据经过审核无误的会计账簿和有关资料编制

D. 财务会计报告由主管会计工作的负责人签名并盖章后即可对外报送

10. 下列对编制财务会计报告的表述不正确的是（　）。

A. 财务会计报告应当依据审核无误的会计账簿记录和有关会计资料编制

B. 财务会计报告的编制要求、提供对象、提供期限应当符合法定要求

C. 企业应按规定的结账日结账，不得延迟或提前

D. 各单位的财务会计报告在上报有关部门前必须经注册会计师审核签字

11. 下列各项，不属于财务会计报告组成内容的有（　）。

A. 会计报表　　B. 会计报表附注

C. 财务情况说明书　　D. 经济活动分析书

12. （　）是单位对外提供的财务会计报告的责任主体。

A. 单位负责人　　B. 分管会计工作的副经理

C. 会计机构负责人　　D. 总会计师

13. 按照《会计法》的规定，单位负责人应在对外提供的财务会计报告上（　）。

A. 签名　　B. 盖章

C．签名或盖章　　D．签名并盖章

二、多项选择题

1．为规范会计核算，我国会计法规制度对（　　）作出了统一规定。

A．会计信息质量要求　　B．记账本位币

C．编制财务会计报告　　D．会计年度

2．下列各项符合记账本位币基本规定的有（　　）。

A．会计核算应当以人民币作为记账本位币

B．业务收支以外币为主的单位，可以选定人民币以外的某种货币作为记账本位币

C．编制的财务会计报告必须折合成人民币

D．编制的财务会计报告可以用外币反映

3．我国会计年度可以分为（　　）。

A．年度　　B．半年度

C．季度　　D．月份

4．会计资料包括（　　）。

A．会计账簿　　B．经济合同

C．会计报表　　D．公司章程

5．下列（　　）属于变造会计凭证的行为。

A．某业务员将购货发票上的金额50万元修改为80万元报账

B．某企业为一客户虚开销货发票一张，并按票面金额的20%收取好处费

C．企业某现金出纳将一张报销凭证上的金额6 000元涂改为8 000元

D．购货部门转来一张购货发票，原金额计算有误，出票单位已作更正并加盖出票单位公章

6．目前我国规范会计资料的国家统一会计制度主要有（　　）。

A．财政部规定的会计准则

B．《会计基础工作规范》

C．财政部规定的会计核算制度

D．《会计档案管理办法》

7．可以不附原始凭证的记账凭证有（　　）。

A．结账　　B．更正错误

C．购买商品　　D．接受捐赠

8．对不真实、不合法的原始凭证，会计机构、会计人员（　　）。

A．有权不予受理　　B．向单位负责人报告

C．有权退回　　D．可以更正、补充

9．各单位要依法设置以下账簿：（　　）。

A．总账　　B．日记账

C．明细账　　D．备查簿

10．下列各项符合会计账簿登记规则的有（　　）。

A．凡需要结出余额的账户，应当定期结出余额

B．按页次顺序连续登记，必要时可以跳行、隔页

C．按规定的方法更正错账

D．及时对账

11．财务会计报告分为（　　）财务会计报告。

A．年度　　B．半年度

C．季度　　D．月度

12．单位负责人是单位对外提供财务会计报告的责任主体，必须保证对外提供的财务会计报告的（　　）。

A．真实性　　B．完整性

C．全面性　　D．连续性

13．下列各项中，应当在单位对外提供的财务会计报告上签名并盖章的有（　　）。

A．单位负责人　　B．总会计师

C．会计机构负责人　　D．单位内部审计人员

14．我国《会计档案管理办法》适用于（　　）。

A．国家机关　　B．社会团体

C．按规定不需建账的个体工商户　　D．企事业单位

15．（　　）负责会计档案工作的指导、监督和检查。

A．财政部门　　B．审计部门

C．档案管理部门　　D．税务部门

16．下列有关会计电算化单位会计档案管理的说法中，符合相关法律规定的是（　　）。

A．有关电子数据、软件资料应作为会计档案进行管理

B．实行会计电算化单位会计档案管理应符合国家统一的会计制度的规定

C．采用电子计算机进行会计核算的单位，不需保存纸质会计档案

D．实行会计电算化单位不适用《会计档案管理办法》

17．下列关于会计核算要求的说法中，正确的是（　　）。

A．国家机关、社会团体、企业和事业单位和其他组织，都应当依法设置会计账簿

B．生成和提供虚假的会计资料是一种严重的违法行为

C．所有实行独立核算的国家机关、社会团体、企事业单位和其他组织都必须依法设置账簿

D．不得随意改变财务会计报告的编制基础、编制依据、编制原则和方法

三、判断题

1．各单位必须以实际发生的经济业务事项为依据进行会计核算，以虚假的经济业务事项或资料进行会计核算是违法行为。（ ）

2．所有实际发生的经济业务事项都需要进行会计核算。（ ）

3．会计资料的生成和提供必须符合国家统一的会计制度的规定，提供虚假的会计资料是违法行为。（ ）

4．会计资料的真实性和完整性，是会计资料最基本的质量要求，是会计工作的生命。（ ）

5．伪造会计资料，是指以虚假的经济业务事项为前提编造不真实的会计凭证、会计账簿及其他会计资料。（ ）

6．变造会计凭证，是指用涂改、挖补等手段来改变会计凭证的真实内容，歪曲事实真相的行为。（ ）

7．采用电子计算机进行会计核算的单位，只需保存电子数据和会计软件资料，不用保存打印出的纸质会计档案。（ ）

8．会计凭证按照编制的程序和用途不同可分为原始凭证和记账凭证。（ ）

9．会计人员对不真实的原始凭证有权不予接受。（ ）

10．所有记账凭证必须附有原始凭证并注明所附原始凭证的张数。（ ）

11．中国境内所有企业的会计核算都必须以人民币为记账本位币。（ ）

12．任何单位都不得在法定会计账簿之外私设会计账簿。（ ）

13．为了及时编制财务会计报告，企业可以提前两天结账。（ ）

14．向不同的会计资料使用者提供的财务会计报告，其编制依据可以不同。（ ）

15．单位负责人必须保证对外提供的财务会计报告的真实、完整。（ ）

16．凡是需经注册会计师审计的财务会计报告，注册会计师及其所在的会计事务所出具的审计报告必须随同财务会计报告一并提供。（ ）

17．会计账簿记录发生错误的，应按国家统一的会计制度规定的方法更正，更正后只要有会计人员在更正处盖章即可。（ ）

18．记账本位币一经确定，不得随意变更。（ ）

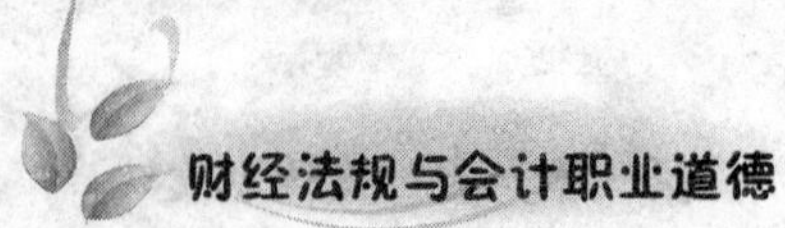

第四节 会 计 监 督

学习重点

会计监督可以分为单位内部会计监督、政府（国家）监督、社会监督三类。

<table>
<tr><th colspan="2">监督种类</th><th>主 体</th><th>对 象</th></tr>
<tr><td colspan="2">单位内部会计监督</td><td>会计机构和会计人员</td><td>单位经济活动</td></tr>
<tr><td rowspan="4">外部监督</td><td rowspan="2">政府监督（国家监督）</td><td>财政部门（主要监督人）</td><td>会计行为</td></tr>
<tr><td>审计、税务、人民银行、证券监管、保险监管等部门</td><td>会计资料</td></tr>
<tr><td rowspan="2">社会监督</td><td>注册会计师及其所在会计师事务所（主要监督人）</td><td>委托单位经济活动</td></tr>
<tr><td>单位和个人检举</td><td>违法行为</td></tr>
</table>

一、单位内部会计监督

1. 单位负责人负责单位内部会计监督制度的组织实施，对本单位内部会计监督制度的建立及有效实施承担最终责任。

2. 单位内部会计监督制度的基本要求：

（1）记账人员与经济业务事项或会计事项的审批人员、经办人员、财物保管人员的职责权限应当明确，并相互分离、相互制约。

（2）重大对外投资、资产处置、资金调度和其他重要经济业务事项的决策和执行的相互监督、相互制约程序应当明确。

（3）财产清查的范围、期限和组织程序应当明确。

（4）对会计资料定期内部审计的办法和程序应当明确。

3. 会计机构和会计人员在单位内部会计监督中的职权：

（1）对违法会计事项，有权拒绝办理或者按照职权予以纠正。

（2）对单位内部的会计资料和财产物资实施监督。

二、政府监督

财政部门实施会计监督的范围：

1. 是否依法设置账簿。

2. 会计资料是否真实、完整。

3. 会计核算是否合法。

4. 从事会计工作人员是否具备会计从业资格（不是会计专业技术资格）。

5. 省级以上（含省级）财政部门依法对注册会计师、会计师事务所和注册会计师协会进行监督、指导。财政部门对会计师事务所出具审计报告的程序和内容进行监督。

三、社会监督

1. 注册会计师审计与内部审计的关系：

区别	1. 审计目标不同	内部审计：主要针对内部控制
		注册会计师审计：主要针对被审计单位财务报表
	2. 独立性不同	内部审计：独立性较弱
		注册会计师审计：独立性较强
	3. 接受审计的自愿程度不同	内部审计：单位内部的组织必须接受内部审计人员的监督
		注册会计师审计：委托人可自由选择会计师事务所
	4. 遵循的审计标准不同	内部审计：遵循内部审计准则
		注册会计师审计：遵循注册会计师审计准则
	5. 审计时间不同	内部审计：定期或不定期审计，时间安排比较灵活
		注册会计师审计：定期审计
联系	注册会计师审计（外部审计）在工作时要对内部控制进行评价，了解内部审计的设置和工作情况，并要利用内部审计的工作成果	
	内部审计和外部审计在工作上具有一致性，在审计内容、审计方法等方面有许多相似之处	

2. 注册会计师及其所在的会计师事务所业务范围：

（1）审计，出具审计报告。

（2）验资，出具验资报告。

（3）办理合并、分立、清算中的审计业务，出具有关报告。

（4）法律规定的其他审计业务。

同步强化练习题

一、单项选择题

1. 单位内部会计监督的主体是（　　）。

A. 企业职工　　B. 单位负责人

C. 单位的会计机构、会计人员　　D. 社会会计中介机构

2. 单位内部会计监督的对象是（　　）。

A. 本单位的会计机构、会计人员

B. 本单位的经济活动

C. 单位法人

D. 所有与会计有关的人和事

3. （　　）对单位内部会计监督制度的建立及有效实施承担最终责任。

A. 单位负责人　　B. 财务处处长

C. 总会计师　　D. 分管会计工作的副经理

4. 下列不属于内部会计监督制度的基本要求的是（　　）。

A. 重大经济事项的决策和执行的相互监督、相互制约程序应当明确

B. 对会计资料定期进行内部审计的办法和程序应当明确

C. 会计事项相关人员的职责权限应当明确

D. 建立会计档案管理制度

5. 记账人员与经济业务事项和会计事项的审批人员、经办人员、财务保管人员的职责权限应当明确，并（　　）、相互制约。

A. 相互监督　　B. 职责分明

C. 职务分离　　D. 相互分离

6. 会计工作的政府监督主要指（　　）代表国家对单位和单位相关人员的会计行为的检查监督。

A. 财政部门　　B. 审计部门

C. 税务部门　　D. 证券监管部门

7. 审计、税务、证券监管、人民银行、保险监管部门，按照规定的职责权限，可以对单位的（　　）实施监督检查。

A. 会计资料　　B. 会计行为

C. 经济活动　　D. 会计人员

8. 财政部门实施会计监督的对象是（　　）。

A. 单位的经济活动

B. 单位和相关人员的会计行为

C. 单位的会计人员

D. 单位的会计机构

9. （　　）不是《会计法》规定的财政部门实施会计监督的内容。

A. 会计预算执行情况

B. 是否依法设置会计账簿

C. 会计资料是否真实、完整

D. 会计核算是否符合法定要求

10. 会计工作的社会监督主要是指由（　　）依法对委托单位的经济活动进行审计、鉴证的一种监督制度。

A. 法院

B. 财政部门

C. 税务部门

D. 注册会计师及其所在的会计师事务所

11. 有权对会计师事务所出具审计报告的程序和内容进行监督的部门是（　　）。

A. 审计部门　　B. 税务部门

C. 财政部门　　D. 工商行政管理部门

二、多项选择题

1．我国会计监督分为（　　）。

A．政府监督　　B．单位内部会计监督

C．社会监督　　D．个人的监督

2．各单位会计监督的职权由（　　）行使。

A．单位领导人　　B．会计机构

C．审计部门　　D．会计人员

3．下列属于内部会计监督制度的基本要求的有（　　）。

A．重大经济事项的决策和执行程序应当明确

B．财产清查的范围、期限和组织程序应当明确

C．建立会计电算化管理制度

D．会计事项相关人员的职责权限应明确

4．有关单位负责人在内部会计监督中的职责，下列表述正确的是（　　）。

A．单位负责人必须事事参与，严格把关

B．单位负责人对会计资料的真实性、完整性负责

C．单位负责人不能授意、指使、强令会计人员违法办理会计事项

D．单位负责人必须保证内部会计监督制度的建立和健全

5．重大的（　　）和其他重要经济业务事项的决策和执行相互制约程序应当明确。

A．对外投资　　B．资产处置

C．资金调度　　D．人员任免

6．会计工作的政府监督主体主要有（　　）。

A．财政部门　　B．人民银行

C．税务部门　　D．会计师事务所

7．财政部门对各单位实施监督的事项主要包括（　　）。

A．是否依法设立会计机构

B．会计核算是否符合《会计法》和国家统一的会计制度的规定

C．会计资料是否真实、完整

D．从事会计工作的人员是否具备会计专业技术资格

8．对会计工作的社会监督包括（　　）。

A．注册会计师对委托单位的经济活动进行审计和鉴证

B．税务机关对单位会计资料进行的检查监督

C．单位和个人检举违反会计法律制度规定的行为

D．财政部门对单位会计人员和会计机构会计行为的监督

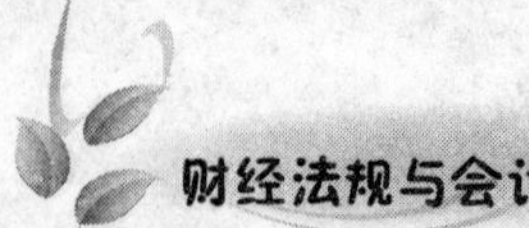

9. 国务院财政部门和省、自治区、直辖市人民政府财政部门依法对（　　）进行监督指导。

A. 注册会计师协会

B. 会计师事务所

C. 注册会计师

D. 会计师事务所出具的审计报告的程序和内容

10. 注册会计师及其所在的会计师事务所的业务范围包括（　　）。

A. 审查企业会计报表，出具审计报告

B. 验证企业资本，出具验资报告

C. 办理企业合并、分立、清算事宜中的审计业务，出具有关的报告

D. 法律、行政法规规定的其他审计业务

11. 注册会计师审计与内部审计的区别包括（　　）。

A. 审计目标不同　　B. 遵循的审计标准不同

C. 独立性不同　　D. 审计时间不同

三、判断题

1. 目前我国实行的三位一体的会计监督体系中，以注册会计师为主体的监督属于政府监督。（　　）

2. 单位负责人负责单位内部会计监督制度的组织实施，对单位内部会计监督制度的建立及有效实施承担最终责任。（　　）

3. 会计人员对违反《会计法》和国家统一的会计制度规定的事项，有权拒绝办理或按照职权予以纠正。（　　）

4. 记账人员与经济业务事项或会计事项的审批人员、经办人员、财物保管人员的职责权限应当相互分离和制约。（　　）

5. 会计工作的政府监督主体主要是指县级以上人民政府财政部门，财政部门实施会计监督的对象是会计行为。（　　）

6. 国务院财政部门和各省、自治区、直辖市人民政府财政部门，依法对注册会计师、会计师事务所、注册会计师协会、会计学会进行监督、指导。（　　）

7. 会计工作的社会监督，主要是指由注册会计师及其所在的会计师事务所依法对委托单位的经济活动进行审计、鉴证的一种监督制度。（　　）

8. 单位和个人检举违反《会计法》和国家统一的会计制度的行为，也属于会计工作社会监督。（　　）

9. 某地方财政部门进行执法检查时发现一家单位伪造虚假的会计凭证和会计账簿，认定这是“提供虚假的财务会计报告”行为。该单位领导不服，以单位

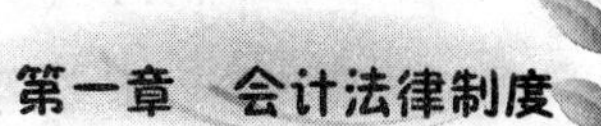

“没有直接篡改财务会计报告中的数据”为由对财政部门的认定不予接受。该单位领导不予接受的做法是正确的。 （ ）

10. 单位内部会计监督不仅仅是会计机构和会计人员的事，单位负责人应当支持和保障会计机构、会计人员行使会计监督职权。 （ ）

11. 内部审计和注册会计师审计在工作上具有一致性，但是注册会计师审计不能利用内部审计的工作成果。 （ ）

第五节 会计机构和会计人员

一、会计机构的设置

各单位应当根据会计业务的需要设置会计机构，或者在有关机构中设置会计人员并指定会计主管人员。

1. 一个单位是否单独设置会计机构取决于以下几个因素：单位规模大小、经济业务和财务收支繁简、经营管理的要求。

2. 不设置会计机构的，应设置会计人员并指定会计主管人员。

3. 会计主管人员不同于通常所说的“会计主管”、“主管会计”、“主办会计”，而是指负责组织管理会计事务，行使会计机构负责人职权的负责人。

4. 会计机构负责人（会计主管人员）是指在一个单位内具体负责会计工作的中层领导人员。

5. 单独设置会计机构的，应当配备会计机构负责人；不单独设置会计机构，而是在有关机构中配备专职会计人员的，应在专职会计人员中指定会计主管人员，行使会计机构负责人的职权。

担任会计机构负责人（会计主管人员）的，除取得会计从业资格外，还应具备会计师以上会计专业技术资格或者从事会计工作3年以上。

6. 国有机关、国有企业、事业单位任用会计人员应当实行回避制度。

7. 单位负责人的直系亲属不得担任本单位的会计机构负责人（会计主管人员）；会计机构负责人（会计主管人员）的直系亲属不得在本单位会计机构内担任出纳工作。

8. 直系亲属包括夫妻关系、直系血亲关系、三代以内旁系血亲以及近姻亲关系。

二、代理记账

1. 代理记账是指从事代理记账的中介机构接受委托人委托办理会计业务。

2. 代理记账业务范围：

（1）根据委托人提供的原始凭证和其他资料进行会计核算。

（2）对外提供财务会计报告（经代理记账机构负责人和委托人签名并盖章后对外提供）。

（3）向税务机关提供税务资料。

（4）委托人委托的其他会计业务。

3. 委托代理记账的委托人的义务

（1）填制或取得符合国家统一会计制度规定的原始凭证。

（2）配备专人（出纳）负责日常货币资金收支保管。

（3）及时提供真实、完整的原始凭证和其他资料。

（4）对于退回的要求更正、补充的原始凭证，及时予以更正、补充。

4. 代理记账机构及其从业人员的义务：守法（依法履行职责）、保密、拒绝不法要求、解释。

三、会计从业资格

1. 会计从业资格是进入会计职业、从事会计工作的一种法定资质，是进入会计职业的“门槛”。会计从业资格一经取得，全国范围内有效。

2. 对从事会计工作的人员实行资格准入制度是《会计法》规定的行政许可事项。

3. 新的《会计从业资格管理办法》于 2005 年 1 月 22 日公布，自 2005 年 3 月 1 日起施行。

4. 会计从业资格证书的适用范围：在国家机关、社会团体、公司、企事业单位和其他组织从事会计工作的人员（包括中国香港、中国澳门、中国台湾地区人员、外籍人员在中国大陆境内从事会计工作的人员），必须取得会计从业资格。

5. 会计从业资格的取得实行考试制度。考试大纲由财政部统一制定并公布。浙江省（不包括宁波）会计从业资格考试工作由省财政厅统一部署。考试科目为：《财经法规与会计职业道德》（必考科目）、《会计基础》、《初级会计电算化》（或《珠算五级》）。

6. 会计从业资格报名条件：遵守会计和其他财经法律法规、具备良好的道德品质、具备会计专业基本知识和技能。

7. 申请人符合基本报名条件且具备国家教育行政主管部门认可的中专以上（含中专）会计类专业学历（或学位）的，自毕业之日起 2 年内（含 2 年），免试会计基础、初级会计电算化（或者珠算五级）。会计类专业包括：会计学、会计电

算化、注册会计师专门化、审计学、财务管理、理财学。

8．会计从业资格证书管理部门为财政部门，县级以上人民政府财政部门负责本行政区域内的会计从业资格管理工作。管理内容包括上岗注册登记、离岗备案、调转登记、变更登记。

（1）上岗注册登记。自从事会计工作之日起90日内办理。

（2）离岗备案。离开会计工作岗位超过6个月的，向原注册登记的会计从业资格管理机构备案。

（3）调转登记。调转工作单位且继续从事会计工作，自离开之日或办理调出手续之日起90日内办理调转登记。

（4）变更登记。持证人员学历学位、会计专业技术职务资格发生变更以及发生接受继续教育、受到表彰奖励或处罚等情况，应办理变更登记（不包括会计岗位变更）。

9．会计人员接受继续教育的目的是不断提高和保持专业胜任能力和职业道德水平。每年参加继续教育不得少于24小时。

10．会计人员继续教育根据教育对象分为高级、中级、初级三个层次，具有针对性、适应性、灵活性的特点。

11．会计继续教育的对象为所有持有会计从业资格证书的人员（包括在岗的和不在岗的）。教育内容包括会计理论与实务；财务、会计法规制度；会计职业道德规范；其他相关的知识与法规。

四、会计专业职务与会计专业技术资格

1．会计专业职务是区别会计人员业务技能的技术等级，分为教授级高级会计师、高级会计师、会计师、助理会计师和会计员；教授级高级会计师为正高级职务，高级会计师为副高级职务，会计师为中级职务，助理会计师和会计员为初级职务。

2．除符合初定会计专业职务条件者外，晋升会计专业职务时，应按规定参加相应的会计专业技术资格考试或考评结合。（初次聘任不需参加考试，比如获得博士学位经考核胜任主要会计岗位工作的，可直接聘任会计师职务）

3．通过考试或考评结合取得相应会计专业技术资格的会计人员，表明其已具备担任会计专业职务的水平和能力，获得的专业技术资格不与工资待遇挂钩。

4．会计专业技术资格分为初级资格、中级资格、高级资格，其中高级资格分副高、正高两个层次。初级、中级会计资格的取得实行全国统一考试制度；副高级会计师资格实行考试与评审相结合制度；教授级高级会计师实行评审制度。

<table>
<tr><th>专业技术资格</th><th>考 试 科 目</th><th>报名基本条件</th><th>报名附加条件</th></tr>
<tr><td>初级会计资格</td><td>《初级会计实务》
《经济法基础》
（一个考试年度内通过）</td><td rowspan="2">1. 具有良好的职业道德品质
2. 守法
3. 履行岗位职责，热爱本职工作
4. 具备会计从业资格</td><td>高中以上学历</td></tr>
<tr><td>中级会计资格</td><td>《中级会计实务》
《经济法》
《财务管理》
（连续的两个年度内通过）</td><td>从事会计工作年限（指取得相应学历前后从事会计工作时间总和）:
大学专科5年
大学本科4年
双学士或研究生班毕业2年
硕士1年
博士0年</td></tr>
<tr><td>副高级会计资格</td><td>《高级会计实务》+评审</td><td rowspan="2">具备会计师、审计师、财税经济师等中级专业技术资格或注册税务师、注册资产评估师资格之一</td><td rowspan="2">从事会计、财税和相应管理工作在职</td></tr>
<tr><td>正高级会计资格</td><td>评审</td></tr>
</table>

五、会计工作岗位设置

1. 单位应根据会计业务的需要设置会计工作岗位，会计岗位的设置要符合内部牵制制度的要求，对会计人员的工作岗位要有计划地进行轮岗。

2. 会计工作岗位可以一人一岗、一人多岗、一岗多人。

3. 出纳人员不得兼管稽核、会计档案保管和收入费用账目、债权债务账目的登记工作，但是可以兼记不直接与单位资金收支增减往来有关的账目，如固定资产明细账。

4. 会计工作岗位一般分为：总会计师岗位，会计机构负责人（会计主管人员岗位），出纳岗位，稽核岗位，资本、基金核算岗位，收入、支出、债权债务核算岗位，工资核算、成本核算、财务成果核算岗位，财产物资的核算岗位，总账岗位，对外财务会计报告编制岗位，会计电算化岗位，会计档案管理岗位（会计档案移交之前属于会计岗位，正式移交档案管理部门后，档案管理部门保管会计档案不属于会计岗位）。在会计岗位工作的人员必须具备会计从业资格。

5. 不属于会计岗位的有：档案管理部门人员管理会计档案，医院门诊收费员、住院处收费员、药房收费员、药品库房记账员、商场收银员、单位内部审计、社会审计（注册会计师）、政府审计。

六、会计人员的工作交接

1. 需办理会计工作交接的情形包括：会计人员调动工作、离职、临时离职或其他原因暂时不能工作需要接替的。

2. 现金要根据会计账簿记录余额当面点交，不得短缺，不得白条抵库。

3. 实行会计电算化的单位，交接双方应将有关电子数据在计算机上进行实际操作，确认有关数据正确无误后，方可交接。

4. 一般会计人员办理交接手续，由单位的会计机构负责人（会计主管人员）负责监交。会计机构负责人（会计主管人员）办理交接手续时，由单位领导人负责监交，必要时，主管单位可以派人会同监交。

5. 会计工作交接后，交接双方和监交人在移交清册上签名或盖章；接替人员应继续使用移交前的账簿；移交清册一式三份，交接双方各执一份，存档一份。

6. 原移交人员对在其经办会计工作期间内的会计资料的真实性、完整性承担法律责任。

7. 移交人员因病或其他原因不能亲自办理移交手续的，经单位负责人批准，可由移交人委托他人代办交接，但委托人应对所移交的会计资料的真实性、完整性负法律责任。

同步强化练习题

一、单项选择题

1.《会计法》规定，各单位应依据（　　）设置会计机构，或者在有关机构中设置会计人员并指定会计主管人员。

A．经营管理的要求　　B．会计人员数量

C．会计业务的需要　　D．单位规模的大小

2.《会计法》规定的会计主管人员是指（　　）。

A．会计机构负责人

B．会计机构中的主办会计

C．未设总会计师的单位中分管会计工作的行政副职

D. 未单独设置会计机构而在有关机构中指定的行使会计机构负责人职权的会计人员

3．会计机构负责人（会计主管人员）是指（　　）。

A．单位负责人

B．单位具体负责会计工作的中层领导人员

C．分管会计工作的副经理

D．单位具体负责会计工作的高层领导

4．实行会计人员回避制度的单位，会计机构负责人的直系亲属不得担任本

单位的（　　）。

A．会计主管人员　　B．稽核

C．会计档案保管　　D．出纳

5．在下列各项中，不属于代理记账业务范围的是（　　）。

A．代办工商登记

B．根据委托人提供的原始凭证和其他资料进行会计核算

C．向税务机关提供税务资料

D．对外提供财务会计报告

6．财政部于2005年1月22日颁布了新的《会计从业资格管理办法》，该办法自2005年（　　）月1日起施行。

A．2　　B．3　　C．5　　D．6

7．会计从业资格考试大纲由（　　）统一制定并发布。

A．国务院　　B．省财政厅

C．财政部　　D．国家后续教育部门

8．在下列各项中，根据《会计从业资格管理办法》的规定，不需取得会计从业资格证书就能从事的工作有（　　）。

A．稽核

B．会计电算化

C．会计机构负责人

D．会计机构外的会计档案管理

9．申请人符合会计从业资格考试报名基本条件且具备国家教育行政主管部门认可的（　　）以上会计类专业学历（或学位）的，自毕业之日起（　　）年内免试会计基础、初级会计电算化（或珠算五级）。

A．中专（含中专），2　　B．高中（含高中），2

C．大学专科，2　　D．大学本科，1

10．持证人员调转工作单位且继续从事会计工作的应办理（　　）。

A．注册登记　　B．离岗备案

C．调转登记　　D．变更登记

11．持证人员从事会计工作，应当自从事会计工作之日起（　　）内填写注册登记表，并持会计从业资格证书和所在单位出具的从事会计工作的证明，向颁发会计从业资格证书的会计从业资格管理机构办理注册登记。

A．15日　　B．30日　　C．60日　　D．90日

12．根据《会计从业资格管理办法》的规定，持证人员离开会计工作岗位超过（　　）个月的，应向原注册登记的会计从业资格管理机构办理备案。

A．1　　B．3　　C．5　　D．6

13．持有会计从业资格证书的人员每年参加继续教育的培训时间不得少于（　）小时。

A．24　　B．48　　C．72　　D．28

14．会计专业职务是区别会计人员（　　）的技术等级。

A．业务技能　　B．法定资质

C．学历文凭　　D．行政职务

15．除符合初定会计专业职务条件者外，初级、中级会计资格的取得实行（　　）。

A．全国统一考试制度　　B．考试和评审相结合制度

C．地方统一考试制度　　D．评审制度

16．报名参加会计专业技术初级资格考试的人员，除了应具备规定的基本条件外，还必须具备教育部门认可的（　）学历。

A．高中以上　　B．中专以上

C．大专以上　　D．本科以上

17．取得大学本科学历的人员，报名参加会计专业技术中级资格考试的，还应当具备从事会计工作满（　　）年的条件。

A．1　　B．2　　C．3　　D．4

18．下列岗位属于会计岗位的有（　　）。

A．会计电算化岗位　　B．医院门诊收费员岗位

C．医院药品库房记账员岗位　　D．单位内部审计岗位

19．出纳人员可以兼任（　　）工作。

A．稽查

B．收入、支出、费用、债权债务账目的登记

C．会计档案保管

D．固定资产明细账的登记

20．小张自从参加工作以来一直从事办公室文秘工作，最近由于单位会计部门人手奇缺，公司领导要求小张担任财务部门的出纳，虽然小张没有取得会计从业资格证书，但领导认为小张工作能力强，应该很快就能适应。下列关于领导任用小张担任出纳的行为，观点正确的是（　　）。

A．领导的决定符合会计法律的规定

B．出纳不属于会计岗位，小张没有会计从业资格证书也能从事出纳工作

C．出纳属于会计岗位，小张没有会计从业资格证书不能从事出纳工作

D．出纳属于会计岗位，但小张可以先上岗再考会计从业资格证书

21．小张是某公司财务部的一名普通会计人员，因工作调动办理会计工作交接应由（　　）负责监交。

A．单位负责人　　B．分管财务的副总经理

C．总会计师　　　　D．财务部经理

22．移交人员因病或其他特殊原因不能亲自办理移交手续的，经单位负责人批准，可由移交人委托他人代办交接，（　　）对所移交的会计资料的真实性、完整性承担法律责任。

A．委托人　　　　B．受托人

C．会计机构负责人　　　　D．单位负责人

23．（　　）对移交的会计凭证、会计账簿等有关资料的合法性、真实性承担法律责任。

A．接管人　　　　B．移交人

C．监交人　　　　D．单位领导

24．某公司从事债权债务账目登记工作的张某休长病假，公司决定由出纳员王某临时顶替其工作，并按规定办理了交接手续。下列关于出纳王某接替张某工作的情况，观点正确的是（　　）。

A．由于已经按照规定办理了交接手续，因此该顶替工作是合法的

B．出纳不能顶替收入费用账目的登记工作，但可以顶替债权债务账目的登记工作

C．出纳不能兼任债权债务账目的登记工作，因此该顶替工作是不合法的

D．一般会计人员办理交接手续，由单位负责人负责监交

二、多项选择题

1．下列有关各单位会计机构设置的说法中，正确的是（　　）。

A．单位可根据领导意愿决定需不需要单独设置会计机构

B．单位应当根据会计业务的需要设置会计机构或者在有关机构中设置会计人员并指定会计主管人员

C．不具备会计机构设置条件的，应当委托具有会计代理记账资格的中介机构代理记账

D．单位必须设置会计机构并指定会计机构负责人

2．一个单位是否设置会计机构，主要取决于（　　）等因素。

A．单位负责人的意愿　　　　B．单位规模大小

C．经济业务和财务收支的繁简　　　　D．经营管理的要求

3．担任会计机构负责人（会计主管人员）的，必须同时具备（　　）。

A．取得大学本科学历

B．具备会计师以上专业技术职务资格或者从事会计工作 3 年以上经历

C．取得会计从业资格

D．具备助理会计师资格

4．（　　）使用会计人员应当实行会计人员回避制度。

A．私营企业　　B．国有企业

C．国家机关　　D．事业单位

5．国有企业单位负责人的（　　）不得担任本单位的会计机构负责人或会计主管人员。

A．妻子　　B．儿女　　C．亲兄弟　　D．伯父

6．实行会计人员回避制度的单位，单位领导人的直系亲属不得担任本单位的（　　）。

A．会计机构负责人　　B．会计主管人员

C．出纳　　D．稽核

7．会计人员回避制度中指的直系亲属是指（　　）。

A．夫妻关系　　B．直系血亲关系

C．三代以内旁系血亲　　D．近姻亲关系

8．下列各项业务中，属于代理记账机构业务范围的有（　　）。

A．根据委托人提供的原始凭证和其他资料进行会计核算

B．向税务机关提供税务资料

C．对外提供财务会计报告

D．进行审计，出具审计报告

9．代理记账机构为委托人编制并对外提供的财务会计报告应由（　　）签名并盖章。

A．代理记账机构负责人　　B．委托人

C．代理记账机构经办人　　D．委托人的代理人

10．代理记账机构及其从业人员的义务包括（　　）。

A．依法履行职责

B．保守商业秘密

C．对委托人示意提供不实会计资料的要求，应当拒绝

D．对委托人提出的有关会计处理原则问题负有解释的责任

11．代理记账机构及其从业人员对委托人示意其作出（　　）的要求，应当拒绝。

A．不当的会计处理

B．提供不实的会计资料

C．不符合法律、行政法规

D．不符合国家统一的会计制度

12．会计从业资格是进入会计职业、从事会计工作的（　　）。

A．文化素质　　B．智力素质　　C．法定资质　　D．门槛

13．从事下列（　　）工作的人员必须取得会计从业资格，持有会计从业资格证书。

A．资本、基金核算

B．财务会计报表编制

C．财产物资的收发、增减

D．收入、支出、债权债务核算

14．从事下列（　　）工作的人员必须取得会计从业资格，持有会计从业资格证书。

A．单位负责人　　B．会计机构负责人

C．单位内部审计　　D．账簿登记

15．财政部发布的《会计从业资格管理办法》中所称的会计类专业包括（　　）。

A．会计电算化　　B．理财学

C．管理学　　D．注册会计师专门化

16．会计从业资格考试的科目包括（　　）。

A．会计基础

B．初级会计电算化（或珠算五级）

C．财经法规与会计职业道德

D．会计实务

17．在下列各项中，属于会计从业资格考试报名基本条件的是（　　）。

A．具备高中以上学历

B．具有良好的道德品质

C．遵守会计和财经法律、法规

D．具备会计专业基本知识和技能

18．符合下列条件之一，并在毕业之日起两年内（含两年）申请会计从业资格的，可免试部分会计从业资格考试科目（　　）。

A．会计类专业中专学历

B．工商管理专业大专学历

C．会计类专业大学本科以上学历或学位

D．金融专业硕士学位

19．会计从业资格证书管理的内容包括（　　）。

A．注册登记　　B．换岗备案

C．调转登记　　D．变更登记

20．持有会计从业资格证书的人员，发生（　　）应办理变更登记。

A．学历变更　　B．接受继续教育

C．会计专业技术职务资格变更　　D．会计岗位变更

21．下列有关会计从业资格证书管理的说法中，正确的是（　　）。

A. 我国会计从业资格证书实行注册登记制度，持证人员从事会计工作，应当自从事会计工作之日起60日内办理上岗注册登记

B. 持证人员在不同会计从业资格管理机构管辖范围内调转工作单位的，应当自离开原工作单位之日起90日内，填写调转登记表

C．持证人员学历学位发生变动的，应办理变更登记

D．持有会计从业资格证书的人员变更会计工作岗位不需办理登记

22．下列人员中，（　　）是会计人员继续教育的对象。

A．某政府行政机关的出纳

B．某企业的主办会计

C．某上市公司的财务部经理

D．某个已经持有会计从业资格证书但仍在校读书的大学生

23．会计人员继续教育的目的是提高和保持其（　　）。

A．专业胜任能力　　B．职业道德水准

C．学位　　D．学历

24．会计人员继续教育的内容包括（　　）。

A．会计理论与实务　　B．会计职业道德规范

C．财务、会计法规制度　　D．其他相关知识与法规

25．根据《会计专业职务试行条例》的规定，下列各项中，属于会计专业职务的有（　　）。

A．总会计师　　B．高级会计师

C．会计师　　D．助理会计师和会计员

26．会计专业职务的初级职务有（　　）。

A．高级会计师　　B．会计师

C．助理会计师　　D．会计员

27．会计专业技术资格分为（　　）。

A．初级资格　　B．中级资格

C．副高级资格　　D．正高级资格

28．下列各项条件中，（　　）是报名参加会计专业技术资格考试的人员应具备的基本条件。

A．认真执行会计法和国家统一的会计制度

B．履行岗位职责，热爱本职工作

C．坚持原则，具备良好的职业道德品质

D．具备会计从业资格，持有会计从业资格证书

29．下列属于中级会计资格考试科目的有（　　）。

A．经济法　　B．财经法规

C．中级会计实务　　D．财务管理

30．下列属于初级会计资格考试科目的有（　　）。

A．经济法基础　　B．财经法规与会计职业道德

C．初级会计实务　　D．财务管理

31．下列各项中，符合参加会计专业技术中级资格考试的人员应具备条件的是（　　）。

A．取得大学专科学历的，从事会计工作满5年

B．取得大学本科学历的，从事会计工作满5年

C．取得硕士学位的，从事会计工作满2年

D．取得博士学位的，不需要会计工作年限

32．根据《会计法》的规定，下列各项中，出纳人员不得兼任的工作有（　　）。

A．稽核　　B．会计档案保管

C．银行存款日记账登记工作　　D．收入费用账目登记工作

33．下列各项中，属于会计岗位的有（　　）。

A．工资核算岗位

B．注册会计师岗位

C．商场收银员岗位

D．会计部门会计档案管理岗位

34．会计工作岗位一般可以（　　）。

A．一人一岗　　B．一人多岗

C．一岗多人　　D．出纳兼管稽核

35．下列应办理会计人员工作交接的情形是（　　）。

A．会计人员调动工作

B．会计人员因病两天不能工作

C．会计人员离职

D．会计人员临时离职或因病暂时不能工作需要接替的

36．一般会计人员办理交接手续由（　　）负责监交。

A．会计机构负责人　　B．会计主管人员

C．单位负责人　　D．一般会计人员

37．会计机构负责人、会计主管人员办理交接由（　　）监交。

A．单位负责人　　B．主管单位可派人会同

C．本单位其他部门负责人　　D．主管会计工作的副经理

38．会计人员工作交接，移交人员应对所移交的会计资料的（　　）承担

法律责任。

A．真实性　　B．完整性

C．及时性　　D．合理性

39．下列有关会计工作交接的说法正确的是（　　）。

A．对于已经受理的经济业务尚未填制会计凭证的，应当填制完毕

B．现金要根据会计账簿记录余额进行当面点交，不得白条抵库

C．公章、收据、空白支票、发票及其他物品等要交接清楚

D．应编制移交清册，交接完毕后，交接双方和监交人要在移交清册上签名或盖章

三、判断题

1．各单位必须在单位内部设置会计机构，并指定会计主管人员。（　　）

2．会计主管人员就是“会计主管”。（　　）

3．担任会计机构负责人（会计主管人员）的，必须同时具备会计师以上专业技术职务资格和从事会计工作 3 年以上经历的条件。（　　）

4．不单独设置会计机构，而是在有关机构中配备专职会计人员的，应当在专职会计人员中指定会计主管人员，行使会计机构负责人的职权。（　　）

5．事业单位的单位负责人子女不得担任本单位的会计机构负责人、会计主管人员和其他任何会计职位。（　　）

6．注册会计师与委托人有利害关系的、司法人员与案件有利害关系的，均应回避。（　　）

7．代理记账是指从事代理记账业务的社会中介机构，接受委托人的委托办理各项经济业务。（　　）

8．代理记账机构可以接受委托，代表委托人填制原始凭证。（　　）

9．代理记账机构为委托人编制的财务会计报告，只需经委托人签名并盖章后，就可以对外提供。（　　）

10．凡从事会计工作的人员，必须取得会计从业资格证书。（　　）

11．中国香港、澳门特别行政区人员及外籍人员在中国大陆境内从事会计工作的，可不必取得会计从业资格证书。（　　）

12．会计从业资格证书是证明能够从事会计工作的凭证，一经取得，全国范围内有效。（　　）

13．若要取得会计从业资格，必须通过考试。（　　）

14．会计从业资格考试可以免试的科目是财经法规与会计职业道德和会计电算化。（　　）

15．省级以上地方人民政府财政部门负责本行政区域内的会计从业资格管理

工作。（ ）

16．根据规定，会计人员继续教育的对象为所有持有会计从业资格证书的人员。（ ）

17．会计专业职务可分为教授级高级会计师、高级会计师、会计师、助理会计师和注册会计师。（ ）

18．副高级会计专业技术资格的取得实行考试和评审相结合的制度。（ ）

19．报名参加会计专业技术中级资格考试的人员，都必须具备一定的会计工作年限。（ ）

20．取得大学专科学历的人员报名参加会计专业技术中级资格考试的，还应当满足从事会计工作满 4 年的条件。（ ）

21．参加会计专业技术资格考试的人员，必须具备会计从业资格，持有会计从业资格证书。（ ）

22．报名参加会计专业技术中级资格考试的人员，都必须具备规定的学历或学位条件。（ ）

23．中级会计资格考试，考试成绩以两年为一个周期。参加考试人员必须在连续两个考试年度内通过全部科目的考试。（ ）

24．获得会计专业技术资格的会计人员，表明其已具备担任相应会计专业职务的水平和能力，但不与工资待遇挂钩。（ ）

25．报名参加会计专业技术中级资格考试的人员应具备一定的会计工作年限，该“会计工作年限”是指取得相应学历后从事会计工作的时间。（ ）

26．商场收银员、医院收费员所从事的工作不属于会计岗位。（ ）

27．管理会计档案的岗位都属于会计岗位。（ ）

28．单位内部审计工作属于会计岗位。（ ）

29．单位对会计人员的工作岗位要有计划地轮岗。（ ）

30．单位应根据会计业务的需要设置会计工作岗位。（ ）

31．会计人员因病暂时不能工作的，可以不与接替或代理人员办理工作交接手续。（ ）

32．在会计工作交接中，银行存款账户余额要与银行对账单一致。（ ）

33．实行会计电算化的单位，交接双方应将有关电子数据在计算机上进行实际操作，确认有关数据正确无误后，方可交接。（ ）

34．在会计工作交接中，现金要根据会计账簿记录余额进行当面点交。如有少量短缺，经单位负责人批准后，可用白条抵库。（ ）

35．会计机构负责人办理交接手续，应由主管单位派人进行监交。（ ）

36．会计工作交接后，为了分清责任，接替人员应另立账簿，进行记账。（ ）

37. 会计资料移交后，移交人对自己经办且已移交的会计资料不必再承担法律责任。（　）

38. 会计工作交接，移交清册应填制一式两份，交接双方各执一份。（　）

39. 移交人员办理完交接手续后，仍需对原工作期间经办的会计资料的真实性、完整性负责。（　）

40. 会计人员工作交接时，因接替人员交接时的工作疏忽而没有发现所接会计资料在真实性、完整性方面的问题，如事后发现，接替人员应对会计资料的真实性、完整性负法律责任。（　）

41. 移交人员因病或其他特殊原因不能亲自办理移交手续的，经会计机构负责人批准，可由移交人委托他人代办交接。（　）

第六节　法律责任

学习重点

一、法律责任的概念

《会计法》法律责任主要形式包括行政责任（由县级以上地方人民政府具有行政处罚权的行政机关实施）、刑事责任（由司法机关追究刑事责任）。

二、违反《会计法》的法律责任形式

1. 行政责任分为行政处罚、行政处分。

2. 行政处罚对象包括既可以是公民，也可以是法人或其他组织。具体形式包括警告、罚款、没收非法所得和非法财物、责令停产停业、暂扣或吊销许可证或执照、行政拘留。对当事人的同一违法行为，不得给予两次以上罚款的行政处罚（一事不再罚原则）。

3. 可以依法从轻或减轻行政处罚的情形包括：当事人主动消除或减轻违法行为危害后果的；受他人胁迫有违法行为的；配合行政机关查处违法行为有立功表现的。可以不予行政处罚的情形：违法行为轻微并及时纠正，没有造成危害后果的。

4. 行政处分的对象仅限于国家工作人员（或公务员）。具体形式包括警告、记过、记大过、降级、降职、撤职、留用察看、开除。

5. 刑罚分为主刑和附加刑（主刑包括管制、拘役、有期徒刑、无期徒刑、死刑；附加刑包括罚金、剥夺政治权利、没收财产）。

三、违反会计法规的法律责任

（一）违反会计法规应承担法律责任的行为（十项一般违法行为）

1. 未按规定填制、取得原始凭证或原始凭证不符合规定。

2. 不依法设置账簿。

3. 私设账簿（账外账、小金库、两本账）。

4. 以未经审核的会计凭证为依据登记账簿或登记账簿不符合规定。

5. 向不同的会计资料使用者提供的财务会计报告编制依据不一致。

6. 未按规定保管会计资料，致使会计资料毁损、灭失。

7. 随意变更会计处理方法。

各单位采用的会计处理方法前后期应保持一致，不得随意变更（体现可比性要求）。确有必要变更的，应按国家统一的会计制度的规定进行变更并在财务会计报告附注中予以说明。

8. 未按规定使用会计记录文字和记账本位币。

会计记录文字应使用中文。民族自治地方的单位可以同时使用当地通用的一种民族文字；外资企业和外国企业可以同时使用一种外国文字。

9. 未按规定建立并实施单位内部会计监督制度，或拒绝依法实施的监督，或不如实提供有关会计资料及有关情况。

10. 任用会计人员不符合规定（包括任用一般会计人员，任用会计机构负责人或会计主管人员，任用总会计师）。

（二）违反会计法规（十项一般违法行为）应承担的法律责任

1. 责令限期改正（县级以上财政部门）。

2. 罚款（单位 3 000～5 0000 元，个人 2 000～20 000 元）

3. 给予行政处分（针对国家工作人员）。

4. 吊销会计从业资格证书（针对会计人员，被吊销后 5 年内不得重新参加会计从业资格考试）。

5. 依法追究刑事责任（非民事责任，针对构成犯罪或触犯刑律的）。

（三）伪造、变造会计凭证、账簿，编制虚假财务会计报告的法律责任（偷税表现之一）

1. 行政责任包括：

（1）通报（县级以上财政部门）。

（2）罚款（单位 5 000～100 000 元，个人 3 000～50 000 元）。

（3）给予行政处分（针对国家工作人员）。

（4）吊销会计从业资格证书（针对会计人员）。

2. 刑事责任（针对构成犯罪或触犯刑律的）包括：

（1）偷税的刑事责任。

1）偷税数额占应纳税额 10%～30%，并且偷税额在 1～10 万元或两次因偷税受到处罚的处以3 年以下有期徒刑或拘役，并处1～5 倍罚金。

2）偷税数额占应纳税额 30%以上，并且偷税额在 10 万元以上的处以 3～7 年有期徒刑或拘役，并处1～5 倍罚金。

（2）公司向股东或社会公众提供虚假的或者隐瞒重要事实的财务会计报告，严重损害股东或其他人利益的刑事责任：直接负责的主管人员和其他直接责任人，处以 3 年以下有期徒刑或拘役，并处或单处 20 000～200 000 元罚金。

（四）隐匿或故意销毁依法应保存的会计资料的法律责任（偷税表现之一）

1. 行政责任包括：

（1）通报（县级以上财政部门）。

（2）罚款（单位 5 000～100 000 元，个人 3 000～50 000 元）。

（3）给予行政处分（针对国家工作人员）。

（4）吊销会计从业资格证书（针对会计人员）。

2. 刑事责任（针对构成犯罪或触犯刑律的）包括：

（1）偷税的刑事责任。

1）偷税数额占应纳税额 10%～30%，并且偷税额在 1～10 万元或两次因偷税受到处罚的处以 3 年以下有期徒刑或拘役，并处 1～5 倍罚金。

2）偷税数额占应纳税额 30%以上，并且偷税额在 10 万元以上的处以 3～7 年有期徒刑或拘役，并处 1～5 倍罚金。

（2）对于隐匿或故意销毁依法应当保存的会计凭证、会计账簿、财务会计报告的行为，情节严重的：直接负责的主管人员和其他直接责任人，处以 5 年以下有期徒刑或拘役，并处或单处 20 000～200 000 元罚金。

（五）授意、指示、强令会计机构、会计人员伪造会计凭证、账簿，编制虚假财务会计报告或隐匿、故意销毁依法应保存的会计资料的法律责任

1. 依法追究刑事责任（针对构成犯罪或触犯刑律的）。

2. 罚款（5 000～50 000 元）。

3. 给予行政处分（针对国家工作人员）。

（六）单位负责人对会计人员实行打击报复的法律责任

1. 构成犯罪的，依法追究刑事责任（3 年以下有期徒刑或拘役）。

2. 不构成犯罪的，给予行政处分。

对受打击报复的会计人员，应恢复其名誉和原有职务、级别。

同步强化练习题

一、单项选择题

1．下列各项中，既属于行政处罚又属于行政处分的是（ ）。

A．记过 B．罚款 C．警告 D．撤职

2．行政处分的对象是（ ）。

A．法人 B．公民

C．国家工作人员 D．其他组织

3．下列各项中，属于主刑的是（ ）。

A．罚金 B．有期徒刑

C．剥夺政治权利 D．没收财产

4．下列各项中属于行政责任处罚方式的是（ ）。

A．警告 B．管制

C．拘役 D．无期徒刑

5．下列可以不予行政处罚的情形是（ ）。

A．当事人主动消除或减轻违法行为危害后果的

B．受他人胁迫有违法行为的

C．配合行政机关查处违法行为有立功表现的

D．违法行为轻微并及时纠正，没有造成危害后果的

6．按照《会计法》的规定，对于不依法设置会计账簿，尚不构成犯罪的，由（ ）予以处罚。

A．各级人民政府

B．各级人民政府财政部门

C．县级以上人民政府

D．县级以上人民政府财政部门

7．会计人员必须对（ ）的行为承担法律责任。

A．以未经审核的原始凭证为依据登记会计账簿

B．对单位负责人的会计违法行为没有坚决进行抵制

C．由于业务需要将记账本位币由人民币改为美元

D．为更好地体现企业财务状况和经营成果而变更会计处理方法

8．会计人员私设会计账簿，情节严重的，由县级以上人民政府财政部门吊销其（ ）。

A．会计从业资格证书 B．学历证书

C．学位证书　　　　　　　　　　　　D．会计专业技术资格证书

9．民族自治地方的单位的会计记录文字应符合的规定是（　　）。

A．只能使用中文

B．使用中文的同时可使用一种民族文字

C．只能使用外文

D．在中文和民族文字中选择一种

10．对于未按照规定建立并实施单位内部会计监督制度的，在责令限期改正的同时，可以对直接负责的主管人员和其他直接责任人员处以（　　）的罚款。

A．3 000 元以上，50 000 元以下

B．5 000 元以上，100 000 元以下

C．10 000 元以上，100 000 元以下

D．2 000 元以上，20 000 元以下

11．纳税人采取伪造、变造账簿、记账凭证，在账簿上多列支出或者不列、少列收入等手段，不缴或少缴应纳税额，偷税数额占应纳税额的10%以上不满30%，并且偷税数额在 10 000 元以上不满 100 000 元的，或者因偷税税务机关给予二次行政处罚又偷税的，应追究的法律责任为（　　）。

A．3 年以下有期徒刑或者拘役，并处偷税数额 1～5 倍以下罚金

B．3 年以下有期徒刑或者拘役，并处偷税数额 5～10 倍以下罚金

C．3～7 年有期徒刑或者拘役，并处偷税数额 1～5 倍以下罚金

D．7 年以下有期徒刑或者拘役，并处偷税数额 5 倍以上 10 倍以下罚金

12．纳税人采取伪造、变造会计凭证、会计账簿，在账簿上多列支出或者不列、少列收入等手段，不缴或少缴应纳税额，偷税数额占应纳税额的 30%以上，并且偷税数额在 100 000 元以上的，应追究的法律责任为（　　）。

A．3～7 年有期徒刑或者拘役，并处偷税数额 1～5 倍罚金

B．3～7 年有期徒刑或者拘役，并处偷税数额 5～10 倍罚金

C．5～7 年有期徒刑或者拘役，并处偷税数额 1～5 倍罚金

D．7 年以下有期徒刑或者拘役，并处偷税数额 5～10 倍罚金

13．对于伪造、变造会计凭证、会计账簿，编制虚假财务会计报告，尚未构成犯罪的，县级以上人民政府财政部门视其情节轻重，在予以通报的同时，可以对单位并处（　　）罚款。

A．3 000 元以上，50 000 元以下

B．5 000 元以上，100 000 元以下

C．2 000 元以上，20 000 元以下

D．20 000 元以上，200 000 元以下

14．对于伪造、变造会计凭证、会计账簿，编制虚假财务会计报告，尚未构

成犯罪的，县级以上人民政府财政部门视其情节轻重，可以对其直接负责的主管人员和其他直接责任人员处（　　）罚款。

A．3 000 元以上，50 000 元以下

B．5 000 元以上，100 000 元以下

C．2 000 元以上，20 000 元以下

D．20 000 万元以上，200 000 元以下

15．对于伪造、变造会计凭证、会计账簿，编制虚假财务会计报告的会计人员，由县级以上人民政府财政部门吊销其（　　）。

A．会计专业技术资格证书　　　　B．学历证书

C．学位证书　　　　D．会计从业资格证书

16．对于隐匿、故意销毁依法应当保存的会计凭证、会计账簿、财务会计报告的行为，情节较轻，尚不构成犯罪的，县级以上人民政府财政部门视其情节轻重，可以对单位处以（　　）罚款。

A．3 000 元以上，50 000 元以下

B．5 000 元以上，100 000 元以下

C．2 000 元以上，20 000 元以下

D．20 000 元以上，200 000 元以下

17．纳税人采取隐匿或故意销毁依法应当保存的会计凭证、会计账簿，不缴或少缴应纳税款，偷税数额占应纳税额的 30%以上，并且偷税额在 100 000 元以上的，应追究的法律责任为（　　）。

A．3～7 年有期徒刑或者拘役，并处偷税数额 1～5 倍罚金

B．3～7 年有期徒刑或者拘役，并处偷税数额 5～10 倍罚金

C．5～7 年有期徒刑或者拘役，并处偷税数额 1～5 倍罚金

D．7 年以下有期徒刑或者拘役，并处偷税数额 5～10 倍罚金

18．授意、指使、强令会计机构、会计人员及其他人员伪造、变造会计凭证、会计账簿，编制虚假会计报告，尚未构成犯罪的，由县级以上人民政府财政部门对违法行为人处以（　　）罚款。

A．3 000 元以上，50 000 元以下

B．5 000 元以上，50 000 元以下

C．2 000 元以上，20 000 元以下

D．20 000 元以上，200 000 元以下

19．对犯有打击报复会计人员罪的单位负责人，可处（　　）年以下有期徒刑或者拘役。

A．3　　　　B．5

C．6　　　　D．7

二、多项选择题

1.《会计法》规定的法律责任形式有（　　）。

A．赔偿责任　　B．民事责任

C．行政责任　　D．刑事责任

2．下列各项中属于行政处罚形式的是（　　）。

A．没收违法所得和非法财物　　B．吊销许可证照

C．罚款　　D．行政拘留

3．下列各项中属于行政处分形式的是（　　）。

A．警告　　B．降级

C．开除　　D．拘役

4．下列哪种情形可以从轻或减轻行政处罚（　　）。

A．当事人主动消除或减轻违法行为危害后果的

B．受他人胁迫有违法行为的

C．配合行政机关查处违法行为有立功表现的

D．违法行为轻微并及时纠正，没有造成危害后果的

5．下列各项中，属于《会计法》规定的行政处罚的形式有（　　）。

A．罚款　　B．记过

C．吊销税务登记证　　D．吊销会计从业资格证书

6．下列行为，属于违反《会计法》应承担法律责任的行为有（　　）。

A．不依法设置会计账簿的

B．会计档案保管期满按规定销毁的

C．不按规定使用记账本位币的

D．任用会计人员符合《会计法》的规定的

7．根据《会计法》的规定，应当承担法律责任的违法行为包括（　　）。

A．私设会计账簿

B．向不同的会计资料使用者提供的财务会计报告编制依据不一致

C．未按照规定建立并实施单位内部会计监督制度

D．外商投资企业仅使用英文作为会议记录文字

8．会计人员有下列行为之一，情节严重的，应由县级以上人民政府财政部门吊销会计从业资格证书。（　　）

A．填制、取得原始凭证不符合规定的行为

B．未按规定使用会计记录文字的行为

C．在依法实施的会计监督中不如实提供会计资料的行为

D．无故不参加会计人员继续教育的行为

9．下列行为中，属于违反《会计法》应承担法律责任的行为有（　　）。

A．未按规定保管会计资料，致使会计资料毁损、灭失的

B．未按规定建立单位内部会计监督制度的

C．拒绝依法实施的监督

D．没有单独设置会计机构的

10．会计人员有下列违法情形，应由县级以上人民政府财政部门吊销会计从业资格证书的是（　　）。

A．未按照规定保管会计资料，致使会计资料毁损、灭失的行为

B．随意变更会计处理方法的行为

C．私设会计账簿的行为

D．无故不参加会计人员继续教育的行为

11．违反《会计法》应承担的法律责任包括（　　）。

A．责令限期改正　　B．行政处分

C．吊销会计从业资格证书　　D．罚款

12．纳税人采取隐匿，擅自销毁账簿、记账凭证的手段，不缴或者少缴应纳税款，偷税数额占应纳税额的10%以上不满30%，并且偷税数额在1万元以上不满10万元的，应追究的刑事责任为（　　）。

A．处3年以下有期徒刑或者拘役

B．处3年以上7年以下有期徒刑

C．并处偷税数额的1倍以上5倍以下的罚金

D．并处偷税数额的5倍以上10倍以下的罚金

13．对单位隐匿或者故意销毁依法应当保存的会计凭证、会计账簿、财务会计报告的行为，尚未构成犯罪的，应承担的法律责任是（　　）。

A．由县级以上人民政府财政部门予以通报

B．对单位并处5000元以上100000元以下的罚款

C．对负有直接责任的主管人员和其他直接责任人员中的国家工作人员依法给予行政处分

D．对负有直接责任的会计人员，吊销其会计从业资格证书

14．某公司会计将销售残次品的收入单独设置账簿进行核算，以备公司职工搞活动作为活动经费使用。关于该公司的做法，下列说法正确的是（　　）。

A．该公司的做法属于私设会计账簿的行为

B．该公司的做法违反了会计法律制度的规定，应由省级以上财政部门责令其限期改正

C．该公司的做法没有违反会计法律制度

D．对该项行为可以处3000元以上50000元以下的罚款

三、判断题

1．违反《会计法》的法律责任形式包括民事责任和刑事责任。（ ）

2．对于当事人的同一违法行为，不得给予两次以上罚款的行政处罚。（ ）

3．行政责任由省级以上地方人民政府具有行政处罚权的行政机关实施。（ ）

4．对犯罪行为应由司法机关追究刑事责任。（ ）

5．对行政机关作出的处罚决定，当事人有权陈述和申辩。（ ）

6．“小金库”核算属于私设会计账簿的行为。（ ）

7．对违反《会计法》行为情节严重的会计人员，由县级以上人民政府财政部门吊销其会计专业技术资格证书。（ ）

8．会计人员有违反《会计法》行为，情节严重的，由县级以上人民政府吊销其会计从业资格证书。（ ）

9．县级以上人民政府财政部门根据违反会计法行为的性质、情节及危害程度，在责令限期改正的同时，可以对单位并处 3 000 元以上 50 000 元以下的罚款。（ ）

10．县级以上人民政府财政部门根据违反会计法行为的性质、情节及危害程度，在责令限期改正的同时，可对其直接负责的主管人员和其他直接责任人员处以 2 000 元以上 20 000 元以下的罚款。（ ）

11．《会计法》对于任用会计人员不合法的行为，由县级以上人民政府财政部门责令限期改正，可以对单位并处 3 000 元以上 50 000 元以下的罚款。（ ）

12．公司向股东或社会公众提供虚假的或者隐瞒重要事实的财务会计报告，严重损害股东或其他人利益的，对直接负责的主管人员和其他直接责任人，处以 3 年以下有期徒刑或拘役，并处或单处 20 000～200 000 元罚金。（ ）

13．对犯有打击报复会计人员罪的单位负责人，可处 5 年以下有期徒刑或者拘役。（ ）

14．对会计人员进行打击报复的，除对单位负责人依法进行处罚外，还应当采取必要的补救措施，如恢复会计人员名誉、原有职位、级别。（ ）

第二章 支付结算法律制度

考情分析

本章知识点比较多而且比较抽象，考试题型覆盖了单选、多选和判断全部题型，最近三年考试平均分为 22 分。今年由于采用新大纲，教材中对本章内容做了一些调整。比如，以前作为选学内容的第二节现金管理和第四节票据结算方式中的商业汇票、信用卡、汇兑等内容，今年都改成了必学内容；第三节银行结算账户中新增了银行结算账户的管理及罚则的内容，第四节票据结算方式中删除了银行汇票的内容，同时对支票的内容也做了一定的改动。预计今年分值为 15～25 分。

本章很多知识点之间都具有相关性，建议考生在学习的过程中采用比较式的学习方法，如比较各种银行结算账户的异同、支票和商业汇票的异同等。

各节近三年分值分布

内　容	题　型	年　度		
		2008 年	2009 年	2010 年
第一节　概述	单项选择题	1	3	0
	多项选择题	1	0	1
	判断题	3	1	0
	合　计	5	4	1
第二节　现金管理（原为选学内容，现为必学内容）	单项选择题	0	0	0
	多项选择题	0	0	0
	判断题	0	0	0
	合　计	0	0	0
第三节　银行结算账户	单项选择题	5	5	2
	多项选择题	4	4	3
	判断题	3	2	1
	合　计	12	11	6
第四节　票据结算方式	单项选择题	2	4	3
	多项选择题	2	4	3
	判断题	1	4	3
	合　计	5	12	9

第一节 概 述

学习重点

一、支付结算的概念和特征

1. 支付结算是指单位、个人使用票据、信用卡和结算凭证进行货币给付及其资金清算的行为，银行、单位和个人是办理支付结算的主体。

2. 支付结算必须通过中国人民银行批准的金融机构进行。银行（包括银行、城市信用合作社、农村信用合作社）是支付结算和资金清算的中介机构，未经中国人民银行批准的非金融机构和其他单位不得作为中介机构经营支付结算业务。

二、支付结算的基本原则

支付结算的基本原则包括：恪守信用、履约付款，谁的钱进谁的账、由谁支配，银行不垫款。

三、支付结算的主要支付工具

支付结算的主要支付工具包括汇票、本票、支票、信用卡、汇兑、托收承付、委托收款等。

四、办理支付结算的基本要求

1. 必须使用中国人民银行统一规定的票据和结算凭证。
2. 应当按照规定开立、使用账户。
3. 票据和结算凭证上的签章和其他记载事项应当真实，不得伪造、变造。
4. 票据和结算凭证的填写应当规范。

五、填写票据和结算凭证的基本要求

1. 中文大写金额数字应用正楷或行书填写，不得自造简化字。如果金额数字书写中使用繁体字，银行也应受理。

2. 中文大写金额到“元”为止的，“元”后面应加“整（正）”；到“角”的，“角”后面可以不写“整（正）”；到“分”的，“分”后面不写“整（正）”。

3. 中文大写金额前应标明“人民币”字样。大写金额和“人民币”字样间不能留有空白。

4. 小写金额中有“0”时的大写金额写法要掌握。小写金额前应加人民币符

号“¥”。

5．票据的出票日期必须使用中文大写。月为壹、贰、壹拾，日为壹拾、贰拾、叁拾的，应在前面加“零”；日为拾壹至拾玖的，应在前面加“壹”。

6．票据出票日期使用小写填写的，银行不予受理。大写日期未按要求规范填写的，银行可予受理；但由此造成损失的，由出票人自行承担。

同步强化练习题

一、单项选择题

1．支付结算必须通过（　　）批准的金融机构进行。

A．银监会　　B．中国人民银行

C．国务院　　D．中国银行

2．单位、个人和银行办理支付结算必须使用（　　）。

A．各开户银行印制的票据和结算凭证

B．按中国人民银行统一规定印制的票据和结算凭证

C．按国家税务部门统一规定印制的票据和结算凭证

D．按财政部统一规定印制的票据和结算凭证

3．下列各项中，不符合票据和结算凭证填写要求的是（　　）。

A．中文大写金额数字到“角”为止，在“角”之后没有写“整”字

B．中文大写金额前未加“人民币”字样

C．阿拉伯小写金额数字前填写了人民币符号

D．“9月10日”出票的票据，票据的出票日期为“玖月零壹拾日”

4．下列有关票据出票日期的说法，正确的是（　　）。

A．票据的出票日期必须使用中文大写

B．在填写月、日时，月为壹、贰和壹拾的应在其前加“壹”

C．在填写月、日时，日为拾壹至拾玖的，应在其前面加“零”

D．票据出票日期使用小写填写的，票据无效

5．某公司出纳陈某于2009年1月19日签发了一张转账支票，转账支票上日期应填写为（　　）。

A．贰零零玖年壹月拾玖日

B．贰零零玖年零壹月拾玖日

C．贰零零玖年零壹月零拾玖日

D．贰零零玖年零壹月壹拾玖日

6．填写票据金额时，人民币 50 108 元应写成（　　）。

A．伍万零壹佰零捌元

B．人民币伍万零壹佰零捌元整

C．人民币伍万零壹佰零捌元

D．人民币伍万零壹零八元整

7．票据大写日期未按要求规范填写的，银行可以受理，但由此造成损失的，由（　　）承担。

A．银行　　B．出票人

C．收款人　　D．付款人

二、多项选择题

1．支付结算是（　　）的行为。

A．货币给付　　B．资金清算

C．商品采购　　D．商品销售

2．根据《支付结算办法》的规定，下列属于支付结算和资金清算中介机构的是（　　）。

A．银行　　B．城市信用合作社

C．农村信用合作社　　D．保险公司

3．单位、个人和银行办理支付结算必须遵守的原则有（　　）。

A．恪守信用、履约付款

B．谁的钱进谁的账、由谁支配

C．银行不垫款

D．不得出租或出借银行账户

4．办理支付结算的要求有（　　）。

A．使用按统一规定印制的票据和结算凭证

B．按规定开立和使用银行账户

C．票据和结算凭证上签章和其他记载事项应当真实

D．填写票据和结算凭证应当规范

5．根据《支付结算办法》的有关规定，下列说法中正确的有（　　）。

A．中文大写金额数字前面应填写“人民币”字样

B．中文大写金额数字的“元”之后可以不写“整”字

C．可以用繁体字书写中文大写金额数字

D．可以用阿拉伯数字填写票据出票日期

6．下列关于票据金额的填写，说法正确的是（　　）。

A．阿拉伯小写金额数字中有“0”的，中文大写应按汉语语言规律、金

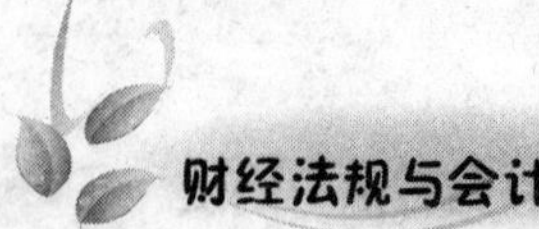

额数字和防止涂改的要求进行书写

B. 大写金额数字有“分”的，“分”后面可以写“整”（或“正”）字

C. 大写金额数字应紧接“人民币”字样填写，不得留有空白

D. 大写金额数字前未印“人民币”字样的，应加填“人民币”字样

三、判断题

1. 支付结算是指单位、个人在社会经济活动中使用票据、银行卡和汇兑、托收承付、委托收款等结算方式进行货币给付及其资金清算的行为。（　）

2. 个人在社会经济活动中使用票据、银行卡等方式进行资金清算的行为不属于支付结算的范畴。（　）

3. 根据《支付结算办法》的规定，除法律、行政法规另有规定外，未经中国人民银行批准的非银行金融机构和其他单位，不得作为中介机构经营银行支付结算业务。（　）

4. 根据支付结算中谁的钱进谁的账、由谁支配原则，对于存款人的资金，除国家法律另有规定外，必须由其自由支配，银行不代扣款项。（　）

5. 结算凭证金额应以中文大写和阿拉伯数字同时记载，两者必须一致，否则银行不予受理。（　）

6. 中文大写金额数字到“元”为止的，在“元”之后，可以写“整”（或“正”）字，在“角”之后不能写“整”（或“正”）字。（　）

7. 中文大写金额数字有“分”的，“分”后面不写“整”字。（　）

8. 中文大写金额数字前应标明“人民币”字样，大写金额数字应紧接“人民币”字样填写，也可留有空白。（　）

9. 票据出票日期使用小写的，银行可以受理，但由此造成的损失由出票人承担。（　）

第二节　现金管理

学习重点

一、开户单位使用现金的范围

1. 开户单位可以在下列范围内使用现金：①职工工资、津贴；②个人劳务报酬；③根据国家规定颁发给个人的科学技术、文化艺术、体育等各种奖金；

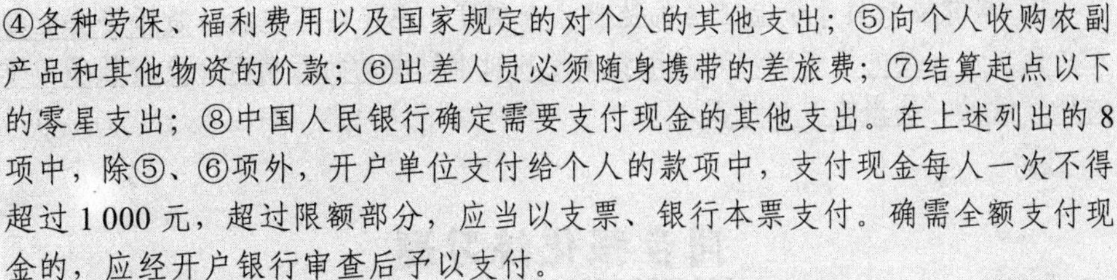

④各种劳保、福利费用以及国家规定的对个人的其他支出；⑤向个人收购农副产品和其他物资的价款；⑥出差人员必须随身携带的差旅费；⑦结算起点以下的零星支出；⑧中国人民银行确定需要支付现金的其他支出。在上述列出的8项中，除⑤、⑥项外，开户单位支付给个人的款项中，支付现金每人一次不得超过1 000元，超过限额部分，应当以支票、银行本票支付。确需全额支付现金的，应经开户银行审查后予以支付。

2. 开户单位支付给个人的款项超过结算起点1 000元的部分，应当以转账方式支付；确需全额支付现金的，经开户银行审核后，予以支付现金。

二、现金使用的限额

库存现金限额由开户银行根据开户单位3～5天的日常零星开支所需要的现金确定。边远地区和交通不发达地区的开户单位的库存现金限额，最多不得超过15天的日常零星开支。

三、现金收支的基本要求

1. 开户单位在购销活动中不得对现金结算给予比转账结算优惠的待遇；不得只收现金而拒收支票、银行本票和其他转账结算凭证。

2. 不准用不符合财务会计制度规定的凭证顶替库存现金（白条抵库）；不准单位之间相互借用现金；不准谎报用途套用现金；不准利用存款账户代其他单位和个人存入或支取现金；不准将单位收入的现金以个人名义存入储蓄；不准保留账外公款（小金库）。

3. 实行大额现金支付登记备案制度。开户银行对本行签发的超过大额现金标准、注明“现金”字样的银行汇票、银行本票，视同大额现金支付，实行登记备案制度。

4. 单位现金收入应及时存入银行，不得直接支付单位自身的支出（坐支）。因特殊情况需坐支现金的，应事先报经开户银行审查批准。

四、建立健全现金核算与内部控制

1. 建立货币资金业务岗位责任制，明确各岗位的职责权限，确保不相容岗位相互分离、制约和监督。

2. 建立严格的货币资金业务授权批准制度。

3. 按规定的程序办理货币资金支付业务（申请——审批——复核——支付）。

4. 对于重要货币资金支付业务，应实行集体决策和审批。

5. 严禁未经授权的机构或人员办理货币资金业务或直接接触货币资金。

6. 加强与货币资金有关的票据的管理，防止空白票据的遗失和被盗用。

7. 加强银行预留印鉴的管理，严禁一人保管支付款项所需的所有印章。

8. 应建立对货币资金业务的监督检查制度，主要内容包括：货币资金业务相关岗位及人员的设置情况、货币资金授权批准制度的执行情况、支付款项印章的保管情况、票据的保管情况。

同步强化练习题

一、单项选择题

库存现金限额由开户银行根据开户单位 3～5 天的日常零星开支所需要的现金核定，最多不得超过（　　）天。

A. 15　　B. 8　　C. 10　　D. 20

二、多项选择题

1. 根据规定，下列事项中，开户单位可以使用现金的有（　　）。
   A. 职工工资、津贴
   B. 个人劳务报酬
   C. 向个人收购农副产品和其他物资的价款
   D. 出差人员必须随身携带的差旅费
2. 下列事项中，单位开户银行可以使用现金的有（　　）。
   A. 发给公司甲某的 800 元奖金
   B. 支付给公司临时工王某的 2 000 元劳务报酬
   C. 向农民收购农产品的 1 万元收购款
   D. 出差人员出差必须随身携带的 2 000 元差旅费
3. 货币资金监督检查的主要内容包括（　　）。
   A. 货币资金业务相关岗位及人员的设置情况
   B. 货币资金授权批准制度的执行情况
   C. 票据的保管情况
   D. 支付款项印章的保管情况
4. 下列关于现金管理要求的说法正确的是（　　）。
   A. 开户单位应加强银行预留印鉴的管理，允许一人保管支付款项所需的所有印章
   B. 开户单位应建立货币资金业务岗位责任制，明确各岗位的职责权限
   C. 开户单位应建立货币资金业务授权批准制度，禁止未经授权的机构或人员办理货币资金业务或直接接触货币资金
   D. 对于重要货币资金支付业务，开户单位应实行集体决策和审批

三、判断题

1．某单位采购某价格为 100 000 元的设备，按规定可以用现金支付。 （ ）

2．不准用不符合财务会计制度规定的凭证顶替库存现金。 （ ）

3．单位之间可以相互借用现金。 （ ）

4．不准谎报用途套用现金。 （ ）

5．不准利用存款账户代其他单位和个人存入或支取现金。 （ ）

6．单位收入的现金可以以个人名义存入储蓄。 （ ）

7．不准保留账外公款。 （ ）

8．单位可以从现金收入中直接支付现金。 （ ）

9．库存现金限额由开户银行根据开户单位 5～10 天的日常零星开支所需要的现金核定。 （ ）

10．单位应建立货币资金业务授权批准制度，对于重要货币资金支付业务，应实行集体决策和审批。 （ ）

11．支付款项的印章可统一由一人保管。 （ ）

第三节 银行结算账户

学习重点

一、银行结算账户的概念

银行结算账户是指银行为存款人开立的用于办理现金存取、转账结算等资金收付活动的人民币活期存款账户。

二、银行结算账户的分类

1．银行结算账户按用途不同，分为基本存款账户、一般存款账户、专用存款账户、临时存款账户。

基本存款账户在四类账户中处于统御地位。开立基本存款账户的存款人，开立、变更或撤销其他三类账户，必须凭基本存款开户登记证办理相关手续，并在基本存款账户开户登记证上进行登记。

临时存款账户与基本存款账户在功能上有相似之处，两者区别在于：对临时存款账户实行有效期管理，有效期最长不得超过两年。

2．银行结算账户按存款人不同，分为单位银行结算账户和个人银行结算账户。

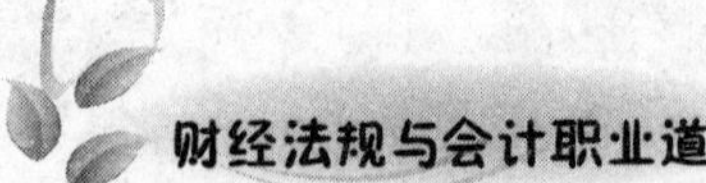

（1）个体工商户凭营业执照以字号或经营者姓名开立的银行结算账户纳入单位银行结算账户管理。

（2）邮政储蓄机构办理银行卡业务纳入个人银行结算账户管理。

三、银行结算账户管理应当遵循的基本原则

1. 一个基本账户原则。

2. 自主选择银行开立银行结算账户原则。除国家法律法规另有规定外，任何单位和个人不得强令存款人到指定银行开立银行结算账户。

3. 守法合规原则。

4. 存款信息保密原则。除国家法律法规另有规定外，银行有权拒绝任何单位和个人查询单位银行结算账户和个人银行结算账户。

四、银行结算账户的开立、变更和撤销

1. 存款人开立基本存款账户、临时存款账户（注册验资临时存款账户除外）和预算单位专用存款账户实行核准制度，经中国人民银行核准后，由开户银行核发开户登记证。

2. 银行应建立存款人预留签章卡片，并留存归档。

3. 银行结算账户的变更是指开户资料发生变更，包括存款人名称、单位法定代表人、住址等发生变更。发生变更时，开户人应在5个工作日内提出申请，银行在2个工作日内向中国人民银行报告。

4. 银行结算账户的撤销是指存款人因开户资格或其他原因终止银行结算账户的使用。主要包括：被撤销、解散、宣告破产或关闭的；注销、被吊销营业执照的；因迁址需要变更开户银行的；其他原因。应在5个工作日内提出撤销银行结算账户申请（存款人尚未清偿开户银行债务的，不得申请撤销该账户）。

开户银行对已开户但一年内未发生任何业务的账户，应通知存款人自发出通知30日内办理销户手续，逾期视同自愿销户，未划转款项列入久悬未取专户管理。

五、基本存款账户

1. 一家单位只能有一个基本存款账户，基本存款账户是单位的主办账户。

2. 使用范围：存款人日常经营活动的资金收付，以及工资、奖金和现金的支取。

下列存款人可申请开立基本存款账户：企业、机关、事业单位、社会团体、军队、武警部队、居民社区委员会、民办非企业组织、外国驻华机构、单位设立的独立核算的附属机构等

六、一般存款账户

1. 一般存款账户和基本存款账户不能开在同一个银行的同一个营业机构。

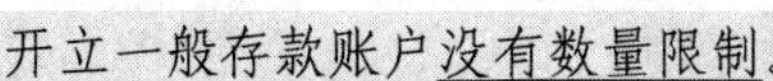

开立一般存款账户没有数量限制。

2. 使用范围：借款转存、借款归还、现金缴存，不得办理现金支取。

七、专用存款账户

1. 对于特定用途资金进行专项管理和使用而开立的账户，应注意了解各专用存款账户名称。

2. 单位银行卡账户的资金必须由其基本账户转账存入，不得办理现金收付。

3. 财政预算外资金、证券交易结算资金、期货交易保证金、信托基金专用存款账户，不得支取现金。

八、临时存款账户

1. 临时存款账户是因临时需要并在规定期限内使用而开立的账户。临时存款账户有效期最长不得超过2年。

2. 注册验资的临时存款账户在验资期间只收不付。

九、个人银行结算账户

1. 个人银行结算账户是自然人因投资、消费、结算等需要以自然人名称开立的银行结算账户。

2. 自然人可根据需要，申请开立个人银行结算账户，也可以在已开立的储蓄账户中选择并申请确认为个人银行结算账户。

3. 个人银行结算账户用于办理个人转账收付和现金支取业务，储蓄账户仅限于办理现金存取，不得办理转账结算业务。

4. 单位从其银行结算账户支付给个人银行结算账户的款项每笔超过5万元的，应向其开户银行提供各类付款凭证。单位从其银行结算账户支付给个人银行结算账户的款项应纳税的，税收代扣单位付款时应向其开户银行提供完税证明。

十、异地银行结算账户

1. 异地银行结算账户是指存款人符合法定条件，根据需要在异地开立相应的银行结算账户。

2. 使用范围包括以下几点：

（1）营业执照注册地与经营地不在同一行政区域（跨省、市、县），需要开立基本存款账户的。

（2）办理异地借款和其他结算需要开立一般存款账户的。

（3）存款人有回笼异地货款，支付异地营销开支需要的，如因附属的非独立核算单位或派出机构发生的收入汇缴或业务支出需要开立专用存款账户的。

（4）异地临时经营活动需要开立临时存款账户的。

（5）自然人根据需要在异地开立个人银行结算账户的。

十一、银行结算账户的管理

1. 中国人民银行是银行结算账户的监督管理部门，负责对银行结算账户的开立、使用、变更、撤销进行监督检查，负责基本存款账户、临时存款账户和预算单位专用存款账户开户许可证的管理。

2. 银行负责所属营业机构银行结算账户开立、使用和撤销的审查管理（专人负责），对已开立的单位银行结算账户实行年检制度。

银行结算账户管理档案按会计档案进行管理，保管期限为银行结算账户撤销后10年。

3. 存款人应加强对预留银行印鉴、开户许可证的管理，妥善保管其密码。

十二、违反银行账户结算管理制度的罚则

1. 存款人违反账户管理制度的处罚：

行　为	处　罚
（1）开立、撤销银行结算账户时违反银行结算管理制度 （2）伪造、变造、私自印制开户登记证	非经营性存款人：警告并处1 000元罚款 经营性存款人：警告并处1～3万元罚款
使用银行结算账户时违反银行结算管理制度	非经营性存款人：警告并处1 000元罚款 经营性存款人：警告并处0.5～3万元罚款
未及时将变更事项通知银行	警告并处1 000元罚款

2. 银行及其有关人员违反账户管理制度的处罚：

行　为	处　罚
开立银行结算账户时违反账户管理制度	警告并处5～30万元罚款
使用银行结算账户时违反账户管理制度	警告并处0.5～3万元罚款

同步强化练习题

一、单项选择题

1. 银行结算账户的监督管理部门是（　　）。

A. 财政部门　　B. 中国人民银行

C. 各开户银行　　D. 国务院

2. 银行结算账户的存款人名称发生变更，但不改变开户银行及账号的，应于（　　）个工作日内向开户银行提出银行结算账户的变更申请。

A. 1　　B. 3

C. 2　　D. 5

3．存款人发生被撤并、解散、宣告破产或关闭，或被注销、被吊销营业执照等主体资格终止的，应于（　　）个工作日内向开户银行提出撤销银行结算账户的申请。

A．2　　B．3　　C．4　　D．5

4．开户银行对已开户一年但未发生任何业务的账户，应通知存款人自发出通知（　）日内到开户银行办理销户手续。

A．15　　B．20　　C．30　　D．60

5．存款人日常经营活动的资金收付及其现金的支取，应通过（　　）办理。

A．基本存款账户　　B．一般存款账户

C．专用存款账户　　D．临时存款账户

6．下列关于基本存款账户的说法，正确的是（　　）。

A．存款人可以没有基本存款账户，但一定要有一般存款账户

B．基本存款账户不能支取现金

C．基本存款账户是存款人的主办账户

D．基本存款账户是存款人的非主办账户

7．根据《银行账户管理办法》规定，存款人可以申请开立的一般存款账户数量是（　　）。

A．一个　　B．二个

C．三个　　D．没有数量限制

8．下列各项，不属于一般存款账户的使用范围的是（　　）。

A．办理借款转存　　B．办理现金缴存

C．用于支取现金　　D．办理借款归还

9．下列有关专用存款账户的表述中，错误的是（　　）。

A．单位银行卡账户可以办理现金收付

B．财政预算外资金专用存款账户不得支取现金

C．收入汇缴账户不得支取现金

D．信托基金专用存款账户不得支取现金

10．存款人依法对有特定用途的资金进行专项管理和使用而开立的银行结算账户是（　　）。

A．基本存款账户　　B．一般存款账户

C．专用存款账户　　D．临时存款账户

11．为了加强对住房基金和社会保障基金的管理，存款人应依法申请在银行开立（　　）。

A．一般存款账户　　B．基本存款账户

C．专用存款账户　　D．临时存款账户

12．在下列各项中，对基本存款账户与临时存款账户在管理上的区别，表述正确的是（　）。

A．基本存款账户能支取现金而临时存款账户不能支取现金

B．基本存款账户没有时间限制而临时存款账户实行有效期管理

C．基本存款账户没有开设数量的限制而临时存款账户受开设数量的限制

D．基本存款账户不能向银行借款而临时存款账户可以向银行借款

13．临时存款账户有效期最长不得超过（　）年。

A．2　　B．3　　C．1　　D．6

14．下列情形不可以开立临时存款账户的是（　）。

A．设立临时机构　　B．异地临时经营活动

C．期货交易保证金　　D．注册验资

15．注册验资的临时存款账户在验资期间（　）。

A．只付不收　　B．只收不付

C．可以收付　　D．没有限制

16．存款人在异地取得借款和其他结算需要的，可以在异地开立（　）。

A．临时存款账户　　B．基本存款账户

C．专用存款账户　　D．一般存款账户

17．根据规定，银行结算账户管理档案的保管期限为银行结算账户撤销后（　）年。

A．10年　　B．20年　　C．5年　　D．长期

18．存款人在使用银行结算账户过程中，违反规定将单位款项转入个人银行结算账户，对于非经营性存款人，给予警告并处（　）的罚款。

A．1万元以上3万元以下　　B．1 000元

C．5 000元以上3万元以下　　D．5万元以上30万元以下

二、多项选择题

1．银行结算账户按用途不同可分为（　）。

A．基本存款账户　　B．一般存款账户

C．专用存款账户　　D．临时存款账户

2．银行结算账户按存款人不同可分为（　）。

A．单位银行结算账户　　B．单位存款账户

C．个人银行结算账户　　D．个人存款账户

3．下列属于银行结算账户管理应遵循的原则的有（　）。

A．一个基本账户原则

B．守法合规原则

C．自主选择银行开立银行结算账户原则

D．存款信息保密原则

4．存款人开立存款账户，需要实行核准制的是（　　）。

A．基本存款账户

B．临时存款账户

C．预算单位开立专用存款账户

D．因注册验资需要开立临时存款账户

5．银行结算账户的变更主要包括（　　）的变更。

A．存款人名称　　B．单位法定代表人

C．单位负责人　　D．单位住址

6．存款人的下列情形属于应撤销银行结算账户的有（　　）。

A．被撤并、解散、宣告破产或关闭的

B．注销、被吊销营业执照的

C．因迁址需要变更开户银行的

D．其他原因需要撤销银行结算账户的

7．基本存款账户的使用范围包括存款人的（　　）。

A．现金的支取　　B．工资、奖金的支取

C．流动资金借款　　D．日常经营活动的资金收付

8．下列存款人中，可以申请开立基本存款账户的有（　　）。

A．企业法人　　B．单位附属独立核算的食堂

C．个体工商户　　D．自然人

9．一般存款账户的使用范围包括办理（　　）。

A．借款转存　　B．借款归还

C．现金缴存　　D．现金支取

10．对下列资金的管理与使用，存款人可以申请开立专用存款账户的有（　　）。

A．社会保障基金　　B．流动资金借款

C．更新改造资金　　D．粮、棉、油收购资金

11．存款人有下列情形的，可以申请开立临时存款账户（　　）。

A．设立临时机构　　B．注册验资

C．基本建设资金　　D．异地临时经营活动

12．下列关于银行结算账户的表述正确的是（　　）。

A．基本存款账户主要办理存款人日常经营活动的资金收付及其工资、奖金和现金的支取

B．一般存款账户用于办理借款转存、借款归还和其他的结算资金收付

C．专用存款账户可以用于办理存款人特定用途资金的专项管理和使用

D．临时存款账户用于办理临时机构以及存款人临时经营活动发生的资金收付

13．储蓄账户可用于办理（　　）业务。

A．现金存款　　B．现金取款

C．转账收款　　D．转账付款

14．《人民币结算账户管理办法》规定，存款人可以开立异地银行结算账户的情形有（　　）。

A．营业执照注册地与经营地不在同一行政区域需要开立基本存款账户的

B．营业执照注册地与经营地不在同一行政区域需要开立一般存款账户的

C．办理异地借款需要开立一般存款账户的

D．办理异地借款需要开立基本存款账户的

三、判断题

1．银行结算账户是指存款人在经办银行开立的办理资金收付结算的人民币定期存款账户。（　　）

2．开立基本存款账户的存款人，开立、变更或撤销其他三类账户，必须凭基本存款开户登记证办理相关手续，并在基本存款账户开户登记证上进行登记。（　　）

3．任何单位和个人一律不得强令存款人到指定银行开立银行结算账户。（　　）

4．银行不得为任何单位或者个人查询账户情况，不得为任何单位或者个人冻结、扣划款项。（　　）

5．对单位银行结算账户的存款和有关资料，除国家法律、行政法规另有规定外，银行有权拒绝任何单位或个人查询。（　　）

6．单位开立银行结算账户的名称可以与其提供的申请开户的证明文件的名称全称不一致。（　　）

7．单位银行结算账户中单位的法定代表人发生变更时，应当于 5 个工作日内书面通知开户银行并提供有关证明。银行接到存款人的变更通知后，应及时办理变更手续，并于 3 个工作日内向中国人民银行报告。（　　）

8．为了便于结算，单位可以同时在几家金融机构开立基本存款账户。（　　）

9．企业法人内部独立核算的附属机构可以申请开立基本存款账户。（　　）

10．一个单位只能开设一个基本存款账户，但可以开设多个一般存款账户。

（ ）

11．一般存款账户可以办理日常转账结算和现金收付。（ ）

12．所有以自然人姓名开立的银行结算账户都应纳入个人银行结算账户管理。（ ）

13．存款人尚未清偿开户银行债务的，不得申请撤销银行结算账户。（ ）

14．个人银行结算账户是指自然人、法人和其他组织因投资、消费、结算等而开立的可办理支付结算业务的存款账户。（ ）

15．个人银行结算账户仅限于办理现金存取业务，不得办理转账结算。（ ）

16．邮政储蓄机构办理银行卡业务开立的账户不纳入个人银行账户管理。（ ）

17．储蓄账户仅限于办理现金存取业务，不得办理转账结算。（ ）

18．根据规定，单位从其银行结算账户支付给个人银行结算账户的款项应纳税的，税收代扣单位付款时应向其开户银行提供完税证明。（ ）

19．异地临时经营活动可在异地开立临时存款账户。（ ）

20．存款人因附属非独立核算单位或派出机构而发生的收入汇缴或业务支出可在异地开立专用存款账户。（ ）

21．单位和个人只要符合相关条件，均可根据需要在异地开立相应的银行结算账户。（ ）

22．单位从其银行结算账户支付给个人银行结算账户的款项每笔超过5万元的，应向其开户银行提供各类付款凭证。（ ）

23．财政部负责监督、检查银行结算账户的开立和使用。（ ）

第四节 票据结算方式

一、票据的概念和种类

1. 票据是由出票人签发的、约定自己或者委托付款人在见票时或指定的日期向收款人或持票人无条件支付一定金额的有价证券。

2. 我国票据包括银行汇票、商业汇票、银行本票、支票。

二、支票

1. 支票是出票人签发的、委托办理支票存款业务的银行在见票时无条件支付确定的金额给收款人或者持票人的票据。

2. 支票的基本当事人包括出票人、付款人和收款人。

3. 支票分为：现金支票（支取现金，可挂失止付，不得背书转让）、转账支票（转账，不能挂失止付，可以背书转让）和普通支票（支取现金与转账）。

4. 支票的出票人为在经中国人民银行当地分支行批准办理支票业务的银行机构开立可以使用支票的存款账户的单位和个人。开立支票存款账户，申请人必须使用其本名，并提交证明其身份的合法证件。申请人应当预留其本人的签名式样和印鉴。

5. 使用范围为同一票据交换区域。

6. 在同城范围内，支票的提示付款期为自出票日起10日。超过提示付款期的，付款人（出票人的开户银行）可以不予付款，但是出票人仍应对持票人承担支付票款的责任。

7. 银行严禁签发空头支票，各单位必须在银行存款余额内签发支票（体现支票的可靠性）。

8. 现金支票丧失可以挂失止付，转账支票丧失不得挂失止付。

三、商业汇票

1. 商业汇票是收款人或付款人（或承兑申请人）签发，由承兑人承兑，并于到期日向收款人或被背书人支付款项的票据。

2. 商业汇票按承兑人的不同，分为商业承兑汇票（由付款人承兑）和银行承兑汇票（由银行承兑）。

当事人 / 汇票	出票人	承兑人	付款人	收款人
商业承兑汇票	卖方或买方	买方	买方的开户银行	卖方
银行承兑汇票	买方	买方的开户银行	买方的开户银行	卖方

3. 商业汇票的付款期限最长不得超过6个月，提示付款期为自到期日起10日。

4. 商业汇票的出票人与付款人之间必须具有真实的委托付款关系，并且具有支付汇票金额的可靠资金来源。商业汇票的出票人不得签发无对价的汇票用以骗取银行或其他票据当事人的资金。

5. 出票是指出票人签发票据并将其交付给收款人的票据行为。承兑是指汇票付款人承诺在汇票到期日支付汇票金额的票据行为。付款是指付款人依据票据

文义支付票据金额的票据行为。背书是指在票据背面或者粘单上记载有关事项并签章的票据行为；以背书转让的票据，背书应当连续。保证是指票据债务人以外的第三人，以担保特定债务人履行票据债务为目的，而在票据上所为的一种附属票据行为。

四、信用卡

1. 信用卡按使用对象分为单位卡和个人卡，按信誉等级分为金卡和普通卡。

2. 凡在中国境内金融机构开立基本存款账户的单位可申领单位卡。单位卡账户的资金一律从其基本存款账户转账存入，不得交存现金，不得将销货收入的款项存入单位卡。销户时，单位卡账户余额转入其基本存款账户，不得提取现金。单位卡不得用于10万元以上的商品交易、劳务供应款项的结算。

3. 信用卡透支额，金卡最高不得超过1万元，普通卡最高不得超过5000元。透支期限最长为60天。

五、汇兑

1. 汇兑是指汇款人委托银行将其款项支付给收款人的结算方式。汇兑分为信汇和电汇。单位和个人各种款项的结算，均可使用汇兑结算方式。

2. 签发汇兑凭证必须记载事项：表明“信汇”或“电汇”的字样；无条件支付的委托；确定的金额；收款人名称；汇款人名称；汇入地点、汇入行名称；汇出地点、汇出行名称；委托日期；汇款人签章。

3. 汇款回单是汇出银行受理汇款的依据。收账通知是银行将款项已收入收款人账户的凭据。

4. 汇兑凭证上必须有“现金”字样，才能支取现金。

5. 汇款人对汇出银行尚未汇出的款项可以申请撤销。汇入银行对于收款人拒绝接受的汇款，应及时办理退汇。汇入银行对于向收款人发出取款通知，经过2个月无法交付的汇款，应主动办理退汇。

同步强化练习题

一、单项选择题

1. 由出票人签发、委托办理该种票据存款业务的银行在见票时无条件支付确定的金额给收款人或者持票人的结算方式是（　　）。

A. 银行汇票　　　　B. 支票

C. 银行本票　　　　D. 商业汇票

2．下列选项中，不属于支票基本当事人的是（　　）。

A．出票人　　B．收款人

C．付款人　　D．背书人

3．既可以用来支取现金，也可以用来转账的是（　　）支票。

A．转账　　B．普通　　C．现金　　D．特别

4．支票的提示付款期限为自出票日起（　　）。

A．1 个月　　B．5 日

C．10 日　　D．3 个月

5．单位和个人在（　　）的各种款项结算，均可以使用支票。

A．同城　　B．同一票据交换区域

C．同城和异地　　D．同城或异地

6．不论单位还是个人都不能签发（　　）。

A．现金支票　　B．转账支票

C．普通支票　　D．空头支票

7．某月 20 日，一材料供应商到甲公司催要金额为 20 万元的材料货款，财务人员为了尽快将供应商“打发走”，向其开出一张 20 万元的转账支票，至付款时其账户资金为 5 万元。根据规定，甲公司开出的这张转账支票属于（　　）。

A．空头支票　　B．远期支票

C．伪造支票　　D．变造支票

8．（　　）是收款人或付款人（或承兑申请人）签发，由承兑人承兑，并于到期日向收款人或被背书人支付款项的票据。

A．支票　　B．商业汇票

C．银行汇票　　D．银行本票

9．下列各项中，不符合《票据法》规定的是（　　）。

A．商业承兑汇票属于商业汇票

B．商业承兑汇票的承兑人是银行以外的付款人

C．银行承兑汇票属于商业汇票

D．银行承兑汇票属于银行汇票

10．商业汇票的提示付款期自汇票（　　）内，持票人超过提示付款期限提示付款的，持票人开户银行不予受理。

A．到期日起 5 日　　B．到期日起 10 日

C．开票日起 10 日　　D．开票日起 1 个月

11．根据《票据法》的规定，下列票据中需要提示承兑的是（　　）。

A．支票　　B．商业汇票

C．银行汇票　　D．本票

12．适用于在银行开立存款账户的法人以及其他组织之间具有真实的交易关系或债权债务关系的票据结算方式是（　　）。

A．委托收款　　B．托收承付　　C．商业汇票　　D．汇兑

13．（　　）是指汇票付款人承诺在汇票到期日支付汇票金额的票据行为。

A．出票　　B．背书

C．付款　　D．承兑

14．下列各项中，属于信用卡的持卡人可以使用单位卡的情形是（　　）。

A．购买价值 8 万元的电脑　　B．支付 14 万元的劳务费用

C．支取现金　　D．存入销货收入的款项

15．信用卡的透支额，金卡最高不得超过（　　）。

A．5 万元　　B．3 万元

C．5 000 元　　D．1 万元

16．汇兑结算方式下，汇入银行对于向收款人发出取款通知，经过（　　）无法交付的汇款，应主动办理退汇。

A．10 天　　B．20 天

C．1 个月　　D．2 个月

17．下列情形中，汇出银行可以办理退汇的是（　　）。

A．该汇款尚未汇出

B．汇款人与收款人未达成一致退汇意见

C．经过 1 个月无法交付的汇款

D．收款人拒绝接受的汇款

二、多项选择题

1．在我国，票据包括（　　）。

A．银行本票　　B．支票

C．银行汇票　　D．商业汇票

2．支票可分为（　　）。

A．转账支票　　B．现金支票

C．普通支票　　D．银行支票

3．下列选项中，属于支票基本当事人的是（　　）。

A．出票人　　B．收款人

C．付款人　　D．背书人

4．以下有关转账支票的叙述中，正确的是（　　）。

A．可用于转账结算

B．可背书转让

C．可用于支取现金

D．只能在同一票据交换区域内使用

5．下列关于商业汇票的说法中，正确的是（　　）。

A．商业汇票的付款人为承兑人

B．商业汇票的承兑人一律为银行

C．商业汇票的提示付款期限为自汇票到期日起 10 日内

D．商业汇票的提示付款期限为自汇票到期日起 6 个月

6．下列关于信用卡的说法，错误的有（　　）。

A．信用卡按使用对象可以分为单位卡和个人卡

B．一个单位只能开立一个基本存款账户，同样，只能申领一张单位卡

C．任何一个合法公民都可以申领个人卡

D．个人卡销户时，只能通过转账结清，不得支取现金

7．根据《支付结算办法》及有关规定，单位卡的持卡人不得使用的情形有（　　）。

A．5 万元以上的商品交易

B．15 万元的劳务供应款项的结算

C．支取现金

D．续存现金

8．下列有关单位银行卡账户的资金管理，符合《账户管理办法》规定的是（　　）。

A．由其基本存款账户转账存入

B．由其一般存款账户转账存入

C．不得办理现金收付业务

D．不得办理银行转账业务

9．根据规定，签发汇兑凭证必须记载的事项有（　　）。

A．无条件支付的委托　　B．收款人名称

C．委托日期　　D．汇款人签章

三、判断题

1．票据是由出票人签发的，约定自己或者委托付款人在见票时或指定的日期向收款人或持票人无条件支付一定金额并可转让的有价证券。（　　）

2．现金支票只能用于支取现金，不能办理转账结算。（　　）

3．现金支票丧失可以挂失止付。（　　）

4．开立支票存款账户，申请人必须使用其本名，并提交证明其身份的合法证件。（　　）

5．支票的提示付款期为自出票日起 1 个月。（　）

6．不论单位还是个人都不能签发空头支票。（　）

7．严禁签发空头支票体现了支票的可靠性。（　）

8．商业汇票按承兑人的不同，可分为商业承兑汇票和银行承兑汇票。（　）

9．商业汇票的付款期限最长不得超过 1 个月。（　）

10．商业承兑汇票可以由付款人签发并承兑，也可以由收款人签发交由付款人承兑。（　）

11．商业汇票的出票人与付款人之间必须具有真实的委托付款关系，并且具有支付汇票金额的可靠资金来源。（　）

12．背书是指在票据背面或者粘单上记载有关事项并签章的票据行为；以背书转让的票据，背书可以不连续。（　）

13．信用卡按信誉等级可分为金卡和普通卡。（　）

14．单位银行卡账户的资金由一般存款账户转账存入，并不得办理现金收付业务。（　）

15．信用卡的透支期限最长为 60 天。（　）

16．汇兑分为电汇和信汇两种。（　）

17．单位和个人各种款项的结算，均可使用汇兑结算方式。（　）

18．只有在汇款没有从汇出银行汇出的前提下，汇款人才可以申请退汇。（　）

19．采用汇兑结算方式，汇款回单可以作为该笔汇款已转入收款人账户的证明。（　）

20．汇入银行对于其向收款人发出取款通知，经过一个月无法交付的汇款，应主动办理退汇。（　）

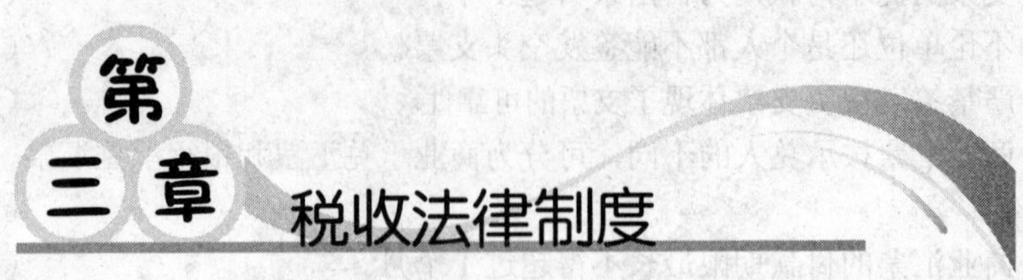

考情分析

本章是本门课程的重点内容，考试题型覆盖了单选、多选和判断全部题型，最近三年考试虽然平均分为 17 分，但由于今年做了较大改动，新增了第一节税收概述，在第三节税收征管中新增了税务代理、税收检查及法律责任的内容，同时将以前选学的主要税种的内容全部改为必学内容，主要涉及增值税、消费税、营业税、企业所得税和个人所得税五大税种，尽管教材写得比较简洁，但是内容面面俱到，可考的知识点非常多，也比较灵活，预计今年分值为 30～35 分。不过由于新增内容都属于基础内容，总体而言难度不大。

各节近三年分值分布

内　　容	题　　型	年　　度		
		2008 年	2009 年	2010 年
第一节　税收概述（新增）	单项选择题	0	0	0
	多项选择题	0	0	0
	判断题	0	0	0
	合　　计	0	0	0
第二节　主要税种（新增）	单项选择题	0	0	0
	多项选择题	0	0	0
	判断题	0	0	0
	合　　计	0	0	0
第三节　税收征管	单项选择题	7	4	8
	多项选择题	3	4	8
	判断题	6	4	8
	合　　计	16	12	24

第一节 税收概述

一、税收的概念与分类

1. 税收的概念：税收是指以国家为主体，为实现国家职能，凭借政治权力，按照法定标准，无偿取得财政收入的一种特定分配形式。

2. 税收的作用：是国家组织财政收入的主要形式；是国家调控经济运行的重要手段；具有维护国家政权的作用；是国际经济交往中维护国家利益的可靠保证。

3. 税收的特征：强制性、无偿性、固定性。

4. 税收的分类：

按征税对象分为：流转税类、所得税类、财产税类、资源税类、行为税类。

按征收管理的分工体系分为：工商税类、关税类。

按税收征收权限和收入支配权限分为：中央税、地方税、中央地方共享税。

按计税标准分为：从价税、从量税、复合税。

二、税法及其构成要素

1. 税法的概念：税法是国家制定的用以调整国家与纳税人之间在征纳税方面的权利及义务关系的法律规范的总称。

2. 税收与税法的关系：税法与税收存在着密切的联系。税收以税法为其依据和保障，税收活动必须严格依照税法的规定进行，而税法又必须以保障税收活动的有序进行为其存在的理由和依据。税收作为一种经济活动，属于经济基础范畴；而税法则是一种法律制度，属于上层建筑范畴。国家和社会对税收收入和税收活动的客观需要，决定了与税收相对应的税法的存在，税法则对税收的有序进行和税收目的的有效实施起着重要的法律保障作用。

3. 税法的分类：

按税法内容的不同分为：税收实体法、税收程序法。

按主权国家行使税收管辖权的不同分为：国内税法、国家税法、外国税法。

按税收法律级次划分为：税收法律、税收行政法规、税收规章、税收规范性文件。

4. 税法构成要素：征税人、纳税人、征税对象、税目、税率、计税依据、纳税环节、纳税期限、减免税、法律责任。

税法构成要素	具体内容
征税人	代表国家行使税收征管职权的各级税务机关和其他征收机关，主要包括税务机关和海关
纳税人	依法直接负有纳税义务的自然人、法人和其他组织
征税对象	税收法律关系中权利义务所指向的对象，即对什么征税，是征税的客体；征税对象是区别不同税种的重要标志
税目	税法中具体规定应当征税的项目，是征税对象的具体化
税率	应纳税额与计税金额（或数量单位）之间的比例，是计算税额的尺度；税率是税收法律制度中的核心因素，体现征税的深度；我国现行税法规定的税率主要有比例税率、定额税率、累进税率 （1）比例税率：对同一征税对象，不论其数额大小，均按同一个比例征税的税率 （2）定额税率：又叫固定税额，是指按征税对象的一定单位直接规定固定的税额 （3）累进税率：根据征税对象金额的多少划分若干等级，并按其达到的不同等级规定不同的税率；分为全额累进税率、超额累进税率（个人所得税）、超率累进税率（土地增值税）、超倍累进税率
计税依据	计算应纳税额的依据或标准，分为从价计征、从量计征、复合计征 （1）从价计征：应纳税额=销售额×比例税率 （2）从量计征：应纳税额=销售数量×定额税率 （3）复合计征：应纳税额=销售额×比例税率+销售数量×定额税率
纳税环节	税法规定的征税对象在从生产到消费的流转过程中应当缴纳税款的环节；增值税实行多次课征制
纳税期限	纳税人的纳税义务发生后应依法缴纳税款的期限
减免税	国家对于某些纳税人和征税对象给予鼓励和照顾的一种特殊规定；减税指对应征税款减少征收一部分，免税指对应征收的税款全部免除；包括税基式减免、税率式减免、税额式减免 （1）税基式减免：直接通过缩小计税依据的方式实现减免税，包括起征点（不到不征，一到全征）、免征额（不到不征，一到只就超过的部分征）、项目扣除、跨期结转 （2）税率式减免：通过直接降低税率的方式实现减免税 （3）税额式减免：通过直接减少应纳税额的方式实现减免
法律责任	对违反国家税法规定的行为人采取的处罚措施，包括行政责任和刑事责任

同步强化练习题

一、单项选择题

1. 下列各项中，不属于流转税的有（　　）。

A. 增值税　　B. 消费税

C. 营业税　　D. 印花税

2．下列各项中属于税收程序法的是（　　）。

A．《中华人民共和国消费税暂行条例》

B．《中华人民共和国个人所得税法》

C．《中华人民共和国税收征收管理法》

D．《中华人民共和国企业所得税法》

3．制定税收法律的部门是（　　）。

A．国务院　　B．财政部

C．国家税务总局　　D．全国人大及其常委会

4．下列法规中，属于地方税收规章的是（　　）。

A．税务代理试行办法

B．中华人民共和国城镇土地使用税暂行条例

C．中华人民共和国税收征收管理法实施细则

D．中华人民共和国个人所得税法实施细则

5．税法规定的纳税人是指直接（　　）的单位和个人。

A．负有纳税义务　　B．最终负担税款

C．代收代缴税款　　D．承担纳税担保

6．税法构成要素中，用以区分不同税种的是（　　）。

A．税率　　B．征税对象　　C．纳税人　　D．税目

7．在税法构成要素中，（　　）是计算应纳税额的尺度，体现征税的深度。

A．征税对象　　B．纳税期限　　C．税率　　D．税目

8．我国税法构成要素中，（　　）是税法中具体规定应当征税的项目，它规定了征税对象的具体范围。

A．税率　　B．税目

C．纳税人　　D．征税对象

9．下列税法构成要素中，衡量纳税义务人税收负担轻重与否的重要标志是（　　）。

A．计税依据　　B．减税免税

C．税率　　D．征税对象

10．税收收入不受价格水平影响，只与征税对象的实物量有关的税率形式是（　　）。

A．定额税率　　B．累进税率

C．名义税率　　D．比例税率

11．税法规定起征点为200元，税率为10%，甲、乙纳税人取得应税收入分别为200元和400元，则甲、乙纳税人分别纳税（　　）。

A．0元和20元　　B．0元和40元

C．20 元和 40 元　　D．以上说法都不对

12．某纳税人某月取得收入 250 元，税率为 10%，假定起征点和免征额均为 240 元，则按起征点和免征额办法计算，分别应纳税（　　）。

A．25 元和 1 元　　B．25 元和 24 元

C．24 元和 1 元　　D．1 元和 0 元

13．我国现行税法中采用超率累进税率的税种是（　　）。

A．土地使用税　　B．车船税

C．土地增值税　　D．房产税

14．我国现行税法中采用超额累进税率的税种是（　　）。

A．企业所得税　B．个人所得税　C．土地使用税　D．契税

15．我国现行税法中，采用多次课征的税种是（　　）。

A．增值税　B．消费税　C．营业税　D．关税

16．我国对工资薪金个人所得税的计算中，按税法规定，自 2008 年 3 月 1 日起可以按扣除 2 000 元后的金额计算应纳税额，该 2 000 元指的是（　　）。

A．起征点　　B．免征额

C．税率式减免　　D．税额式减免

二、多项选择题

1．下列各项中，体现了税收作用的有（　　）。

A．组织财政收入　　B．调节经济

C．维护国家政权　　D．维护国家利益

2．下列各项中，属于税收特征的有（　　）。

A．强制性　　B．无偿性

C．社会性　　D．固定性

3．下列关于税收与税法的关系表述正确的有（　　）。

A．税法是税收的法律依据和法律保障

B．税收属于经济基础范畴，而税法属于上层建筑范畴

C．税收活动必须严格依照税法的规定进行

D．国家和社会对税收收入与税收活动的客观需要，决定了与税收相对应的税法的存在

4．根据计税标准不同，可以把税收划分为（　　）。

A．从价税　　B．从量税

C．直接税　　D．间接税

5．按税收管理和使用权限划分，税收可分为（　　）。

A．中央税　　B．省市税

C．地方税　　D．中央和地方共享税

6．下列税种属于流转税类的有（　　）。

A．增值税　　B．消费税

C．营业税　　D．房产税

7．税收按征税对象分类，可分为（　　）。

A．流转税类　　B．所得税类

C．财产税类　　D．复合税类

8．下列税种中，属于行为税的有（　　）。

A．土地增值税　　B．印花税

C．房产税　　D．城市维护建设税

9．税收按照征收管理的分工体系进行分类，可以分为工商税和关税类，其中，工商税类主要包括（　　）。

A．增值税　　B．车船税

C．关税　　D．印花税

10．按照税法法律级次划分，可将税法分为（　　）。

A．税收法律　　B．税收行政法规

C．税收规章　　D．税收规范性文件

11．根据税法的功能作用的不同，可以将税法分为（　　）。

A．税收实体法　　B．税收法律

C．税收程序法　　D．税收行政法规

12．税收程序法的主要内容包括（　　）。

A．纳税主体确定程序　　B．税务争议解决程序

C．税收征收程序　　D．税收检查程序

13．税收规章可分为（　　）。

A．中央税收规章　　B．省级税收规章

C．地方税收规章　　D．税收部门规章

14．税法构成要素包括以下内容（　　）。

A．征税对象　　B．计税依据

C．税率　　D．纳税人

15．我国现行的税率主要有（　　）。

A．比例税率　　B．累进税率

C．定额税率　　D．定率税率

16．我国目前采用定额税率的有（　　）。

A．土地增值税　　B．城镇土地使用税

C．资源税　　D．车船税

17．我国现行税制中采用的累进税率有（　　）。

A．全额累进税率　　B．超率累进税率

C．超额累进税率　　D．超倍累进税率

18．累进税率是根据征税对象数额的大小不同，规定不同等级的税率，它可分为（　　）。

A．全额累进税率　　B．超额累进税率

C．全率累进税率　　D．超率累进税率

19．减免税主要包括（　　）几种类型。

A．税基式减免　　B．税额式减免

C．税率式减免　　D．税源式减免

三、判断题

1．税收是国家为实现国家职能，凭借政治权力，按照法律规定的标准，有偿取得财政收入的一种特定分配方式。（　　）

2．税法是国家制定的用以调整国家与纳税人之间在征纳税方面的权利及义务关系的法律规范的总称。（　　）

3．税收作为一种经济活动，属于经济基础范畴，而税法则是一种法律制度，属于上层建筑范畴。（　　）

4．税收程序法是税法的核心部分，没有税收程序法，税法体系就不能成立。（　　）

5．税收行政法规由人大常委会根据有关法律的规定制定，其法律地位和法律效力低于宪法高于税收法律。（　　）

6．地方政府有权根据本地实际情况制定税收规章，并督促执行。（　　）

7．征税人仅包括代表国家行使税收征管职权的各级税务机关。（　　）

8．计税依据是指计算应纳税额的依据或标准，是区别不同税种的重要标志。（　　）

9．复合计征是既要从价定率计征，又要从量定额计征，其应纳税额=销售额×比例税率+销售数量×定额税率。（　　）

10．对同一征税对象，不论数额多少，均按同一比例征税的税率称为定额税率。（　　）

11．通过直接减少应纳税额的方式实现的减免税形式叫税基式减免。（　　）

12．税目是征税对象在应税内容上的具体化，它体现了征税的深度。（　　）

13．起征点是指税法规定的计税依据应当征税的数额起点。计税依据数额达不到起征点的不征税，达到起征点的，则对超过起征点的部分征税。（　　）

14．免征额是指对征税对象总额中免予征税的数额。即将纳税对象中的一部分给予减免，只就减除后的剩余部分计征税款。（　　）

第二节　主 要 税 种

一、增值税

（一）增值税的概念与分类

1. 增值税是指对从事销售货物或者加工、修理修配劳务，以及进口货物的单位和个人取得的增值额为计税依据征收的一种流转税。

2. 现行增值税的基本规范是《中华人民共和国增值税暂行条例》和《中华人民共和国增值税暂行条例实施细则》。

3. 增值税的类型：生产型增值税、收入型增值税、消费型增值税（最能体现增值税优越性的类型）。

（二）增值税一般纳税人与小规模纳税人

1. 两类纳税人的划分

项　　目		一般纳税人		小规模纳税人
划分标准	从事货物生产或提供应税劳务的纳税人，以及以其为主，兼营货物批发或零售的纳税人	年销售额在50万元以上		年销售额在50万元以下
划分标准	从事货物批发或零售的纳税人	年销售额在80万元以上		年销售额在80万元以下
适用税率（一般纳税人）或征收率（小规模纳税人）		17%	除适用13%税率货物之外的应税货物和所有应税劳务	征收率3%
		13%	粮食、自来水、图书、饲料、农业产品等	

2. 一般纳税人应纳税额的计算

应纳税额=当期销项税额−当期进项税额

（1）销项税额：

销项税额=不含税销售额×适用税率

销售额包括纳税人销售货物或者提供应税劳务向购买方收取的全部价款和价外费用。但是不包括：①受托加工应征消费税的消费品所代收代缴的消费税。②同时符合下列条件的代垫运费：承运部门的运费发票开具给购货方；纳税人将该项发票转交给购货方。③符合条件代为收取的政府性基金或行政事业性收费。④向购买方收取的销项税额。

（2）进项税额：

准予从销项税额中抵扣的进项税额：①从销售方取得的增值税专用发票上注明的增值税税额；②从海关取得的完税凭证上注明的增值税税额；③其他按规定计算的准予抵扣的进项税额，如购买农业产品准予按买价和13%扣除率计算进项税额，购买或销售货物时承担的运费可以按运费金额和7%抵扣率计算进项税额。

不得从销项税额中抵扣的进项税额：①购进货物用于非应税项目、免税项目、集体福利或个人消费；②非正常损失的购进货物；③非正常损失的在产品、产成品所耗用的购进货物或应税劳务；④未按规定取得并保存增值税扣税凭证，或者增值税扣税凭证上未按规定注明增值税税额及其他有关事项。

3. 小规模纳税人应纳税额的计算

应纳税额=不含税销售额×征收率

4. 含税销售额转化为不含税销售额的计算公式

不含税销售额=含税销售额÷（1+税率或征收率）

（三）增值税征收管理

1. 纳税义务发生时间

一般规定：销售货物或应税劳务的纳税义务发生时间为收讫销售款或取得索取销售款凭据的当天；进口货物的纳税义务发生时间为报关进口的当天。

具体规定：

结算方式	纳税义务发生时间
直接收款方式	收到销售额或取得索取价款凭据，并将提货单交给买方的当天
托收承付和委托收款方式	发出货物并办妥托收手续的当天
赊销和分歧收款方式	合同约定的收款日期的当天
预收货款方式	货物发出的当天
委托代销方式	收到代销清单的当天
销售应税劳务	提供劳务同时收讫价款或索取价款凭据的当天
视同销售行为	货物移送的当天

2. 纳税期限

增值税的纳税期限分别为1日、3日、5日、10日、15日、1个月或1个季度。以1个月或1个季度为一期纳税的，自期满之日起15日内申报纳税；以1日、3日、5日、10日、15日为一期纳税的，自期满之日起5日内预缴税款，次月1至15日内申报缴纳，并结清上月应纳税款。不能按照固定期限纳税的，可以按次纳税。

进口货物，应当自海关填发税款缴纳凭证之日起15日内缴纳税款。

出口货物，应当按月申报办理出口退税。

3. 纳税地点

固定业户应当向其机构所在地主管税务机关申报纳税。总机构和分支机构不在同一县（市）的，应当分别向各自所在地主管税务机关申报纳税；经国务院、税务主管部门或其授权的财政、税务机关批准，可以由总机构汇总向总机构所在地主管税务机关申报纳税。

非固定业户应当向销售地或劳务发生地主管税务机关申报纳税。进口货物应当向报关地海关申报纳税。

固定业户到外县（市）销售货物或应税劳务的，应向机构所在地主管税务机关申请开具外出经营活动税收管理证明，并向其机构所在地主管税务机关申报纳税；未开具证明的，应向销售地或劳务发生地主管税务机关申报纳税；未向销售地或劳务发生地主管税务机关申报纳税的，由其机构所在地主管税务机关补征税款。

二、消费税

（一）消费税的概念与计税方法

1. 现行消费税的基本规范是《中华人民共和国消费税暂行条例》和《中华人民共和国消费税暂行条例实施细则》。

2. 消费税征税范围：烟、酒及酒精、化妆品、贵重首饰及珠宝玉石、鞭炮焰火、成品油、汽车轮胎、摩托车、小汽车、高尔夫球及球具、高档手表、游艇、木制一次性筷子、实木地板。

3. 消费税计税方法：从价定率、从量定额、复合计税（即从价又从量）。

实行从价定率计征的消费品，其消费税计税依据和增值税计税依据是一致的，都是以含消费税不含增值税的销售额作为计税依据。

（二）消费税纳税义务人

在中华人民共和国境内生产、委托加工和进口应税消费品的单位和个人，为消费税的纳税义务人。

（三）消费税税目和税率

单一比例税率：除适用单一定额税率和复合税率之外的各种应税消费品。

单一定额税率：黄酒、啤酒、成品油。

复合税率：卷烟、白酒。

（四）消费税应纳税额

1. 销售额的确认

销售应税消费品向购买方收取的全部价款和价外费用（同增值税）。

2. 销售量的确认

项　目	数　量
销售应税消费品	销售数量
自产自用应税消费品	移送使用数量
委托加工应税消费品	收回数量
进口应税消费品	进口征税数量

3. 应纳税额的计算

（1）生产销售应税消费品应纳税额的计算。纳税人外购应税消费品生产应税消费品销售的，可按当期生产领用数量计算准予扣除外购应税消费品已纳的消费税税款。

（2）委托加工应税消费品应纳税额的计算。除委托方为个体经营者外，一律由受托方在向委托方交货时代收代缴消费税。

委托加工的应税消费品，按照受托方同类消费品的销售价格计算纳税；没有同类消费品销售价格的，按照组成计税价格计算纳税。

（3）自产自用应税消费品应纳税额的计算。纳税人自产自用的应税消费品，用于连续生产应税消费品的不纳税；用于其他方面的，于移送使用时纳税。

用于换取生产资料、消费资料、投资入股和抵偿债务的应税消费品，应按同类应税消费品的最高售价计算纳税；其余情况应按平均售价计算纳税。没有同类应税消费品价格的，应按组成计税价格计算纳税。

项目		计税依据	应纳税额计算公式
生产销售应税消费品	从价定率	销售额	应纳税额=销售额×比例税率
	从量定额	销售数量	应纳税额=销售数量×定额税率
	复合计税	销售额和销售数量	应纳税额=销售额×比例税率+销售数量×定额税率
委托加工应税消费品	从价定率	（1）按受托方同类产品售价	应纳税额=同类产品售价×委托加工数量×比例税率
		（2）按组成计税价格 组成计税价格=（材料成本+加工费）÷（1−比例税率）	应纳税额=组成计税价格×比例税率
	从量定额	委托加工数量	应纳税额=委托加工数量×定额税率
	复合计税	（1）受托方同类产品售价和委托加工数量	应纳税额=同类产品售价×委托加工数量×比例税率+委托加工数量×定额税率
		（2）组成计税价格和委托加工数量 组成计税价格=（材料成本+加工费+委托加工数量×定额税率）÷（1−比例税率）	应纳税额=组成计税价格×比例税率+委托加工数量×定额税率
自产自用应税消费品	从价定率	（1）按同类产品售价	应纳税额=同类产品售价×自产自用数量×比例税率
		（2）按组成计税价格 组成计税价格=（成本+利润）÷（1−比例税率）	应纳税额=组成计税价格×比例税率
	从量定额	自产自用数量	应纳税额=自产自用数量×定额税率
	复合税率	（1）同类产品售价和自产自用数量	应纳税额=同类产品售价×自产自用数量×比例税率+自产自用数量×定额税率
	复合计税	（2）组成计税价格和自产自用数量 组成计税价格=（成本+利润+自产自用数量×定额税率）÷（1−比例税率）	应纳税额=组成计税价格×比例税率+自产自用数量×定额税率

（续）

项　　目		计 税 依 据	应纳税额计算公式
进口应税消费品	从价定率	按组成计税价格 组成计税价格=（关税完税价格+关税）÷（1−比例税率）	应纳税额=组成计税价格×比例税率
	从量定额	进口数量	应纳税额=进口数量×定额税率
	复合计税	组成计税价格和进口数量 组成计税价格=（关税完税价格+关税+进口数量×定额税率）÷（1−比例税率）	应纳税额=组成计税价格×比例税率+进口数量×定额税率

（五）消费税征收管理

1. 纳税义务发生时间

项　　目	纳税义务发生时间
销售应税消费品	销售时（不同结算方式下纳税义务发生时间同增值税）
自产自用应税消费品	移送使用的当天
委托加工应税消费品	委托方提货的当天
进口应税消费品	报关进口的当天

2. 纳税期限

同增值税。

3. 纳税地点

项　　目	纳 税 地 点
销售应税消费品	机构所在地或居住地主管税务机关
自产自用应税消费品	
到外县（市）销售或委托外县（市）代销的	
委托加工应税消费品	受托方所在地主管税务机关
进口应税消费品	报关地海关

三、营业税

1. 营业税是对提供应税劳务、转让无形资产和销售不动产的单位和个人征收的一种流转税。

2. 现行营业税的基本规范是《中华人民共和国营业税暂行条例》和《中华人民共和国营业税暂行条例实施细则》。

3. 营业税纳税义务人：在中华人民共和国境内提供营业税应税劳务、转让无形资产和销售不动产的单位和个人。

4. 营业税税目、税率：

税目		税率
提供应税劳务	交通运输业	3%
	建筑业	
	邮电通信业	
	文化体育业	
	金融保险业	5%
	服务业	
	娱乐业	5%～20%
转让无形资产		5%
销售不动产		

纳税人兼营不同税目应税行为的，应当分别核算各自的营业额、转让额、销售额，按各自的适用税率计算应纳税额；未分别核算的，应从高适用税率。

5. 营业税应纳税额的计算：

方法	计税依据	应纳税额计算公式
全额计税	营业额全额（包括价款和价外费用）	应纳税额=营业额×适用税率
差额计税	营业额减去准予扣除金额后的余额	应纳税额=（营业额−准予扣除金额）×适用税率
组成计税价格计税	组成计税价格 组成计税价格=营业成本或工程成本×（1+成本利润率）÷（1−营业税税率）	应纳税额=组成计税价格×适用税率

6. 营业税征收管理

（1）纳税义务发生时间：

一般规定：纳税人收讫营业收入款项或取得索取营业收入款项凭据的当天（签订书面合同的，为书面合同确定的付款日期的当天；未签订书面合同或者书面合同未确定付款日期的，为应税行为完成的当天）。

具体规定：

情形	纳税义务发生时间
转让土地使用权或销售不动产，采取预收款方式的	收到预收款的当天
提供建筑业或租赁业劳务，采取预收款方式的	
将不动产或土地使用权无偿赠送他人的	不动产所有权、土地使用权转移的当天
自建建筑物后销售的	销售建筑物并收讫营业收入款项或取得索取营业收入凭据的当天
自建建筑物对外赠与	建筑物产权转移的当天

（2）纳税期限：营业税的纳税期限分别为 5 日、10 日、15 日、1 个月或 1 个季度。以 1 个月或 1 个季度为一期纳税的，自期满之日起15日内申报纳税；以 5 日、10 日、15 日为一期纳税的，自期满之日起 5 日内预缴税款，次月 1 至 15 日内申报缴纳，并结清上月应纳税款。不能按照固定期限纳税的，可以按次纳税。

（3）纳税地点：

<table>
<tr><th>情　形</th><th>纳税地点</th></tr>
<tr><td>提供应税劳务</td><td>应税劳务发生地</td></tr>
<tr><td>转让、出租土地使用权</td><td rowspan="2">土地、不动产所在地</td></tr>
<tr><td>销售不动产土地使用权、出租不动产</td></tr>
<tr><td>转让除土地使用权外的其他无形资产</td><td rowspan="2">机构所在地</td></tr>
<tr><td>出租动产</td></tr>
</table>

四、企业所得税

1. 新的《中华人民共和国企业所得税法》于 2007 年 3 月 16 日第十届全国人民代表大会第五次会议通过，自 2008 年 1 月 1 日起施行。

2. 企业所得税的纳税人包括企业和其他取得收入的组织，统称企业。

个人独资企业和合伙企业不是企业所得税纳税人。

企业分为居民企业和非居民企业，居民企业承担全面纳税义务，就其来源于我国境内外的全部所得纳税；非居民企业承担有限纳税义务，一般只就其来源于我国境内的所得纳税。

3. 企业所得税税率：

<table>
<tr><th colspan="3">纳税人</th><th>税率</th><th>备　注</th></tr>
<tr><td colspan="3">居民</td><td rowspan="2">25%</td><td rowspan="2"></td></tr>
<tr><td rowspan="3">非居民</td><td rowspan="2">在中国境内设立机构、场所</td><td>取得的所得与该机构、场所有实际联系</td></tr>
<tr><td>取得的所得与该机构、场所没有实际联系</td><td rowspan="2">20%</td><td rowspan="2">预提所得税，以支付人为扣缴义务人</td></tr>
<tr><td colspan="2">在中国境内未设立机构、场所</td></tr>
</table>

4. 应纳税所得额的计算：

应纳税所得额=纳税年度的收入总额−不征税收入−免税收入−扣除项目−允许弥补的以前年度亏损

5. 应纳税额的计算：

应纳所得税额=应纳税所得额×适用税率−税法规定减免和抵免的税额

项　　目		内　　容
收入总额		指企业以货币形式和非货币形式从各种来源取得的收入
		包括销售货物收入，提供劳务收入，转让财产收入，股息、红利等权益性投资收益，利息收入，租金收入，特许权使用费收入，接受捐赠收入，其他收入
不征税收入		指不属于企业营利性活动带来的经济利益、不负有纳税义务并不作为应纳税所得额组成部分的收入
		包括：财政拨款、依法应纳入财政管理的行政事业性收费、政府性基金、国务院规定的其他不征税收入
扣除项目	基本规定	企业实际发生的与取得收入有关的、合理的支出，包括成本、费用、税金、损失和其他支出准予在计算应纳税所得额时扣除
	具体规定	公益性捐赠支出，在年度利润总额12%以内的部分，准予扣除
		不得扣除项目： （1）向投资者支付的股息、红利等权益性投资收益款项 （2）企业所得税税款 （3）税收滞纳金 （4）罚金、罚款和被没收财物的损失 （5）非公益性捐赠和超过税前扣除标准的公益性捐赠 （6）赞助支出 （7）未经核定的准备金支出 （8）与取得收入无关的其他支出
		企业按规定计算的固定资产折旧，准予扣除 7类不得扣除的固定资产折旧包括： （1）除房屋、建筑物以外未投入使用的固定资产 （2）以经营租赁方式租入的固定资产 （3）以融资租赁方式租出的固定资产 （4）已经足额提取折旧继续使用的固定资产 （5）与经营活动无关的固定资产 （6）单独估价作为固定资产入账的土地 （7）其他不得计算折旧扣除的固定资产
		企业按规定计算的无形资产摊销费用，准予扣除 4类不得计算摊销费用扣除的无形资产包括： （1）自行开发的支出已经在计算应纳税所得额时扣除的无形资产 （2）自创商誉 （3）与经营活动无关的无形资产 （4）其他不得计算摊销费用扣除的无形资产
		企业对外投资期间，投资资产的成本在计算应纳税所得额时不得扣除
		纳税人发生年度亏损的，可以用下一纳税年度的所得弥补；下一纳税年度的所得不足弥补的，可以逐年延续弥补，但是延续弥补期最长不得超过5年。5年内不论是盈利或亏损，都作为实际弥补期限计算
		企业在汇总计算缴纳企业所得税时，其境外营业机构的亏损不得抵减境内营业机构的盈利

6. 征收管理：

（1）纳税地点：

纳税人类型	纳 税 地 点
居民企业	以企业登记注册地为纳税地点
	登记注册地在境外的，以实际管理机构所在地为纳税地点
	居民企业在中国境内设立不具有法人资格的营业机构的，应当汇总计算并缴纳企业所得税。
非居民企业	在中国境内设立机构、场所，来源于中国境内所得与该机构、场所有实际联系的，以机构、场所所在地为纳税地点
	在中国境内未设立机构、场所，或虽设立机构、场所但取得的所得与其所设机构、场所没有实际联系的，由扣缴义务人代扣代缴企业所得税，以扣缴义务人所在地为纳税地点
	应由扣缴义务人扣缴的所得税，扣缴义务人未扣缴的，由纳税人在所得发生地缴纳

（2）纳税义务发生时间。企业所得税以纳税人取得应纳税所得额的计征期的最后一日为纳税义务发生时间。

（3）纳税申报。企业所得税按年计征，分月或分季预缴，年终汇算清缴，多退少补。纳税年度自公历 1 月 1 日起至 12 月 31 日止。

企业应当自月份或季度终了之日起 15 日内预缴税款；自年度终了之日起 5 个月内汇算清缴，结清应缴应退税款。

预缴所得税时，应当按纳税期限的实际数预缴。如按实际数额预缴有困难的，可以按上一年度应纳税所得额的 1/12 或 1/4，或税务机关确认的其他方法预缴。预缴方法一经确定，不得随意改变。

除国务院另有规定外，企业之间不得合并缴纳企业所得税。

五、个人所得税

1. 个人所得税是对个人（自然人）的劳务和非劳务所得征收的一种税。

2. 个人所得税以所得人为纳税义务人（包括自然人、个体工商户、个人独资企业、合伙企业），以支付所得的单位或个人为扣缴义务人。

我国个人所得税制在纳税人的界定上既行使来源地税收管辖权，又行使居民管辖权。把纳税人划分为居民和非居民，居民纳税义务人承担无限纳税义务（即来源于境内外的全部所得都应在我国纳税），非居民承担有限纳税义务（即只就来源于境内的所得纳税）。

3. 个人所得税的应税项目、税率和应纳税所得额：

应税所得	计税期	适用税率	应纳税所得额	备　注
工资、薪金所得	月	九级超额累进税率	每月收入减除费用2 000或4 800（其中4 800=2 000+附加减除费用2 800）	不属于工资、薪金性质的津贴、补贴： （1）独生子女补贴 （2）执行公务员工资制度未纳入基本工资总额的补贴、津贴差额和家属成员的副食品补贴 （3）托儿补助费 （4）差旅费津贴、误餐补贴
				附加减除费用适用范围： （1）在中国境内工作取得工资薪金的外籍人员和外籍专家 （2）在中国境内有住所而在中国境外任职或受雇取得工资薪金的个人
个体工商户的生产、经营所得	年	五级超额累进税率	纳税年度收入总额减除成本、费用及损失	
企事业单位的承包、承租经营所得	年	五级超额累进税率	纳税年度收入总额减除必要费用（每月2 000元）	
劳务报酬所得	次	20%	每次收入≤4 000元的，减除800元费用 每次收入>4 000元的，减除20%费用	对劳务报酬所得一次收入畸高的，实行加成征收： （1）一次劳务报酬所得的应纳税所得额超过2万元至5万元的部分，加征5成 （2）一次劳务报酬所得的应纳税所得额超过5万元的部分，加征10成
稿酬所得	次	20%	每次收入≤4 000元的，减除800元费用 每次收入>4 000元的，减除20%费用	按应纳税额减征30%，实际税率为14%
特许权使用费所得	次	20%	每次收入≤4 000元的，减除800元费用 每次收入>4 000元的，减除20%费用	
财产租赁所得	次	20%	每次收入≤4 000元的，减除800元费用 每次收入>4 000元的，减除20%费用	
财产转让所得	次	20%	财产转让收入减除财产原值和合理费用	（1）股票转让所得不征收个人所得税 （2）个人转让自用5年以上并且是家庭唯一生活用房取得的所得免征个人所得税
利息、股息、红利所得	次	20%	不减除任何费用	
偶然所得	次	20%	不减除任何费用	
其他所得	次	20%	不减除任何费用	

4. 个人所得税征收管理：

（1）纳税申报方式：代扣代缴、自行申报。

需自行申报的情形：①年所得 12 万元以上；②从中国境内两处或两处以上取得工资、薪金所得的；③从中国境外取得所得的；④取得应纳税所得，没有扣缴义务人的；⑤国务院规定的其他情形。

需代扣代缴的情形：除需自行申报的情形之外，一律实行代扣代缴。

（2）纳税期限：扣缴义务人、自行申报纳税义务人每月应纳的税款，都应当在次月 7 日内缴入国库。

年所得 12 万元以上的纳税人，在年度终了后 3 个月内办理纳税申报。

从中国境外取得所得的纳税人，在年度终了后 30 日内办理纳税申报。

（3）纳税地点：自行申报的纳税人一般在取得所得的所在地税务机关申报纳税；在中国境外取得所得的，应该在户籍所在地税务机关或指定税务机关申报纳税。

同步强化练习题

一、单项选择题

1．按照对外购固定资产价值的处理方式，可以将增值税划分为不同类型。2009 年 1 月 1 日起，我国增值税实行（　　）。

A．消费型增值税　　B．收入型增值税
C．生产型增值税　　D．实耗型增值税

2．增值税是对从事销售货物或者加工、修理修配劳务，以及进口货物的单位和个人取得的（　）为计税依据征收的一种流转税。

A．销售额　　B．营业额
C．增值额　　D．收入额

3．在以下单位或者个人中，不是增值税纳税人的有（　）。

A．进口固定资产设备的企业　　B．销售商品房的公司
C．零售杂货的个体户　　D．生产销售家用电器的公司

4．下列业务按规定应征收增值税的是（　）。

A．电器修理　　B．房屋装修
C．饮食服务　　D．装卸搬运

5. 某商业零售企业为增值税小规模纳税人。2009 年 6 月，该商业零售企业销售商品收入（含增值税）61 800 元。该企业 3 月份应缴纳的增值税税额为（　　）元。

A．1 248　　B．1 854　　C．1 766.04　　D．1 800

6．商业性企业及主营商业的企业年应税销售额不低于（　　）万元的，可

以认定为一般纳税人。

A．30　　B．80　　C．100　　D．50

7．增值税一般纳税人销售货物，适用13%税率的是（　　）。

A．销售图书　　B．销售钢材

C．销售化妆品　　D．销售机器设备

8．下列行为中，涉及的进项税额不得从销项税额中抵扣的是（　　）。

A．将外购的货物用于本单位集体福利

B．将外购的货物分配给股东和投资者

C．将外购的货物无偿赠送他人

D．将外购的货物对外投资

9．采用预收货款方式销售货物其增值税纳税义务发生时间为（　　）。

A．收到预收款的当天　　B．货物发出的当天

C．货物送达购货方的当天　　D．签订购销合同的当天

10．增值税纳税人以1日、3日、5日、10日或者15日为1个纳税期的，自期满之日起（　　）日内预缴税款，于次月1日起（　　）日内申报纳税并结清上月应纳税款。

A．3，10　　B．3，15　　C．5，10　　D．5，15

11．增值税纳税人出口适用税率为零的货物，应（　　）向税务机关申报办理该项出口货物的退税。

A．按月　　B．按季　　C．按年　　D．按次

12．下列各项中，不符合有关增值税纳税地点规定的是（　　）。

A．进口货物，应当由进口人或其代理人向报关地海关申报纳税

B．非固定业户销售货物或者提供应税劳务，应当向销售地或劳务发生地主管税务机关申报纳税

C．非固定业户销售货物的，向其机构所在地缴纳税款

D．固定业户到外县（市）销售货物未向销售地主管税务机关申报纳税的，由其机构所在地主管税务机关补征税款

13．下列项目中，不适用定额税率的是（　　）。

A．啤酒　　B．成品油　　C．白酒　　D．黄酒

14．某化妆品生产企业是增值税一般纳税人，2009年10月份生产销售了一批化妆品，不含税售价为100万元。消费税税率为30%。则该企业10月份应缴纳的消费税为（　　）万元。

A．30　　B．40　　C．50　　D．60

15．纳税人自产的应税消费品用于换取生产资料的，计算征收消费税的计税依据为（　　）。

A．纳税人同类应税消费品的最高销售价格

B．纳税人同类应税消费品的最低销售价格

C．纳税人同类应税消费品的平均销售价格

D．纳税人同类应税消费品的加权平均销售价格

16．纳税人外购应税消费品连续生产应税消费品，在计算纳税时，其外购应税消费品已纳消费税税款应按下列办法处理（　　）。

A．该已纳税款不得扣除

B．该已纳税款当期可全部扣除

C．该已纳税款当期可扣除50%

D．可对外购的应税消费品当期生产领用部分的已纳税款予以扣除

17．某酒厂委托一酒精加工厂加工酒精，酒精加工厂没有同类产品售价可以比照，需按组成计税价格计算缴纳消费税，其组成计税价格为（　　）。

A.（材料成本+加工费）÷（1–消费税税率）

B.（成本+利润）÷（1–消费税税率）

C.（材料成本+加工费）÷（1+消费税税率）

D.（成本+利润）÷（1+消费税税率）

18．下列关于消费税纳税义务发生时间的陈述中，正确的是（　　）。

A．纳税人采取分期收款结算方式的，为收到全部款项的当天

B．纳税人采取预收货款结算方式的为发出应税消费品的当天

C．纳税人采取托收承付方式销售的应税消费品，为办妥托收手续的当天

D．纳税人采取委托银行收款方式销售的应税消费品，为发出应税消费品的当天

19．下列各项中，不征收营业税的是（　　）。

A．销售房地产　　B．转让商标权

C．提供一项修理业务　　D．出租一栋房产

20．下列行业或类别中营业税征收执行5%～20%幅度税率的是（　　）。

A．文化体育业　　B．金融保险业

C．服务业　　D．娱乐业

21．下列关于营业税纳税义务发生时间的陈述中，不正确的是（　　）。

A．自建建筑物对外赠与，为该建筑物建成的当天

B．采取预收款方式提供租赁业劳务的，为收到预收款的当天

C．将土地使用权无偿赠送个人的为土地使用权转移的当天

D．发生自建行为的，为销售自建建筑物取得索取营业收入款项凭据的当天

22．根据《营业税暂行条例》的规定，纳税人销售不动产，其申报缴纳营业税的地点是（　　）。

A．不动产所在地　　B．纳税人经营地

C．纳税人居住地　　D．销售不动产行为发生地

23．新的《中华人民共和国企业所得税法》于（　　）实施。

A．2008.1.1　　B．2009.1.1

C．2008.10.1　　D．2007.3.16

24．适用于在中国境内未设立机构、场所的，或者虽设立机构、场所但取得的所得与其所设机构、场所没有实际联系的非居民企业的企业所得税税率是（　　）。

A．15%　　B．20%　　C．25%　　D．33%

25．公益性捐赠支出，在（　　）以内的部分，准予扣除。

A．年度利润总额的12%　　B．年度利润总额的10%

C．应纳税所得额的12%　　D．应纳税所得额的10%

26．在计算应纳税所得额时，下列支出中可以扣除的是（　　）。

A．支付的红利　　B．赞助支出

C．支付的股息　　D．公益性捐赠支出

27．非居民企业在中国境内未设立机构、场所的，以（　　）为企业所得税纳税地点。

A．收入发生地　　B．业务发生地

C．扣缴义务人所在地　　D．机构、场所所在地

28．按季预缴企业所得税的应当自季度终了之日起（　　）日内，向税务机关报送预缴企业所得税纳税申报表，预缴税款。

A．7　　B．10　　C．15　　D．30

29．企业应当自年度终了之日起（　　）内，向税务机关报送年度企业所得税纳税申报表，并汇算清缴，结清应缴应退税款。

A．2个月　　B．3个月　　C．4个月　　D. 5个月

30．某画家2009年8月将其精选的书画作品交由某出版社出版，从出版社取得报酬10万元。该笔报酬在缴纳个人所得税时适用的税目是（　　）。

A．工资薪金所得　　B．劳务报酬所得

C．稿酬所得　　D．特许权使用费所得

31．我国工资、薪金所得，适用的个人所得税税率为（　　）。

A．5%～20%　　B．5%～30%

C．5%～45%　　D．5%～50%

32. 稿酬所得，适用的个人所得税税率为（　　），并按应纳税额减征（　　）。

A．10%，30% B．20%，20%

C．20%，30% D．30%，30%

33．对符合附加减除费用适用范围的人员，在计算个人所得税应纳税所得额时，应在每月工资、薪金所得在减除 2 000 元费用的基础上，再减除（ ）元。

A．1 000 B．2 400

C．2 800 D．3 600

34．劳务报酬所得，每次收入 4 000 元以上的，应减除（ ）的费用，其余额为应纳税所得额。

A．800 元 B．2 000 元 C．10% D．20%

35．下列各项所得中，适用加成征税规定的是（ ）。

A．个体工商户的生产经营所得 B．稿酬所得

C．劳务报酬所得 D．偶然所得

36．所谓“劳务报酬所得一次收入畸高的”是指（ ）。

A．个人一次取得的劳务报酬所得超过 20 000 元

B．个人一次取得的劳务报酬所得超过 50 000 元

C．个人一次取得的劳务报酬应纳税所得额超过 20 000 元

D．个人一次取得的劳务报酬应纳税所得额超过 50 000 元

37．财产转让所得中，可以扣除（ ）来计算个人所得税。

A．20% B．800 元

C．财产原值及合理费用 D．财产原值

38．工资、薪金所得的应纳税额，按月计征，由扣缴义务人或纳税人在次月的（ ）日内缴入国库。

A．3 日 B．5 日 C．7 日 D．10 日

39．对于年所得 12 万元以上的纳税人，应于纳税年度终了后（ ）内向主管税务机关办理纳税申报。

A．15 日 B．1 个月 C．2 个月 D．3 个月

二、多项选择题

1．根据税基和购进固定资产的进项税额是否扣除及如何扣除的不同，各国增值税的类型可分为（ ）。

A．生产型增值税 B．收入型增值税

C．消费型增值税 D．增值型增值税

2．我国增值税采用的是比例税率，其税率分为（ ）。

A．基本税率 17% B．低税率 13%

C．零税率 D．低税率 1%

3. 下列货物缴纳增值税使用13%税率的有（　　）。

A. 粮食　　B. 农产品

C. 图书　　D. 自来水

4. 下列各项中，不应计入增值税应税销售额的有（　　）。

A. 向购买者收取的包装物租金

B. 向购买者收取的销项税额

C. 因销售货物向购买者收取的手续费

D. 受托加工应征消费税的消费品所代收代缴的消费税

5. 下列有关增值税的纳税义务发生时间的表述中，符合我国税法规定的有（　　）。

A. 采取直接收款方式销售货物，为收到销售额或取得索取销售额的凭据并将提货单交给买方的当天

B. 采取预收货款方式销售货物，为实际收到货款的当天

C. 采取分期收款方式销售货物，为合同约定的收款日期的当天

D. 委托其他纳税人代销货物，为收到代销单位销售货物的代销清单的当天

6. 下列情况中，属于消费税纳税人的有（　　）。

A. 我国境内生产卷烟的企业

B. 境外生产小汽车的企业

C. 进口化妆品的企业

D. 境内从事委托加工卷烟的企业

7. 根据《消费税暂行条例》的规定，下列各项中，属于消费税征收范围的有（　　）。

A. 卷烟　　B. 实木地板

C. 大客车　　D. 彩电

8. 消费税采用的税率形式有（　　）。

A. 复合税率　　B. 限额税率

C. 比例税率　　D. 定额税率

9. 现行消费税的征税范围中，采用复合计征方法的有（　　）。

A. 黄酒　　B. 白酒

C. 卷烟　　D. 化妆品

10. 关于消费税销售额的确认，以下说法中，正确的有（　　）。

A. 销售应税消费品的，为应税消费品的销售数量

B. 自产自用应税消费品的为应税消费品的移送使用数量

C. 委托加工应税消费品的，为纳税人发出的应税消费品数量

D. 进口的应税消费品，为实际进口量

11．下列应税劳务中，应征营业税的有（　　）。

A．加工和修理修配劳务　　B．建筑业

C．邮电通信业　　D．娱乐业

12．营业税按行业实行有差别的比例税率，其中适用 5%营业税税率的有（　　）。

A．文化体育业　　B．金融保险业

C．交通运输业　　D．销售不动产

13．营业税应纳税额的计算方法有（　　）。

A．按全额计税　　B．按差额计税

C．按组成计税价格计税　　D．按劳务提供数量计税

14．下列有关营业税纳税义务发生时间的陈述中，正确的有（　　）。

A．为收讫营业收入款项的当天

B．为取得索取营业收入款项凭据的当天

C．为书面合同确定的付款日期的当天

D．未签订书面合同的，为应税行为完成的次日

15．下列关于营业税纳税地点的陈述中，正确的有（　　）。

A．原则上采取属地征收的方法

B．从事运输业务为居住地

C．单位出租不动产为不动产所在地

D．个人出租物品为个人居住地

16．下列各项中，适用我国企业所得税法律制度的有（　　）。

A．有限责任公司　　B．合伙企业

C．个人独资企业　　D．外商投资企业

17．以下税率符合现行《企业所得税法》规定的有（　　）。

A．20%　　B．25%　　C．18%　　D．33%

18．企业实际发生的与取得收入有关的、合理的支出，包括（　　）和其他支出，准予在计算应纳税所得额时扣除。

A．成本　　B．费用　　C．税金　　D．损失

19．根据企业所得税法律制度的规定，下列各项应属于收入总额范围的有（　　）。

A．转让财产收入

B．股息、红利等权益性投资收益

C．租金收入

D．提供劳务收入

20．在计算企业所得税应纳税额时扣除的不征税收入，主要包括（　　）。

A．财政拨款

B．纳入财政管理的行政事业性收费

C．政府性基金

D．接受捐赠收入

21．以下固定资产在计算企业所得税时不得扣除折旧的有（　　）。

A．以融资租赁方式租出的固定资产

B．以融资租赁方式租入的固定资产

C．房屋、建筑物

D．单独估价作为固定资产入账的土地

22．在计算应纳税所得额时，下列支出中不得扣除的有（　　）。

A．税收滞纳金　　B．赞助支出

C．企业所得税税款　　D．公益性捐赠支出

23．在计算企业所得税时，不得扣除摊销费用的无形资产包括（　　）。

A．自行开发的支出已经在计算应纳税所得额时扣除的无形资产

B．自创商誉

C．购入的无形资产

D．与经营活动无关的无形资产

24．个人所得税的纳税义务人，包括（　　）。

A．有中国境内所得的外籍人员

B．股份有限公司投资者

C．合伙企业投资者

D．个人独资企业投资者

25．我国个人所得税采用了（　　）税率。

A．比例税率　　B．超额累进税率

C．定额税率　　D．超率累进税率

26．下列所得中哪些适用超额累进税率（　　）。

A．工资、薪金所得

B．个体工商户生产、经营所得

C．对企事业单位的承包、承租经营所得

D．财产转让所得

27．下列所得中，个人所得税适用于税率 20%的有（　　）。

A．特许权使用费所得

B．劳务报酬所得

C．财产租赁所得

D．财产转让所得

28．下列情况下，在计算个人应纳税所得额时，适用附加减除费用的有（　　）。

A．在中国境内的外商投资企业中工作取得工资、薪金所得的外籍人员

B．在中国境内有住所而在中国境外任职取得工资、薪金所得的个人

C．在中国境内的外商投资企业中工作取得工资、薪金所得的个人

D．应聘在中国境内的企业中工作取得工资、薪金所得的外籍专家

29．下列不属于工资、薪金性质的津贴、补贴，不予征收个人所得税的是（　　）。

A．独生子女补贴

B．托儿补助费

C．执行公务员工资制度未纳入基本工资总额的补贴、津贴差额和家属成员的副食品补贴

D．差旅费津贴、误餐补贴

30．下列项目中允许在个人所得税前扣除一部分费用的是（　　）。

A．分得的红利　　B．劳务所得

C．有奖销售中奖　　D．财产租赁所得

31．纳税人有取得下列（　　）所得的，必须自行申报缴纳个人所得税。

A．年所得在12万元以上的

B．从两处或两处以上取得工资、薪金所得的

C．取得应税所得而没有扣缴义务人的

D．取得应税所得而扣缴义务人未按规定扣缴税款的

三、判断题

1．我国现行的增值税属于消费型增值税。（　　）

2．小规模纳税人购进货物取得的增值税专用发票可以抵扣进项税额，取得普通发票不允许扣除进项税额。（　　）

3．商业性企业及主营商业的企业，年应税销售额不低于50万元的，可以认定为一般纳税人。（　　）

4．增值税一般纳税人应纳税额等于当期销项税额减当期进项税额，因此，所有的进项税额都可以抵扣，不足部分可以结转下期继续抵扣。（　　）

5．采取托收承付和委托银行收款方式销售货物，其增值税纳税义务发生时间为发出货物的当天。（　　）

6．总机构和分支机构不在同一县（市）的，增值税应当向总机构所在地的主管税务机关申报纳税。（　　）

7．固定业户到外县（市）销售货物或者应税劳务，未向销售地或者劳务发生地的主管税务机关申报纳税的，由其机构所在地的主管税务机关补征税款。（　）

8.进口货物，应当自海关填发税款缴纳凭证之日起10日内缴纳税款。（　）

9．实行从价定率计算的消费税应税消费品，其消费税税基和增值税税基是一致的，即都是以含增值税不含消费税的销售额作为计税基数。（　）

10．纳税人自产自用的应税消费品，用于连续生产应税消费品的不纳税。（　）

11．受托加工应征消费税的消费品所代收代缴的消费税属于价外费用。（　）

12．消费税中的销售额为纳税人销售应税消费品向购买方收取的全部价款和价外费用，以及向购货方收取的增值税款。（　）

13．在从量定额征收情况下，消费税应纳税额以应税消费品的销售额乘以比例税率计算得出。（　）

14．进口消费税应税消费品的组成计税价格公式为：组成计税价格=（关税完税价格+关税）÷（1+消费税税率）。（　）

15．纳税人委托加工的应税消费品其消费税纳税义务的发生时间，为加工完毕的当天。（　）

16．纳税人的总机构与分支机构不在同一县（市）的，应当分别向各自居住地的主管税务机关申报缴纳消费税。（　）

17．委托加工应税消费品的，除委托方为个体经营者外，一律由受托方在向委托方交货时代收代缴消费税。（　）

18．在我国境内提供各种劳务的收入，均应缴纳营业税。（　）

19．营业税纳税人兼营不同税目应税行为的，应当分别核算各自的营业额、转让额、销售额，按各自的适用税率计算应纳税额；未分别核算的，应从低适用税率。（　）

20．交通运输业、加工和修理修配劳务都属于营业税的应税劳务。（　）

21．纳税人采取预收款方式销售不动产的，其营业税纳税义务发生时间为收讫全部款项的当天。（　）

22．纳税人将自建建筑物对外赠与其建筑业应税劳务的营业税纳税义务发生时间为该建筑物建成的当天。（　）

23．纳税人转让土地使用权，应当向其机构所在地主管税务机关申报缴纳营业税。（　）

24．企业所得税纳税人可划分为居民纳税人与非居民纳税人，居民纳税人承

担全面纳税义务，就其来源于我国境内外的全部所得纳税。（　　）

25．在中国境内设有机构、场所且所得与机构、场所有关联的非居民企业适用 20%的企业所得税税率。（　　）

26．企业所得税的应税收入总额仅指企业取得的货币性收入。（　　）

27．免税收入指不属于企业营利性活动带来的经济利益、不负有纳税义务并不作为应纳税所得额组成部分的收入。（　　）

28．捐赠支出可以在计算企业所得税前予以扣除。（　　）

29．企业对外投资期间，投资资产的成本在计算应纳税所得额时不得扣除。（　　）

30．企业发生的年度亏损，可用以后五个盈利年度的利润弥补。（　　）

31．企业在汇总计算缴纳企业所得税时，其境外营业机构的亏损可以抵减境内营业机构的盈利。（　　）

32．居民企业在中国境内设立的不具有法人资格的营业机构，应由其营业机构计算并缴纳该营业机构的企业所得税。（　　）

33．非居民企业在中国境内设立了机构、场所但取得的所得与其所设机构、场所没有实际联系的所得，以机构、场所所在地为企业所得税纳税地点。（　　）

34．一般情况下，企业之间不得合并缴纳企业所得税。（　　）

35．预缴所得税时，可以按纳税期限的实际数预缴，或者按上一年度应纳税所得额的 1/12 或 1/4，或税务机关确认的其他方法预缴。预缴方法一经确定，不得随意改变。（　　）

36．居民纳税人应就其来源于中国境内的全部所得，依法缴纳个人所得税。（　　）

37．个体工商户的生产、经营所得，以每一纳税年度的收入总额，减除成本、费用以及损失后，再减除费用每月 2 000 元后的余额，为应纳税所得额。（　　）

38．财产转让所得和财产租赁所得，以转让财产的收入额减除财产原值和合理费用后的余额为应纳税所得额。（　　）

39．对个人转让上市公司股票取得的所得应按财产转让所得征收个人所得税。（　　）

40．特许权使用费所得以每次收入减除费用 800 元后的余额为应纳税所得额。（　　）

41．个人转让自用 2 年以上并且是家庭唯一生活用房取得的所得免征个人所得税。（　　）

42. 对于年所得 12 万元以上的纳税人如果取得的各项所得已足额缴纳了个人所得税就不需向主管税务机关办理纳税申报。（ ）

第三节 税收征管

学习重点

一、税务登记

1. 税务登记种类包括：设立登记（30天）、变更登记（30天）、停业、复业登记（停业期限不超过一年）、注销登记（15天）、外出经营报验登记（外管证有效期不超过180天）。

2. 设立登记：又叫开业登记。纳税人应自领取营业执照之日起30日内或纳税义务发生之日起 30 日内，持有关证件向所在地主管税务机关申报办理税务登记。税务机关应当自收到申报之日起30日内审核并发放税务登记证件。

3. 变更税务登记：纳税人税务登记内容发生变化时向原税务机关申报办理。具体包括：改变名称、改变法定代表人、改变登记类型、改变住所和经营地点（不涉及主管税务机关变动的）、改变生产经营方式或经营范围、增减注册资本或投资总额、改变隶属关系、改变生产经营期限、改变或增减银行账号、改变生产经营权属以及改变其他税务登记内容。

自工商行政管理机关变更登记之日起 30 日内或自税务登记内容实际发生变化之日起30日内，或自有关机关批准或宣布变更之日起30日内，持有关证件到原税务机关申报办理变更税务登记。税务机关应当自受理之日起30日内审核办理变更税务登记。

4. 停业复业登记：适用于实行定期定额征收方式的个体工商户。停业期限不得超过一年。

纳税人应该在停业前向税务机关申报办理停业登记，结清应纳税款、滞纳金、罚款。税务机关应收存其税务登记证及副本、发票领购簿、未使用完的发票和其他税务证件。纳税人应当于恢复生产、经营之前，提出复业登记申请。

纳税人停业期满未按期复业又不申请延长停业的，税务机关应当视为已恢复营业，实施正常的税收征收管理。

5. 注销税务登记：纳税人税务登记内容发生根本性变化，需终止履行纳税义务时向原税务机关申报办理。具体包括：①纳税人解散、破产、撤销或终止纳税义务的；②被吊销营业执照或被撤销登记的；③因住所、经营地点变动，涉及改变税务机关的。

应当在向工商行政管理机关或其他机关办理注销登记前，或自有关机关批准或宣告终止之日起15日内或自营业执照被吊销或被撤销之日起15日内，持有关证件和资料向原税务登记机关办理注销税务登记。办理注销税务登记前，应结清税款、滞纳金、罚金，缴销发票和税务登记证等。

6. 纳税人到外县（市）临时从事生产经营的，应当在外出生产经营以前，持税务登记证到主管税务机关申请开具《外管证》。《外管证》一地一证，有效期限一般为30日，最长不得超过180天。

外出经营活动结束，纳税人应当向经营地税务机关填报《外出经营活动情况申报表》，并按规定结清税款，缴销未使用完的发票。

7. 纳税人在办理开业或变更税务登记的同时，应当申请填报税种登记。税务机关自受理之日起3日内进行税种登记。

8. 扣缴义务人应自扣缴义务发生之日起30日内申报办理扣缴税款登记。

二、发票的开具与管理

1. 发票是指在购销商品、提供或接受劳务以及从事其他经营活动中，开具、收取用以摘记经济业务活动的收付款凭证。

2. 税务机关是发票的主管机关。发票由各省、自治区、直辖市税务机关指定企业印制；增值税专用发票由国家税务总局指定企业统一印制，票样由国家税务总局统一制定，其他单位和个人不得擅自变更。禁止私自印制、伪造、变造发票。

3. 发票应套印全国统一发票监制章，使用全国统一的防伪专用品。

4. 发票可分为：增值税专用发票、普通发票、专业发票。

（1）增值税专用发票只限于增值税一般纳税人领购使用，小规模纳税人和非增值税纳税人不得领购使用。但不是所有一般纳税人都能领购使用增值税专用发票，有法定情形的一般纳税人不得领购和使用增值税专用发票。

（2）领购增值税专用发票所需证件包括："增值税一般纳税人"税务登记证、经办人身份证明、发票专用章印模。

（3）增值税专用发票需经税务机关认证相符后才能作为抵扣凭证。不得抵扣的情形包括：仅取得发票联或抵扣联，认证不符、密文有误，虚开发票，未按规定开票。

（4）普通发票主要由营业税纳税人和增值税小规模纳税人使用，增值税一般纳税人在不能开具专用发票的情况下也可使用普通发票。

（5）普通发票由行业发票和专用发票组成。符合条件企业可以申请印制具名普通发票。

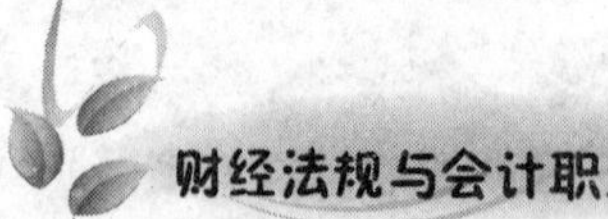

（6）行业发票适用于某个行业的经营业务，如商业零售统一发票、商业批发统一发票、工业企业产品销售统一发票（发票名称前带行业名称）。

（7）专用发票适用于某一经营项目，如广告费用结算发票、商品房销售发票、电话费专用发票、技术贸易专用发票。

（8）对无固定经营场地，临时取得应税收入或财务制度不健全的纳税人需要发票的，可以到税务部门办税服务厅申请代开发票。

（9）专业发票不同于专用发票。专业发票指金融、保险、邮政、电信、交通方面的发票、凭证。专业发票不套印发票监制章。（浙江省已纳入税务机关管理的专业发票有：保险专用发票、金融服务统一发票、邮政业务统一发票、货物运输统一发票）

5. 发票开具要求：①未发生经营业务一律不得开具发票；②按顺序填开，填写规范，全部联次一次性复写或打印，在发票联和抵扣联加盖单位财务印章或者发票专用章；③填写发票使用中文，民族自治地区可同时使用一种民族文字，外商投资企业和外资企业可同时使用一种外国文字；④使用电子计算机开具发票必须报主管税务机关批准，并使用机打发票，存根联应按顺序号装订成册，以备税务机关检查；⑤发票开票时限和地点应符合规定；⑥任何单位和个人不得转借、转让、代开发票；未经税务机关批准，不得拆本使用发票。

三、纳税申报

1. 纳税申报的方式有直接申报、邮寄申报（以邮政部门寄出的邮戳日期为实际申报日期）、数据电文申报（网上申报）、简易申报（实行定期定额的纳税人以缴纳税款凭证代替申报或简并征期）、其他方式。

2. 纳税人在纳税期限内没有应纳税款的，也应按照规定办理纳税申报。享受减税、免税待遇的，在减税、免税期间应当按照规定办理纳税申报。

四、税款征收

1. 税款征收是税收征收管理工作的中心环节，是全部税收征管工作的目的和归宿。

2. 税款征收方式有：查账征收、查定征收、查验征收、定期定额征收、代扣代缴、代收代缴、委托代征、邮寄申报纳税、自计自填自缴、自报核缴。

（1）查账征收：由纳税人依据账簿记载先自行计算缴纳税款，事后经税务机关查账核实再多退少补。主要适用于财务会计制度较健全，能认真履行纳税义务的纳税人（但并非所有设置了账簿的单位都应采用查账征收方式）。

（2）查定征收：由税务机关根据纳税人的生产设备等在正常条件下的生产、销售情况，对其生产的应税产品查定产量和销售额据以征税。

（3）查验征收：由税务机关对纳税人的应税产品进行查验，贴上完税证、查验证或盖查验戳，并据以征税。

（4）定期定额征收：税务机关核定纳税人在一定经营时期内的应纳税经营额及收益额，并以此为计税依据确定其应纳税额。

（5）代扣代缴：负有扣缴税款义务的法定义务人，在向纳税人支付款项时，从所支付的款项中直接扣收税款的方式。

（6）代收代缴：负有收缴税款义务的法定义务人，在向纳税人收取款项时，按照税法的规定代收税款的方式。

（7）委托代征：受托单位按照税务机关核发的代征证书的要求，以税务机关的名义向纳税人征收一些零散税款的征收方式。

五、税务代理

1. 税务代理是指税务代理人在国家法律规定的代理范围内，以代理机构的名义，接受纳税人、扣缴义务人的委托，代其办理税务事宜的各项行为的总称。

2. 特点：中介性、法定性、自愿性、公正性。

（1）法定性：依法代理是税务代理业生存和发展的基本前提，开展税务代理时不能超越代理范围和代理权限。

（2）自愿性：税务代理属于委托代理，税务代理关系的产生必须以双方自愿为前提。税务代理当事人双方应遵守自愿、平等、诚实信用等原则。

（3）公正性：税务代理人在税务代理过程中既要对被代理人负责，又要对国家负责，不能偏向任何一方。

3. 税务代理的法定业务范围：①办理税务登记、变更税务登记和注销税务登记手续；②办理除增值税专用发票外的发票领购手续；③办理纳税申报或扣缴税款报告；④办理缴纳税款和申请退税手续；⑤制作涉税文书；⑥审查纳税情况；⑦建账建制，办理账务；⑧税务咨询、受聘税务顾问；⑨税务行政复议手续；⑩国家税务总局规定的其他业务。

六、税收检查及法律责任

（一）税收保全措施

1. 税收保全措施适用范围：税务机关有根据认为从事生产、经营的纳税人有逃避纳税义务的行为，可以在规定的纳税期限之前责令其限期缴纳税款；在限期内发现纳税人有明显的转移、隐匿其应纳税的商品或财产迹象的，税务机关可责令其提供纳税担保。如果纳税人不能提供纳税担保，经县以上税务局（分局）局长批准，税务机关可以采取税收保全措施。

2. 税收保全具体措施：①书面通知纳税人开户银行或者其他金融机构冻结

纳税人的金额相当于应纳税款的存款；②扣押、查封纳税人的价值相当于应纳税款的商品、货物或者其他财产。

3. 个人及其所扶养家属维持生活必需的住房和用品，不在税收保全措施范围之内。生活必需的住房和用品不包括机动车辆、金银饰品、古玩字画、豪华住宅或一处以外的住房。税务机关对单价5 000元以下的其他生活用品，不采取税收保全措施和强制执行措施。

（二）税收强制执行措施

从事生产、经营的纳税人、扣缴义务人未按照规定的期限缴纳或者解缴税款，纳税担保人未按照规定的期限缴纳所担保的税款，由税务机关责令限期缴纳，逾期仍未缴纳的，经县以上税务局（分局）局长批准，税务机关可以采取下列强制执行措施：

（1）书面通知其开户银行或者其他金融机构从其存款中扣缴税款；

（2）扣押、查封、依法拍卖或者变卖其价值相当于应纳税款的商品、货物或者其他财产，以拍卖或者变卖所得抵缴税款。

税务机关采取强制执行措施时，对上述纳税人、扣缴义务人、纳税担保人未缴纳的滞纳金同时强制执行。个人及其所扶养家属维持生活必需的住房和用品，不在强制执行措施的范围之内。

（三）法律责任

税收法律责任的形式主要有行政责任（尚未构成犯罪）和刑事责任（构成犯罪）。

1. 税务违法行政处罚种类：责令限期改正、罚款、没收财产、收缴未用发票和暂停供应发票、停止出口退税权。

2. 税务违法刑事处罚：包括针对纳税人和针对税务人员的刑事处罚。

3. 税务行政复议概念：税务行政复议是指当事人（纳税人、扣缴义务人、纳税担保人及其他税务当事人）不服税务机关及其工作人员作出的税务具体行政行为，依法向上一级税务机关（复议机关）提出申请，复议机关经审理对原税务机关具体行政行为依法作出维持、变更、撤销等决定的活动。

4. 税务行政复议的受案范围：①税务机关作出的征税行为；②税务机关作出的税收保全措施；③税务机关未及时解除税收保全措施，使纳税人及其他当事人合法权益遭受损失的行为；④税务机关作出的强制执行措施；⑤税务机关作出的行政处罚行为；⑥税务机关不予依法办理或者答复的行为；⑦税务机关作出的取消增值税一般纳税人资格的行为；⑧收缴发票、停止发售发票；⑨税务机关责令纳税人提供纳税担保或者不依法确认纳税担保有效的行为；⑩税务机关不依法给予举报奖励的行为；⑪税务机关作出的通知出境管理机关阻止出境行为；⑫税务机关作出的其他具体行政行为。

5．当事人对各级税务机关作出的具体行政行为不服的，向其上一级税务机关申请行政复议。对省、自治区、直辖市地方税务局作出的具体行政行为不服的，可以向国家税务总局或省、自治区、直辖市人民政府申请行政复议。对国家税务总局作出的具体行政行为不服的，向国家税务总局申请行政复议。对行政复议决定不服的，可以向人民法院提起行政诉讼，也可以向国务院申请裁决，国务院的裁决为终局裁决。

同步强化练习题

一、单项选择题

1．从事生产、经营的纳税人领取工商营业执照的，应当自领取工商营业执照（ ）申报办理税务登记。

A．之日起30日内　B．次日起30日内

C．之日起15日内　D．次日起3个月内

2．纳税人办理税务登记后，发生改变法定代表人、增加注册资金（资本）的情形，应当办理（ ）。

A．设立登记　B．停业登记

C．注销登记　D．变更登记

3．纳税人在工商行政管理机关办理变更登记的，应当自工商行政管理机关办理变更登记之日起（ ）内，持有关证件到原税务登记机关申报办理变更税务登记。

A．15日　B．30日　C．45日　D．60日

4．下列不属于变更税务登记的事项是（ ）。

A．纳税人因经营地点的迁移而要改变原主管税务机关的

B．改变法定代表人

C．增减注册资金

D．改变开户银行账号

5．纳税人被工商行政管理机关吊销营业执照或者被其他机关予以撤销登记的，应当自营业执照被吊销或者被撤销登记之日起（ ）日内，向原税务登记机关申报办理注销税务登记。

A．5　B．15　C．30　D．45

6．纳税人因住所、经营地点变动，涉及改变税务登记机关的，应当在向工商行政管理机关或者其他机关申请办理变更、注销登记前，或者住所、经营地点变动前，持有关证件和资料，向原税务登记机关申报办理注销税务登记，并自注

销税务登记之日起（ ）日内向迁达地税务机关申报办理税务登记。

A. 5　B. 15　C. 30　D. 45

7. 停业、复业登记适用于（ ）。

A. 所有纳税人

B. 实行定期定额征收方式的个体工商户

C. 扣缴义务人

D. 小规模企业

8. 实行定期定额征收方式的个体工商户，需要停业的，应当在停业前办理停业登记，纳税人的停业期限不得超过（ ）。

A. 6 个月　B. 1 年

C. 2 年　D. 3 个月

9. 纳税人停业期满未按期复业又不申请延长停业的，税务机关应当视为（ ）。

A. 自动注销税务登记

B. 已恢复营业，实施正常的税收征收管理

C. 自动延长停业登记

D. 自动接受罚款处理

10. 税务登记中，下列有关外出经营报验登记的说法错误的是（ ）。

A. 从事生产、经营的纳税人到外县（市）进行生产经营的，应当在外出经营后向主管税务机关申请开具外出经营活动税收管理证明

B. 主管税务机关按照一地一证的原则核发《外管证》

C. 《外管证》的有效期一般为 30 日

D. 外出经营活动结束，纳税人应当向经营地税务机关填报《外出经营活动情况申报表》，并按规定结清税款、缴销未使用完的发票

11. 纳税人到外县（市）临时从事生产经营活动由税务机关核发的《外出经营活动税收管理证明》，其有效期限一般为 30 日，最长不得超过（ ）日。

A. 60　B. 90　C. 180　D. 360

12. 下列哪些纳税人可以领购使用增值税专用发票。（ ）

A. 增值税一般纳税人　B. 增值税小规模纳税人

C. 营业税纳税人　D. 有法定情形的一般纳税人

13. 增值税一般纳税人取得的增值税专用发票，可以作为抵扣凭证的是（ ）。

A. 仅取得发票联或抵扣联的　B. 认证不符，密文有误的

C. 未按规定开具发票的　D. 经税务机关认证相符的

14. 下列有关增值税专用发票的表述中，不正确的是（ ）。

A. 增值税专用发票是指专门用于结算销售货物和提供加工、修理修配

劳务使用的一种发票

B．只有经国家税务机关认定为增值税一般纳税人的才能领购增值税专用发票，小规模纳税人和有法定情形的一般纳税人不得领购使用

C．增值税专用发票由省、自治区、直辖市税务机关指定的企业统一印刷

D．增值税专用发票应当使用防伪税控系统开具

15．符合条件的企业可以申请印制（　　）。

A．通用发票　　B．具名普通发票

C．增值税专用发票　　D．专用发票

16．行业发票适用于（　　）。

A．某个行业的经营业务　　B．某一经营项目

C．某个企业的经营业务　　D．多个经营项目

17．下列发票中，属于专用发票的是（　　）。

A．保险专用发票　　B．商业批发统一发票

C．工业企业产品销售统一发票　　D．商品房销售发票

18．下列发票中，属于行业发票的是（　　）。

A．广告费用结算发票　　B．邮政业务统一发票

C．工业企业产品销售统一发票　　D．商品房销售发票

19．国有公路、水上运输企业的客票、货票等属于（　　）。

A．增值税专用发票　　B．行业发票

C．专用发票　　D．专业发票

20．下列发票中，不套印发票监制章的是（　　）。

A．专用发票　　B．行业发票

C．专业发票　　D．普通发票

21．由纳税人依据账簿记载，先自行计算缴纳税款，事后由税务机关查账核实，如有不符合税法规定的，则多退少补。这种税款征收方式属（　　）。

A．查账征收　　B．查定征收

C．查验征收　　D．定期定额征收

22．税务机关对纳税申报人的应税产品进行查验后征税，并贴上完税证、查验证或盖查验戳并据以征税。这种税款征收方式属（　　）。

A．查账征收　　B．查定征收

C．查验征收　　D．定期定额征收

23．税务机关根据纳税人的生产设备等在正常条件下的生产、销售情况，对其生产的应税产品查定产量和销售额，然后按照税法规定的税率征收的税款征收方式属于（　　）。

A．查账征收　　B．查定征收

C．查验征收　　D．定期定额征收

24. 在下列情况中，税务机关可以采取税收保全措施的是（　）。

A．纳税义务人有骗税行为

B．纳税人有意拖欠税款拒不缴纳

C．扣缴义务人没有履行扣缴义务

D．税务机关责令纳税人提供纳税担保，纳税人拒绝提供

25. 下列各项中，属于税收保全措施的是（　）。

A．暂扣纳税人税务登记证

B．书面通知纳税人开户银行从其存款中扣缴税款

C．拍卖纳税人价值相当于应纳税款的货物，以拍卖所得抵缴税款

D．查封纳税人价值相当于应纳税款的货物

26. 以下不能作为强制征收的对象的为纳税人相当于其应纳税税款的（　）。

A．银行存款　　B．产品

C．原材料　　D．生活用品

27. 当事人对各级税务机关做出的具体行政行为不服的，向（　）申请行政复议。

A．国家税务总局　　B．上一级仲裁机构

C．上一级税务机关　　D．所在地税务机关

二、多项选择题

1．税务登记的种类包括（　）。

A．设立登记　　B．变更登记

C．停业登记　　D．复业登记

2．下列哪些情形需办理注销税务登记（　）。

A．企业破产终止纳税义务的

B．被吊销营业执照的

C．企业名称发生改变的

D．经营地点变动改变税务机关的

3．纳税人在办理注销税务登记之前，应当履行的义务包括（　）。

A．向税务机关结清应纳税款

B．缴销发票

C．向税务机关缴纳应缴纳的罚款

D．缴销税务登记证件

4．关于发票的下列表述，正确的有（　）。

A．发票是确定经营收支行为发生的法定凭证

B．发票是会计核算的原始凭证

C．发票是税务机关进行税源控管的重要依据

D．发票是开展税务稽查的重要依据

5．按照用途的不同，发票可分为（　　）。

A．增值税专用发票　　B．普通发票

C．专业发票　　D．专用发票

6．下列属于领购增值税专用发票所需证件的是（　　）。

A．盖有“增值税一般纳税人”专用章的税务登记证（副本）

B．营业执照

C．经办人的身份证明

D．发票专用章印模

7．一般纳税人不得领购增值税专用发票的情形是（　　）。

A．不能按要求准确核算增值税进项税额、销项税额和应纳税额的

B．不能向税务机关准确提供增值税进项税额、销项税额数据的

C．不能向税务机关准确提供增值税应纳税额数据的

D．未按规定使用和保管防伪税控系统专用设备的

8．普通发票由（　　）组成。

A．行业发票　　B．专业发票

C．专用发票　　D．增值税专用发票

9．普通发票主要由（　　）使用。

A．增值税一般纳税人

B．增值税小规模纳税人

C．一般纳税人不能开具增值税专用发票的

D．只交纳营业税的纳税人

10．浙江省已纳入税务机关管理的专业发票的有（　　）。

A．保险专用发票　　B．金融服务统一发票

C．邮政业务统一发票　　D．货物运输统一发票

11．下列各项关于发票开具要求的表述中，正确的是（　　）。

A．未发生经营业务一律不得开具发票

B．发票联和抵扣联盖单位财务印章或发票专用章

C．填写发票可使用外文

D．可自行拆本使用发票

12．纳税申报的方式主要有（　　）。

A．直接申报　　B．邮寄申报

C．数据电文申报　　D．简易申报

13．下列属于税款征收方式的有（　　）。

A．按账征收　　B．查定征收
C．委托代交　　D．代扣代缴

14．税款征收方式包括（　　）。

A．代收代缴　　B．定期定额征收
C．查验征收　　D．自计自填自缴

15．税款征收方式中的其他征收方式包括（　　）。

A．邮寄申报纳税　　B．自计自填自缴
C．自报核缴　　D．查验征收

16．下列关于税款征收方式的说法中，正确的是（　　）。

A．查账征收适用于掌握税收法律法规，账簿、凭证、财务会计制度比较健全，能够如实反映生产经营成果，正确计算应纳税款的纳税人
B．由税务机关对纳税申报人的应税产品进行查验后征税，并贴上完税凭证、查验证或盖查验戳的征收方式为查验征收
C．负有扣缴税款的法定义务人，在向纳税人支付款项时，从所支付的款项中直接扣收税款的方式为代收代缴
D．负有扣缴税款义务的法定义务人，在向纳税人收取款项时，同时收缴税款的方式称为代扣代缴

17．下列各项属于税务代理业务范围的是（　　）。

A．代办纳税申报
B．代理建账
C．代为办理增值税专用发票领购
D．审查纳税情况

18．下列属于税务代理特点的是（　　）。

A．公正性　　B．中介性
C．自愿性　　D．法定性

19．不适用于税收保全措施的纳税人有（　　）。

A．从事生产经营的纳税人
B．非从事生产经营的纳税人
C．扣缴义务人
D．纳税担保人

20．根据税收征收管理法律制度的规定，下列各项中，属于税务机关采取的税收强制执行措施有（　　）。

A．书面通知纳税人开户银行暂停支付纳税人存款
B．书面通知纳税人开户银行从其存款中扣缴税款

C．拍卖所扣押的纳税人价值相当于应纳税款的财产，以拍卖所得抵缴税款

D．扣押纳税人价值相当于应纳税款的财产

21．税务行政处罚的种类主要有（　　）。

A．罚款　　B．没收财产

C．行政处分　　D．停止出口退税权

22．下列各项属于税务行政复议受案范围的是（　　）。

A．税务机关作出的税收强制执行措施

B．税务机关作出的征税行为

C．税务机关未及时解除税收保全措施，使纳税人及其他当事人合法权益遭受损失的行为

D．税务机关作出的通知出境管理机关阻止出境行为

三、判断题

1．未办理工商营业执照的从事生产、经营的纳税人，可以暂不办理设立税务登记。（　　）

2．扣缴义务人应当自扣缴义务发生之日起30日内，向所在地的主管税务机关申报办理扣缴税款登记，领取扣缴税款登记证件。（　　）

3．主管税务机关核发的《外管证》的有效期限一般为30日，最长不得超过365天。（　　）

4．发票是指在购销商品、提供或者接受服务，以及从事其他经营活动中，开具、收取用以摘记经济业务活动的收付款凭证。（　　）

5．所有的收付款凭证都是发票。（　　）

6．工商行政管理机关是发票的主管机关，负责发票的印刷、领购、开具、取得、保管、缴销的管理和监督。（　　）

7．国家税务总局统一负责全国发票管理工作。（　　）

8．发票应当套印全国统一的发票监制章，使用全国统一的防伪专用品。（　　）

9．发票的种类由县级以上税务机关根据社会经济活动的需要确定。（　　）

10．增值税专用发票由国家税务总局指定企业统一印制。（　　）

11．所有一般纳税人均可领购使用增值税专用发票。（　　）

12．禁止私自印制、伪造、变造发票。（　　）

13．专业发票就是专用发票。（　　）

14．对无固定经营场地、临时取得应税收入或者财务制度不健全的纳税人需要发票的，到税务部门办税服务厅申请代开发票。（　　）

15．专业发票是一种特殊种类的发票，但不套印发票监制章。（　　）

16．邮票属于专用凭证。（　　）

17．企业可以随意使用电子计算机开具发票。（　　）

18．发票的开票时限和地点必须准确，不能混淆销售或劳务时间，不得提前或拖后。（　　）

19．发票的全部联次应一次性复写或打印，内容应完全一致。（　　）

20．网上申报纳税属数据电文申报。（　　）

21．邮寄申报以邮政部门收到的邮戳日期为实际申报日期。（　　）

22．纳税人享受减税、免税待遇的，在减税、免税期间应当按照规定办理纳税申报。（　　）

23．纳税人在纳税期限内没有应纳税款的，不需要办理纳税申报。（　　）

24．纳税申报的对象为纳税人和扣缴义务人。（　　）

25．对于设置了账簿的企业，税务机关就应当采用查账征收的方式征收税款。（　　）

26．由税务机关对某些零星、分散的高税率产品，通过查验数量，按市场一般销售价格计算其销售收入并据以征税的是查定征收方式。（　　）

27．代扣代缴是指按照税法规定，负有扣缴税款义务的法定义务人，在向纳税人支付款项时，从所支付的款项中直接扣收税款的方式。（　　）

28．代收代缴是指负有收缴税款义务的法定义务人，在收取款项时，对纳税人应纳的税款进行代收代缴的方式。（　　）

29．委托代征是指受托单位代替税务机关向纳税人征收一些零散税款的一种税款征收方式。（　　）

30．定期定额征收是指核定纳税人在一定经营时期内的应纳税经营额及收益额，并以此为计税依据，确定其应纳税额的一种税款征收方式。（　　）

31．税务代理是指税务代理人在国家法律规定的代理范围内，以代理机构的名义，接受纳税人、扣缴义务人的委托，代其办理各类业务的各项行为的总称。（　　）

32．可以采取税收保全措施的纳税人包括从事生产经营的纳税人，也包括非从事生产经营的纳税人。（　　）

33．对纳税人实施税收保全措施的时候，纳税人的所有财产均属于税收保全措施的范围。（　　）

34．税务机关对单价 3 000 元以下的其他生活用品，不采取税收保全措施和强制执行措施。（　　）

35．税收法律责任形式主要包括税务违法行政处罚和税务违法刑事处罚。（　　）

36．税务行政处罚的对象是违反了税收法律规范，但尚未构成犯罪的当事人。

（ ）

37. 税务人员与纳税人勾结，唆使或者协助纳税人偷逃税款，情节严重，构成犯罪的，应当追究刑事责任。（ ）

38. 税务行政复议仅指纳税人和扣缴义务人不服税务机关及其工作人员作出的税务具体行政行为，依法向上一级税务机关（复议机关）提出申请，复议机关经审理对原税务机关具体行政行为依法作出维持、变更、撤销等决定的活动。（ ）

39. 对行政复议决定不服，申请人可以向国务院申请裁决，如果对裁决结果不服可以向人民法院提起行政诉讼。（ ）

第四章 财政法律制度

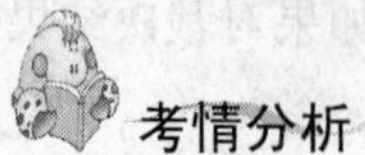

考情分析

本章整章都是新增内容，包括预算法律制度、政府采购法律制度和国库集中收付制度三节。由于本章内容理论性强，较难理解，考生在学习过程中应多采用比较法帮助记忆。今年预计分值为 10～15 分，

各节近三年分值分布

<table>
<tr><th rowspan="2">内　容</th><th rowspan="2">题　型</th><th colspan="3">年　度</th></tr>
<tr><th>2008 年</th><th>2009 年</th><th>2010 年</th></tr>
<tr><td rowspan="4">第一节　预算法律制度（新增）</td><td>单项选择题</td><td>0</td><td>0</td><td>0</td></tr>
<tr><td>多项选择题</td><td>0</td><td>0</td><td>0</td></tr>
<tr><td>判断题</td><td>0</td><td>0</td><td>0</td></tr>
<tr><td>合计</td><td>0</td><td>0</td><td>0</td></tr>
<tr><td rowspan="4">第二节　政府采购法律制度（新增）</td><td>单项选择题</td><td>0</td><td>0</td><td>0</td></tr>
<tr><td>多项选择题</td><td>0</td><td>0</td><td>0</td></tr>
<tr><td>判断题</td><td>0</td><td>0</td><td>0</td></tr>
<tr><td>合计</td><td>0</td><td>0</td><td>0</td></tr>
<tr><td rowspan="4">第三节　国库集中收付制度</td><td>单项选择题</td><td>0</td><td>0</td><td>0</td></tr>
<tr><td>多项选择题</td><td>0</td><td>0</td><td>0</td></tr>
<tr><td>判断题</td><td>0</td><td>0</td><td>0</td></tr>
<tr><td>合　计</td><td>0</td><td>0</td><td>0</td></tr>
</table>

第一节　预算法律制度

学习重点

一、预算法律制度的构成

我国目前预算法律制度主要有《预算法》（1994年3月22日第八届全国人民代表大会第二次会议通过，自1995年1月1日施行）和《预算法实施条例》（1995年1月2日国务院第三十七次常务会议通过，1995年1月22日起施行）。

二、国家预算

1. 国家预算是政府的基本财政收支计划，是政府分配财政资金的重要工具。从内容上看，国家预算是将财政收支活动记载在收支分类表中，以反映政府活动的范围和方向，体现政府的政策意图。从程序上看，国家预算的编制是政府对财政收支的计划安排。

2. 国家预算原则：公开性、可靠性、完整性、统一性、年度性。

3. 国家预算作为财政分配和宏观调控的主要手段，具有分配、调控和监督职能。

4. 国家预算的作用：财力保证、调节制约、反映监督。

5. 我国国家预算级次是按照一级政权设立一级预算的原则建立的。一共分为五级，包括中央、省（自治区、直辖市）、市（自治州）、县（不设区的市、市辖区）、乡（镇）五级预算。

6. 国家预算按照收支管理范围，分为总预算和部门（或单位）预算。

7. 我国国家预算的构成：由中央预算和地方预算组成。

（1）中央预算由中央各部门（含直属单位）的预算组成，包括地方向中央上解的收入数额和中央对地方返还或者给予补助的数额。

（2）地方预算由各省、自治区、直辖市总预算组成，包括下级政府向上级政府上解的收入数额和上级政府对下级政府返还或者给予补助的数额。

（3）总预算是由本级政府预算和汇总的下一级总预算组成。没有下一级预算的，总预算即指本级预算。

（4）部门单位预算是由本部门所属各单位预算组成。单位预算是指列入部门预算的国家机关、社会团体和其他单位的收支预算。

三、预算管理的职权

<table>
<tr><td rowspan="5">各级人民代表大会的职权</td><td rowspan="2">全国人民代表大会的职权</td><td>全国人民代表大会</td><td>（1）审查中央和地方预算草案及中央和地方预算执行情况的报告
（2）批准中央预算和中央预算执行情况的报告
（3）改变或者撤销全国人民代表大会常务委员会关于预算、决算的不适当的决议</td></tr>
<tr><td>全国人民代表大会常务委员会</td><td>（1）监督中央和地方预算的执行
（2）审查和批准中央预算调整方案、中央决算
（3）撤销国务院和省、自治区、直辖市人民代表大会及其常务委员会制定的同宪法、法律等相抵触的关于预算、决算的法规、决议等</td></tr>
<tr><td rowspan="2">县级以上地方各级人民代表大会的职权</td><td>县级以上地方各级人民代表大会</td><td>（1）审查本级总预算草案及本级总预算执行情况的报告
（2）批准本级预算和本级预算执行情况的报告
（3）改变或者撤销本级人民代表大会常务委员会关于预算、决算的不适当的决议
（4）撤销本级政府关于预算、决算的不适当的决定和命令</td></tr>
<tr><td>县级以上地方各级人民代表大会常务委员会</td><td>（1）监督本级总预算的执行
（2）审查和批准本级预算的调整方案、本级政府决算
（3）撤销本级政府和下一级人民代表大会及其常务委员会关于预算、决算的不适当的决定、命令和决议</td></tr>
<tr><td>乡、民族乡、镇的人民代表大会的职权</td><td colspan="2">（1）审查和批准本级预算、本级预算的调整方案、本级预算执行情况的报告、本级决算
（2）监督本级预算的执行
（3）撤销本级政府关于预算、决算的不适当的决定和命令</td></tr>
<tr><td rowspan="3">各级财政部门的职权</td><td rowspan="2">国务院及其财政部门的职权</td><td>国务院</td><td>（1）向全国人民代表大会作关于中央和地方预算草案的报告
（2）将省、自治区、直辖市政府报送备案的预算汇总后报全国人民代表大会常务委员会备案
（3）组织中央和地方预算的执行
（4）决定中央预算预备费的动用
（5）监督中央各部门和地方各政府的预算执行
（6）改变或撤销中央各部门和地方政府关于预算、决算的不适当的决定、命令</td></tr>
<tr><td>国务院财政部门</td><td>（1）具体编制中央预算、中央预算的调整方案、决算草案
（2）具体组织中央和地方预算的执行
（3）提出中央预算预备费动用方案
（4）定期向国务院报告中央和地方预算的执行情况</td></tr>
<tr><td>地方各级政府及其财政部门的职权</td><td>地方各级政府</td><td>（1）向本级人民代表大会作关于本级预算草案的报告
（2）将下一级政府报送备案的预算汇总后报本级人民代表大会常务委员会备案
（3）组织本级总预算的执行
（4）决定本级预算预备费的动用
（5）监督本级各部门和下级政府的预算执行
（6）改变或撤销本级各部门和下级政府关于预算、决算的不适当的决定、命令</td></tr>
</table>

（续）

各级财政部门的职权	地方各级政府财政部门的职权	地方各级政府财政部门	（1）具体编制本级预算、本级预算的调整方案、决算草案 （2）具体组织本级总预算的执行 （3）提出本级预算预备费动用方案 （4）定期向本级政府和上一级政府财政部门报告本级总预算的执行情况
	各部门、各单位的职权	各部门	（1）编制本部门预算、决算草案 （2）组织和监督本部门预算的执行 （3）定期向本级政府财政部门报告预算的执行情况
		各单位	（1）编制本单位预算、决算草案 （2）按照国家规定上缴预算收入，安排预算支出，并接受国家有关部门的监督

汇总：

各级人民代表大会的职权	各级人民代表大会	审查权、批准权、改变撤销权
	各级人大常委会	监督权、审批权、撤销权
	特殊：设立预算的乡、民族乡、镇，由于不设立人大常委会，因而其职权中还包括由人大常委会行使的监督权等	
各级财政部门的职权	各级政府	报告权、汇总备案权、执行权、监督权、改变撤销权
	各级财政部门	编制权、执行权、提案权、报告权
	特殊：乡、民族乡、镇政府没有“汇总备案权”、“改变撤销权”	
各部门、各单位的职权	各部门	编制权、组织和监督执行权、报告权
	各单位	编制权、上缴收入、安排支出、接受监督

四、预算收入和预算支出

1. 预算收入包括：税收收入、依规定应上缴的国有资产收益、专项收入、其他收入。

2. 预算收入划分为：中央预算收入、地方预算收入、中央和地方预算共享收入。

3. 预算支出包括：经济建设支出、事业发展支出、国家管理费用支出、国防支出、各项补贴支出、其他支出等。

4. 预算支出划分为：中央预算支出（包括中央本级支出和中央返还或补助地方的支出）、地方预算支出（包括地方本级支出和地方按照规定上解中央的支出）。

五、预算组织程序

预算组织程序四个环节：编制、审批、执行、调整。

（一）预算的编制

1. 我国国家预算年度自公历1月1日至12月31日。

2. 中央预算和地方各级政府预算，应当参照上一年预算执行情况和本年度收支预测进行编制。按规定必须列入预算的收入，不得隐瞒、少列，也不得将上年的非正常收入作为编制预算收入的依据。

3. 中央预算和地方各级预算按照复式预算编制。中央政府公共预算不列赤字。地方各级预算按照量入为出、收支平衡的原则编制，不列赤字。除法律和国务院另有规定外，地方政府不得发行地方政府债券。

中央预算的编制内容	（1）本级预算收入和支出 （2）上一年度结余用于本年度安排的支出 （3）返还或者补助地方的支出 （4）地方上解的收入
地方各级政府预算的编制内容	（1）本级预算收入和支出 （2）上一年度结余用于本年度安排的支出 （3）上级返还或者补助的收入 （4）返还或者补助下级的支出 （5）上解上级的支出 （6）下级上解的收入

（二）预算的审批

1. 中央预算由全国人民代表大会审查和批准。地方各级政府预算由本级人民代表大会审查和批准。

2. 各级政府预算经本级人民代表大会批准后，本级政府财政部门应当及时向本级各部门批复预算。各部门应当及时向所属各单位批复预算。

财政部自全国人民代表大会批准中央预算之日起30日内批复中央各部门预算；中央各部门自财政部批复本部门预算之日起15日内批复所属各单位预算；县级以上地方各级政府财政部门自本级人民代表大会批准本级政府预算之日起30日内批复本级各部门预算；地方各部门自本级财政部门批复本部门预算之日起15日内批复所属各单位预算。

3. 预算批准后要及时备案。

（三）预算的执行

1. 预算执行工作是实现预算收支任务的关键步骤，也是整个预算管理工作的中心环节。

2. 各级预算由本级政府组织执行，具体工作由本级政府财政部门负责。

3. 预算收入执行：各级财政、税务、海关等预算收入征收部门依法组织预

算收入，及时缴入中央和地方国库，不得截留、占用、挪用或拖欠。未经财政部批准，不得将预算收入存入在国库外设立的过渡性账户。任何单位和个人不得擅自决定减征、免征、缓征应征的预算收入。

4. 预算支出执行三原则：①按照预算拨付，不得办理无预算、无用款计划、超预算、超计划的拨款，不得擅自改变支出用途；②按照规定的预算级次和程序拨款，不得越级办理预算拨款；③按照进度拨款。

5. 国库是办理预算收入的收纳、划分、留解和库款支拨的专门机构，分为中央国库和地方国库。

6. 县级以上各级预算必须设立国库；具备条件的乡、民族乡、镇也应当设立国库。

7. 中央国库业务由中国人民银行经理，接受财政部的指导和监督，对中央财政负责。地方国库业务依照国务院有关规定办理，接受本级政府财政部门的指导和监督，对地方财政负责，并报财政部和中国人民银行备案。

8. 各级国库库款的支配权属于本级政府财政部门。

9. 中央预算收入、中央和地方预算共享收入退库的审批权属于本级政府财政部门。

10. 政府财政部门每月向本级政府报告预算执行情况。省、自治区、直辖市政府财政部门按下列说明向财政部报告本行政区域预算执行情况：①预算收支旬报：每旬终了后3日内；②预算收支月报：每月终了后5日内；③每月预算收支执行情况文字说明材料：每月终了后10日内；每季预算收支执行情况文字说明材料：季度终了后15日内；④年报（年度决算的编报事项），依照预算法和有关规定执行。

（四）预算的调整

1. 预算调整是指经全国人民代表大会批准的中央预算和地方各级全国人民代表大会批准的本级预算，在执行中因特殊情况需要增加支出或减少收入，使原批准的收支平衡的预算的总支出超过总收入，或使原批准的预算中举借债务的数额增加的部分的变更。

2. 各级政府对必须进行的预算调整，应当编制预算调整方案。中央、县级以上地方各级政府预算调整方案提请本级人民代表大会常务委员会审批；乡、民族乡、镇政府预算调整方案提请本级人民代表大会审批。未经批准，不得调整预算。

六、决算

1. 决算是指各级政府、各部门、各单位编制的未经法定程序审查和批准的预算收支的年度执行结果。

2. 决算草案由各级政府、各部门、各单位在每一预算年度终了后按照国务院规定的时间编制。

3. 财政部在每年第四季度部署编制决算草案的原则、要求、方法和报送期限，制发报表格式。

七、预决算的监督

1. 全国人民代表大会及其常务委员会对中央和地方预算、决算进行监督。县级以上地方各级人民代表大会及其常务委员会对本级和下级政府预算、决算进行监督。乡、民族乡、镇人民代表大会对本级预算、决算进行监督。

2. 各级政府监督下级政府预算执行；下级政府向上级政府报告预算执行情况。

3. 各级政府财政部门负责监督本级各部门及所属单位预算执行，并向本级政府和上级政府财政部门报告预算执行情况。

4. 各级审计机关对本级预算执行情况、对本级各部门和下级政府预算的执行情况和决算，进行审计监督。

同步强化练习题

一、单项选择题

1. 我国的《预算法》于（　　）通过。

A. 1983 年　　B. 1994 年

C. 1995 年　　D. 1998 年

2. 每一收支项目的数字指标必须运用科学的方法，依据充分确实的资料，并总结出规律性进行计算，不得假定、估算，更不能任意变造。体现了国家预算的（　　）原则。

A. 公开性　　B. 可靠性

C. 完整性　　D. 统一性

3. 我国国家预算现设（　　）。

A. 中央、省（自治区、直辖市）、市（自治州）、县（不设区的市、市辖区）四级预算

B. 中央、省（自治区、直辖市）、市（自治州）、县（不设区的市、市辖区）、乡（镇）五级预算

C. 中央、省（自治区、直辖市）、市（自治州）三级预算

D. 中央、省（自治区、直辖市）、市（自治州）、县（不设区的市、市辖

区）、乡（镇）、村六级预算

4．地方各级政府预算由（　　）审查和批准。

A．上级人民政府　　B．本级人民政府

C．本级人民代表大会　　D. 本级人民代表大会常委会

5．我国的预算收入（　　）。

A．仅包括中央预算收入

B．仅包括中央预算收入和地方预算收入

C．仅包括中央和地方共享收入

D．包括中央预算收入、地方预算收入以及中央和地方预算共享收入

6．我国国家预算年度是指（　　）。

A．自公历 12 月 31 日起，至次年 12 月 31 日止

B．自公历 1 月 1 日起，至次年 1 月 1 日止

C．自公历 1 月 1 日起，至 12 月 31 日止

D．自公历 12 月 31 日起，至 12 月 31 日止

7．根据我国《预算法》的规定，（　　）负责审查和批准中央预算。

A．全国人民代表大会

B．全国人民代表大会常务委员会

C．国务院

D．财政部

8．财政部自全国人民代表大会批准中央预算之日起（　　）日内批复中央各部门预算。

A．15　　B．30　　C．7　　D．20

9．下列各项中，不属于政府财政部门预算拨款应遵循的原则的是（　　）。

A．按照预算拨款

B．按照规定的预算级次和程序拨款

C．按照进度拨款，即根据各用款单位的实际用款进度和国库库款情况拨付资金

D．按照各单位需求拨款

10．预算收入、预算支出必须通过国库来进行，各级国库库款的支配权属于（　　）。

A．本级人民政府　　B．本级人民政府财政部门

C．本级人大常委会　　D．本级人大

11．省、自治区、直辖市政府财政部门应在每月终了后（　　）内向财政部报告本行政区域预算收支月报。

A．10　　B．15　　C．5　　D．20

12．预算法规定，中央预算的调整方案必须提请（　　）审查和批准。

A．全国人民代表大会

B．全国人民代表大会常务委员会

C．国务院

D．财政部

13．（　　）负责监督本级各部门及所属单位预算执行，并向本级政府和上级政府财政部门报告预算执行情况。

A．各级政府财政部门　　B．各级政府

C．各级政府审计部门　　D．上一级政府财政部门

二、多项选择题

1．国家预算的编制遵循的原则包括（　　）。

A．公开性　　B．可靠性

C．完整性　　D．统一性

2．国家预算的作用是国家预算职能在经济生活中的具体体现，主要包括（　　）。

A．财力保证作用　　B．调节制约作用

C．计划执行作用　　D．反映监督作用

3．下列属于国家预算构成的有（　　）。

A．中央预算　　B．地方预算

C．总预算　　D．部门单位预算

4．下列关于国家预算的构成的说法，正确的是（　　）。

A．中央预算由中央各部门预算和地方各级预算组成

B．地方各级总预算由本级预算和汇总的下一级总预算组成

C．中央政府预算指的就是中央预算

D．各部门预算是由所属各单位预算组成

5．下列关于中央预算的表述中，正确的有（　　）。

A．由中央各部门（含直属单位）的预算组成

B．中央预算包括地方向中央上解的收入数额

C．中央预算不包括中央对地方返还或者给予补助的数额

D．中央预算不包括企业和事业单位的预算

6．根据我国《预算法》的规定，属于全国人民代表大会预算职权的有（　　）。

A．审查中央和地方预算草案及中央和地方预算执行情况的报告

B．批准中央预算和中央预算执行情况的报告

C．审查和批准中央预算的调整方案

D. 改变或者撤销全国人民代表大会常务委员会关于预算、决算的不适当的决议

7. 根据我国《预算法》的规定，属于全国人民代表大会常务委员会负责的有（ ）。

A. 监督中央和地方预算的执行

B. 审查和批准中央预算的调整方案

C. 撤销国务院制定的同宪法、法律相抵触的关于预算、决算的行政法规、决定和命令

D. 具体编制中央预算的调整方案

8. 根据我国《预算法》的规定，属于国务院财政部门预算职权的有（ ）。

A. 具体编制中央预算、决算草案

B. 监督中央和地方预算的执行

C. 审查和批准中央预算的调整方案

D. 具体编制中央预算的调整方案

9. 下列有关各单位预算管理职权的表述中，正确的有（ ）。

A. 编制本单位预算、决算草案

B. 按照国家规定上缴预算收入

C. 安排预算支出

D. 接受国家有关部门的监督

10. 下列有关各部门预算管理职权的表述中，正确的有（ ）。

A. 编制本部门预算、决算草案

B. 组织和监督本部门预算的执行

C. 定期向上一级政府财政部门报告本级预算的执行情况

D. 定期向本级政府财政部门报告预算的执行情况

11. 从归属上看，预算收入可划分为（ ）。

A. 中央预算收入　　B. 地方预算收入

C. 国有资产收益　　D. 中央和地方预算共享收入

12. 我国《预算法》规定的预算收入形式包括（ ）。

A. 税收收入

B. 依照规定应当上缴的国有资产收益

C. 专项收入

D. 其他收入

13. 我国《预算法》规定的预算支出形式包括（ ）。

A. 经济建设支出

B. 教育、科学、文化、卫生、体育等事业发展支出

C．国家管理费用支出

D．国防支出

14．从主体上讲，预算支出划分为（　　）。

A．经济建设支出　　B．中央预算支出

C．国家管理费用支出　　D．地方预算支出

15．中央预算的编制内容包括（　　）。

A．本级预算收入和支出

B．上一年度结余用于本年度安排的支出

C．返还或者补助地方的支出

D．地方上解的收入

16．地方各级政府预算的编制内容包括（　　）。

A．本级预算收入和支出

B．上一年度结余用于本年度安排的支出

C．上级返还或者补助的收入

D．上解上级的支出

17．下列关于预算的审批，说法正确的有（　　）。

A．中央预算由全国人民代表大会审查和批准

B．地方各级政府预算由本级人民代表大会审查和批准

C．中央预算和地方各级政府预算均由全国人民代表大会审查和批准

D．各级政府预算经批准即可，无须向有关部门备案

18．根据《预算法》规定，下列有关预决算监督的表述中，正确的有（　　）。

A．全国人民代表大会及其常务委员会对中央和地方预算、决算进行监督

B．县级以上地方各级人民代表大会及其常务委员会对本级和下级政府预算、决算进行监督

C．乡、民族乡、镇人民代表大会常务委员会对本级预算、决算进行监督

D．各级政府审计部门对本级各部门、各单位和下级政府的预算执行、决算实行审计监督

19．预算监督主体有（　　）。

A．各级国家权力机关，即各级人民代表大会及其常务委员会

B．各级人民政府

C．各级人民政府的财政部门

D．各级政府审计部门

三、判断题

1．国家预算是政府的基本财政收支计划，是政府分配财政资金的重要工具。

（　　）

2．我国国家预算实行一级政府一级预算。（　　）

3．无论乡、民族乡、镇是否有设立预算条件，都一定要设立预算。（　　）

4．地方预算由各省、自治区、直辖市总预算组成，包括下级政府向上级政府上解的收入数额和上级政府对下级政府返还或者给予补助的数额。（　　）

5．总预算由上级政府预算和汇总的下一级总预算组成。没有下一级预算的，总预算即指本级预算。（　　）

6．全国人民代表大会常务委员会无权撤销省、自治区、直辖市人民代表大会及其常务委员会制定的同宪法、法律和行政法规相抵触的关于预算、决算的地方性法规和决议。（　　）

7．国家预算由预算收入和预算支出组成。（　　）

8．中央预算支出是指按照分税制财政管理体制，由中央财政承担并列入中央预算的支出，仅包括中央本级支出。（　　）

9．地方预算收入包括地方本级收入和中央按照规定返还或补助地方的收入。（　　）

10．各级预算由本级政府组织执行，具体工作由本级政府财政部门负责。（　　）

11．中央预算和地方各级政府预算，应当参照上一年预算执行情况和本年度收支预测进行编制。（　　）

12．按规定必须列入预算的收入，不得隐瞒、少列，也不得将上年的非正常收入作为编制预算收入的依据。（　　）

13．地方各级预算按照量入为出、收支平衡的原则编制，不列赤字。（　　）

14．预算审批工作是实现预算收支任务的关键步骤，也是整个预算管理工作的中心环节。（　　）

15．乡、民族乡、镇政府预算的调整方案必须提请本级人民代表大会常务委员会审查和批准。（　　）

16．国库是办理预算收入的收纳、划分、留解和库款支拨的专门机构，也称中央国库。（　　）

17．省级以上各级预算必须设立国库，县级预算如果具备条件，也应设立国库。（　　）

18．中央国库业务由商业银行经理，接受财政部的指导和监督，对中央财政负责。（　　）

19．决算是指各级政府、各部门、各单位编制的未经法定程序审查和批准的预算收支的年度执行结果。（　　）

第二节　政府采购法律制度

学习重点

一、政府采购法律制度的构成

政府采购法律制度主要由政府采购法、政府采购部门规章、政府采购地方性法规和政府规章三部分构成。

1. 政府采购法：《中华人民共和国政府采购法》2002 年制定，自 2003 年 1 月 1 日起施行。政府采购法的颁布实施，标志着我国政府采购制度改革试点工作结束，进入了全面实施阶段，全国政府采购工作步入新的发展时期。

2. 政府采购部门规章：国务院各部门（财政部、发改委等部门）颁布了一系列有关政府采购的部门规章。

3. 政府采购地方性法规和政府规章：由地方人大及其常委会、政府颁布并实施。

二、政府采购的概念

政府采购是指国家机关、事业单位和团体组织，使用财政性资金采购依法制定的集中采购目录以内的或者采购限额标准以上的货物、工程和服务的行为。具有非盈利性、资金来源的财政性或公共性、管理上的规范性、公开性的特点。

1. 政府采购的主体范围：包括依靠国家财政资金运作的政府机关、事业单位和社会团体等。所有个人、私人企业和公司均不能成为政府采购的采购方主体。

2. 政府采购的资金范围：政府采购资金为财政性资金和需要由财政偿还的公共借款。

3. 政府集中采购的范围由省级以上人民政府公布的集中采购目录确定。属于中央预算的政府采购项目，其集中采购目录和政府采购限额标准由国务院确定并公布；属于地方预算的政府采购项目，其集中采购目录和政府采购限额标准由省、自治区、直辖市人民政府或者其授权的机构确定并公布。

4. 政府采购的对象范围：包括货物、工程和服务。

三、政府采购的原则

公开透明原则、公平竞争原则、公正原则、诚实信用原则。

四、政府采购的功能

①节约财政支出，提高资金使用效益（基本功能）；②强化宏观调控；③活跃市场经济；④推进反腐倡廉；⑤保护民族产业。

五、政府采购的执行模式

我国政府采购实行集中采购和分散采购相结合的执行模式。

1. 集中采购是指由政府设立的职能机构统一为其他政府机构提供采购服务的一种采购组织实施形式。纳入集中采购目录的政府采购项目，应当实行集中采购。

按集中程度不同，集中采购又可分为政府集中采购和部门集中采购两类。

2. 分散采购是指由各预算单位自行开展采购活动的一种采购组织实施形式。采购人采购未纳入集中采购目录，并且在采购限额标准以上的政府采购项目时，实施分散采购。

六、政府采购当事人

政府采购当事人包括采购人、供应商、采购代理机构。

1. 采购人：指依法进行政府采购的国家机关、事业单位、团体组织。

2. 供应商：指向采购人提供货物、工程或服务的法人、其他组织或自然人。

供应商参加政府采购活动的条件：①具有独立承担民事责任的能力；②具有良好的商业信誉和健全的财务会计制度；③具有履行合同所必需的设备和专业技术能力；④有依法缴纳税收和社会保障资金的良好记录；⑤参加政府采购活动前三年内，在经营活动中没有重大违法记录；⑥法律、行政法规规定的其他条件。

3. 采购代理机构：集中采购机构为采购代理机构。集中采购机构是非营利事业法人，根据采购人的委托办理采购事宜。设区的市、自治州以上人民政府，根据本级政府采购项目组织集中采购的需要设立集中采购机构。

七、政府采购方式

政府采购方式包括公开招标、邀请招标、竞争性谈判、单一来源、询价等。

1. 公开招标：是政府采购的主要方式。采购人不得将应当以公开招标方式采购的货物或者服务化整为零或者以其他任何方式规避公开招标采购。

2. 邀请招标：也叫选择性招标，由采购人根据供应商或承包商的资信和业绩，选择一定数目的法人或其他组织（不能少于三家），向其发出招标邀请书，邀请他们参加投标竞争，从中选定中标的供应商。

符合下列情形之一的货物或者服务，可以依照法律采用邀请招标方式采购：

（1）具有特殊性，只能从有限范围的供应商处采购的；

（2）采用公开招标方式的费用占政府采购项目总价值的比例过大的。

3. 竞争性谈判：指采购人或代理机构通过与多家供应商（不少于三家）进行谈判，最后从中确定中标供应商。

符合下列情形之一的货物或者服务，可以依照法律采用竞争性谈判方式采购：

（1）招标后没有供应商投标或者没有合格标的或者重新招标未能成立的；

（2）技术复杂或者性质特殊，不能确定详细规格或者具体要求的；

（3）采用招标所需时间不能满足用户紧急需要的；

（4）不能事先计算出价格总额的。

4. 单一来源：也称直接采购，是指达到了限额标准和公开招标数额标准，但所购商品的来源渠道单一，或属专利、首次制造、合同追加、原有采购项目的后续扩充和发生了不可预见紧急情况不能从其他供应商处采购等情况。该采购方式的最主要特点是没有竞争性。

符合下列情形之一的货物或者服务，可以依法采用单一来源方式采购：

（1）只能从唯一供应商处采购的；

（2）发生了不可预见的紧急情况不能从其他供应商处采购的；

（3）必须保证原有采购项目的一致性或者服务配套的要求，需要继续从原供应商处添购，且添购资金总额不超过原合同采购金额百分之十的。

5. 询价：采购人向有关供货商发出询价单，在对供货商的报价进行分析和比较的基础上确定供货商。该种采购方式适用于货物规格、标准单一、现货货源充足而且价格变动幅度比较小的采购项目。

询价程序：①成立询价小组：采购人代表和有关专家共 3 人以上单数组成，专家人数不得少于成员总数的 2/3；②确定被询价的供应商名单：不少于 3 家的供应商；③询价；④确定成交供应商。

八、政府采购的监督检查

1. 政府采购由政府采购监督管理部门进行监督。政府采购监督管理部门不得设置集中采购机构，不得参与政府采购项目的采购活动。

2. 监督检查的内容：

（1）有关政府采购的法律、行政法规和规章的执行情况；

（2）采购范围、采购方式和采购程序的执行情况；

（3）政府采购人员的职业素质和专业技能。

同步强化练习题

一、单项选择题

1.《中华人民共和国政府采购法》自（　　）起施行。

A. 2000 年 1 月 1 日　　B. 2003 年 1 月 1 日

C. 2005 年 1 月 1 日　　D. 2007 年 1 月 1 日

2. 政府采购的主体不包括（　　）。

A. 政府机关　　B. 事业单位

C. 社会团体　　D. 公司

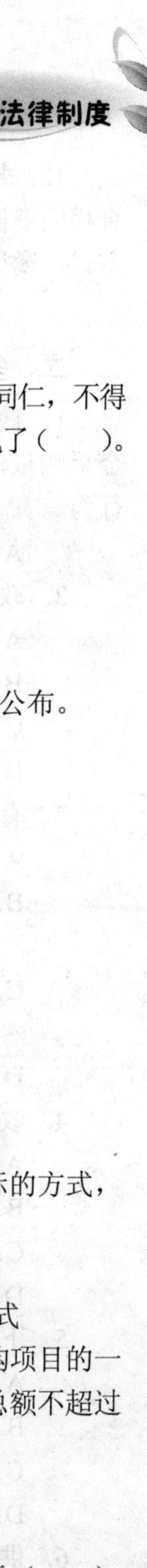

3．下列采购活动中，适用《政府采购法》的是（　　）。

A．某事业单位使用财政性资金采购办公用品

B．某国有企业采购原材料

C．某国有独资公司采购办公用品

D．某合伙企业采购办公用品

4．政府采购要按照事先约定的条件和程序进行，对所有供应商一视同仁，不得有歧视条件和行为，任何单位或个人无权干预采购活动的正常开展。这体现了（　　）。

A．公开透明原则　　B．公平竞争原则

C．公正原则　　D．诚实信用原则

5．我国的政府采购实行的是（　　）的执行模式。

A．集中采购　　B．分散采购

C．集中采购与分散采购相结合　　D．分批采购

6．中央预算的政府采购项目，其集中采购目录由（　　）确定并公布。

A．财政部

B．国务院

C．全国人民代表大会

D．全国人民代表大会常务委员会

7．政府采购当事人的范围不包括（　　）。

A．采购人　　B．供应商

C．政府采购监督管理机构　　D．采购代理机构

8．根据《政府采购法》的规定，政府采购的主要方式是（　　）。

A．公开招标方式　　B．邀请招标方式

C．竞争性谈判方式　　D．单一来源方式

9．采购单位依法以招标公告的方式邀请不特定的供应商参加投标的方式，属于（　　）。

A．询价方式　　B．邀请招标方式

C．公开招标方式　　D．竞争性谈判方式

10．可以采用单一来源方式采购的情形之一，是必须保证原有采购项目的一致性或者服务配套的要求，需要继续从原供应商处添购，且添购资金总额不超过原合同采购金额的（　　）。

A．5%　　B．8%

C．10%　　D．15%

11．竞争性谈判方式，是指要求采购人就有关采购事项，与不少于（　　）家供应商进行谈判。

A．2　　B．3　　C．4　　D．5

12．根据政府采购法律制度的规定，采用邀请招标方式的，采购人应当从符合相应资格条件的供应商中随机邀请（　　）以上的供应商，并以投标邀请书的方式，邀请其参加投标。

A．3 家　　B．5 家　　C．10 家　　D．15 家

二、多项选择题

1．政府采购，是指各级国家机关、事业单位和团体组织，使用财政性资金采购依法制定的集中采购目录以内的或者采购限额标准以上的（　　）的行为。

A．工程　　B．服务　　C．股票　　D．货物

2．政府采购与一般民事采购相比，具有的特点包括（　　）。

A．非营利性

B．资金来源的财政性或公开性

C．管理上的规范性

D．公开性

3．有关政府采购限额标准的说法正确的是（　　）。

A．属于中央预算的政府采购项目，由国务院确定并公布

B．属于地方预算的政府采购项目，由省、自治区、直辖市人民政府确定并公布

C．属于地方预算的政府采购项目，由省、自治区、直辖市人民政府授权的机构确定并公布

D．属于地方预算的政府采购项目，由国务院制定并公布

4．政府采购的功能包括（　　）。

A．节约财政支出、提高采购资金的使用效益

B．强化宏观调控

C．活跃市场经济

D．推进反腐倡廉，保护民族产业

5．下列选项中，可以作为政府采购当事人中采购人的有（　　）。

A．中华人民共和国商务部

B．人民教育出版社

C．中国红十字会

D．甲某个人独资企业

6．供应商参加政府采购合同应当具备的条件包括（　　）。

A．具有独立承担民事责任的能力

B．具有良好商业信誉和健全的财务会计制度

C．有依法缴纳税收和社会保障资金的良好记录

D．参加政府采购活动前 5 年内，在经营活动中没有重大违法记录

7．根据《政府采购法》的规定，政府采购采用的方式包括（　　）等。

A．公开招标　　B．邀请招标

C．竞争性谈判　　D．单一来源

8．可以采用邀请招标方式采购货物或者服务的情形有（　　）。

A．具有特殊性，只能从有限范围的供应商处采购的

B．只能从唯一供应商处采购的

C．采用公开招标方式的费用占政府采购项目总价值的比例过大的

D．发生了不可预见的紧急情况不能从其他供应商处采购的

9．根据政府采购法律制度的规定，下列情形中，采购人可以采用竞争性谈判方式采购的是（　　）。

A．采用招标方式所需时间不能满足用户紧急需要的

B．不能事先计算出价格总额的

C．采用公开招标方式的费用占政府采购项目总价值的比例过大的

D．技术复杂或者性质特殊，不能确定详细规格或者具体要求的

10．符合（　　）情形之一的货物或服务，可以采用单一来源方式采购。

A．只能从唯一供应商处采购的

B．发生了不可预见的紧急情况不能从其他供应商处采购的

C．必须保证原有采购项目的一致性或者服务配套的要求，需要继续从原供应商处添购，且添购资金总额不超过原合同采购金额百分之十的

D．某供应商在政府采购活动中，一直质优价廉、讲究信誉的

11．以下政府采购采取询价方式采购的程序正确的有（　　）。

A．成立询价小组　　B．确定被询价的供应商名单

C．谈判　　D．确定成交供应商

12．下列属于政府采购监督检查的内容的有（　　）。

A．有关政府采购的法律、行政法规和规章的执行情况

B．采购范围、采购方式的执行情况

C．采购程序的执行情况

D．政府采购人员的职业素质和专业技能

三、判断题

1．政府采购资金仅包括财政性资金。（　　）

2．政府采购原则上应该采购本国产品，担负起保护民族产业的重要职责。（　　）

3．政府集中采购目录和采购限额标准由县级以上人民政府确定并公布。（ ）

4．纳入集中采购目录的政府采购项目，因特殊情况也可以实行分散采购。（ ）

5．事业单位不能成为政府采购的采购人。（ ）

6．采购人不得将应当以公开招标方式采购的货物或者服务化整为零来规避公开招标采购。（ ）

7．单一来源方式，是指采购人向唯一供应商进行采购的方式。（ ）

8．政府采购监督管理部门，经上级财政部门批准，可以设置集中采购机构。（ ）

第三节　国库集中收付制度

学习重点

一、国库集中收付制度

国库集中收付制度一般也称为国库单一账户制度，包括国库集中支付制度和国库集中收缴制度，是指财政部门代表政府设置国库单一账户体系，所有的财政性资金均纳入国库单一账户体系收缴、支付、管理的制度。

二、国库单一账户体系

1．概念：国库单一账户体系指全面反映财政资金收付的各类账户的总和，是财政国库管理制度的基础。

2．构成：国库单一账户体系由国库单一账户、预算外资金财政专户、财政零余额账户、预算单位零余额账户、特设专户等账户构成。

国库单一账户：财政部门在同级中国人民银行分支行开设国库单一账户，用于记录、核算、反映预算资金的收入和支出活动，并用于与财政部门在商业银行开设的零余额账户的支付清算。

财政专户：财政部门在商业银行开设财政专户，包括政府非税收入汇缴专户和预算外资金财政专户。

财政零余额账户：财政部门在商业银行开设零余额账户，用于财政直接支付，并与国库单一账户、预算外资金财政专户进行支付清算。

预算单位零余额账户：财政部门在商业银行为预算单位开设零余额账户，用于财政授权支付，并与国库单一账户、预算外资金财政专户进行支付清算。

特设专户：在管理上有特殊要求的财政性资金，经同级人民政府或财政部门批准，由财政部门开设特设专户进行管理。

三、财政收入收缴方式

财政收入收缴方式分为直接缴库和集中汇缴。

1. 直接缴库：由缴款单位或者缴款人依法直接将应缴收入缴入国库单一账户或者预算外资金财政专户。

2. 集中汇缴：由征收机关依法将所收的应缴收入汇总缴入国库单一账户或预算外资金财政专户。

四、财政支出支付方式

按照不同的支付主体，分别实行财政直接支付和财政授权支付。

1. 财政直接支付：由财政部门开具支付令，通过国库单一账户体系，直接将财政资金支付到收款人或用款单位账户。实行财政直接支付的支出主要包括：工资支出、工程采购支出、物品和服务采购支出，以及适宜实行财政直接支付的其他支出。

2. 财政授权支付：预算单位根据财政授权，自行开具支付令，通过国库单一账户体系将资金支付到收款人账户。实行财政授权支付的支出为未纳入财政直接支付管理的购买支出和零星支出。

同步强化练习题

一、单项选择题

1. 管理国库单一账户体系的职能部门是（　　）。

A. 国家税务总局　　B. 财政部

C. 中国人民银行　　D. 商务部

2. 用于记录、核算和反映财政预算内资金和纳入财政预算管理的政府性基金的收入和支出活动的账户是（　　）。

A. 国库单一账户　　B. 财政部门零余额账户

C. 预算外资金账户　　D. 特设账户

3. 财政直接支付各单位的预算内资金是通过（　　）进行核算支付的。

A. 预算单位零余额账户　　B. 基本存款账户

C. 临时存款账户　　D. 财政零余额账户

4. 财政收入收缴方式中，由缴款单位或者缴款人依法直接将应缴收入缴入国库单一账户或者预算外资金财政专户的方式是（　　）。

A．直接缴库　　B．分次汇缴

C．集中汇缴　　D．汇总缴纳

5．财政收入收缴方式中，由征收机关（有关法定单位）按有关法律法规规定，将所收的应缴收入汇总缴入国库单一账户或预算外资金财政专户的方式是（　　）。

A．分次汇缴　　B．直接缴库

C．集中汇缴　　D．汇总缴纳

6．财政支出支付方式中，由财政部开具支付令，通过国库单一账户体系将资金直接支付到收款人或用款单位账户的方式称为（　　）。

A．财政直接支付　　B．财政授权支付

C．财政委托支付　　D．财政集中支付

7．未纳入财政直接支付范围的购买支出、零星支出，属于（　　）财政支出方式。

A．财政授权支付　　B．财政直接支付

C．财政转移支付　　D．财政专款支付

二、多项选择题

1．我国国库单一账户体系包括（　　）。

A．国库单一账户

B．财政部门和预算单位零余额账户

C．财政专户

D．特设专户

2．财政收入收缴方式可分为（　　）。

A．分次汇缴　　B．直接缴库

C．集中汇缴　　D．汇总缴纳

3．财政支出支付方式按不同主体分为（　　）。

A．财政直接支付　　B．财政工资支付

C．财政转移支付　　D．财政授权支付

4．预算单位适用财政直接支付的财政性资金包括（　　）。

A．工资　　B．工程采购支出

C．物品采购支出　　D．服务采购支出

三、判断题

1．国库集中收付制度一般也称为国库单一账户制度，包括国库集中支付制度和国库集中收缴制度。（　　）

2．用于财政授权支付和与国库单一账户、预算外资金账户进行支付清算的账户是预算单位零余额账户。（　　）

第五章 会计职业道德

考情分析

本章内容相对较少，复习难度不是很大，考点比较集中，可涉及所有题型。今年教材内容稍微做了些调整，删除了职业道德等内容，新增了会计职业道德功能、会计职业道德修养等内容，难度都不大，比较容易理解。最近三年本章考试平均分为 10 分，预计今年分值变化不大，约为 10～15 分。

各节近三年分值分布

内　　容	题　　型	年　　度		
		2008 年	2009 年	2010 年
第一节　会计职业道德概述	单项选择题	0	0	0
	多项选择题	0	1	1
	判断题	1	4	2
	合　　计	1	5	3
第二节　会计职业道德规范的主要内容	单项选择题	2	3	4
	多项选择题	1	4	3
	判断题	0	0	0
	合　　计	3	7	7
第三节　会计职业道德教育与修养	单项选择题	0	0	0
	多项选择题	0	0	0
	判断题	0	1	1
	合　　计	0	1	1
第四节　会计职业道德建设	单项选择题	0	0	0
	多项选择题	0	0	0
	判断题	0	0	1
	合　　计	0	0	1

第一节　会计职业道德概述

学习重点

一、会计职业道德的概念

1. 会计职业道德是指在会计职业活动中应遵循的、体现会计职业特征的、调整会计职业关系的职业行为准则和规范。

2. 会计职业道德的特点：利益的相关性、发展的稳定性、广泛的社会性、较高的约束性。

二、会计职业道德功能

会计职业道德功能包括：指导功能、评价功能、教化功能。

三、会计职业道德与会计法律制度的关系

1. 会计职业道德与会计法律制度的联系：在作用上相互补充；在内容上相互渗透，相互重叠；在地位上相互转化，相互吸收；在实施过程中相互作用，相互促进。

2. 会计职业道德与会计法律制度的区别：性质不同；作用范围不同；实现形式不同；实施保障机制不同。

（1）性质不同：会计法律制度通过国家机器强制执行，具有很强的他律性。会计职业道德则依靠会计从业人员的自愿执行，并依靠社会舆论和良心来实现，具有很强的自律性。

（2）作用范围不同：会计法律制度侧重于调整会计人员的外在行为及其结果的合法化。会计职业道德不仅要求调整会计人员的外在行为，还要调整会计人员内在的精神世界。

会计法律制度的各种规定是会计职业关系得以维系的最基本条件，是对会计从业人员行为的最低限度的要求。

（3）实现形式不同：会计法律制度是通过一定的程序由国家立法机关或行政管理部门制定、颁布或修改的，其表现形式是具体的、明确的、正式形成文字的成文规定。会计职业道德出自于会计人员的职业生活和职业实践，其表现形式既有明确的成文的规定，也有不成文的规范，存在于人们的意识和信念之中，无具体的表现形式，它是依靠社会舆论、道德教育、传统习俗和道德评价来实现的。

（4）实施保障机制不同：会计法律制度由国家强制力保障实施。会计职业道德的实施更需要广大会计人员的自觉遵守。

3．会计行为的法治与德治：会计行为的规范化不仅要以会计法律、法规作保证，还要依赖会计人员的道德信念、道德品质来实现。

同步强化练习题

一、单项选择题

1．会计职业道德的调整对象是（　　）。

A．调整会计职业关系

B．调整会计职业中的经济利益关系

C．调整会计人员之间的关系

D．调整活动之间的关系

2．下列选项中，不属于会计职业道德特点的是（　　）。

A．利益的相关性　　B．较高的约束性

C．发展的持续性　　D．广泛的社会性

3．下列各项中，不属于会计职业道德功能的是（　　）。

A．指导功能　　B．评价功能

C．宣传功能　　D．教化功能

4．下列关于会计职业道德和会计法律制度的区别，正确的是（　　）。

A．会计法律制度具有很强的他律性，会计职业道德具有很强的自律性

B．会计职业道德与会计法律制度一样，都是靠国家的强制力保障实施的

C．会计法律制度有成文规定，会计职业道德没有具体的表现形式

D．违反会计法律制度和会计职业道德都可能会受到法律制裁

5．下列关于会计职业道德与会计法律制度的联系的说法中，不正确的是（　　）。

A．两者有共同的目标、相同的调整对象，承担着同样的职责

B．两者在内容上相互渗透、相互重叠

C．两者在地位上相互转化、相互吸收

D．两者在实现形式上都是具体的、明确的和成文的

6．下列各项关于会计职业道德与会计法律制度的关系的论述中，错误的是（　　）。

A．两者在实施过程中相互作用、相互补充

B．违反会计法律制度，一定违反会计职业道德

C．会计法律制度是会计职业道德的最低要求

D．违反会计职业道德，一定违反会计法律制度

二、多项选择题

1．会计职业道德与会计法律制度的联系主要体现在（　　）。

A．在作用上相互补充

B．在内容上相互渗透、相互重叠

C．在地位上相互转化、相互吸收

D．在实施过程中相互作用、相互促进

2．会计职业道德与会计法律制度的主要区别有（　　）。

A．性质不同　　B．作用范围不同

C．实现形式不同　　D．实施保障机制不同

3．下列各项关于会计职业道德和会计法律制度两者的区别的论述中，错误的有（　　）。

A．会计法律制度具有很强的他律性，会计职业道德具有很强的自律性

B．会计法律制度调整会计人员的外在行为，会计职业道德只调整会计人员的内心精神世界

C．会计法律制度有成文规定，会计职业道德无具体的表现形式

D．违反会计法律制度可能会受到法律制裁，违反会计职业道德只会受到道德谴责

三、判断题

1．会计职业道德是会计人员在会计职业活动中应当遵循的、体现会计职业特征的、调整会计职业关系的职业行为准则和规范。（　　）

2．会计职业道德依靠会计从业人员的自觉性，具有很强的自律性。（　　）

3．会计法律制度通过国家强制力保障实施，具有很强的他律性。（　　）

4．会计职业道德不仅依靠社会舆论和良心来实现，也通过国家机器强制执行。（　　）

5．会计法律制度侧重于调整会计人员的外在行为和结果的合法化；会计职业道德则不仅要求调整会计人员的外在行为，还要求调整会计人员内在的精神世界。（　　）

6．会计人员不钻研业务，不加强新知识的学习，造成工作上的差错，缺乏胜任工作的能力。这是一种既违反会计职业道德，又违反会计法律制度的行为。（　　）

7．会计法律制度是会计职业道德的最低要求。（　　）

8．会计法律制度的表现形式是具体的、明确的、正式形成文字的成文条例。（　　）

9．会计职业道德的表现形式既有明确的成文的规定，也有不成文的规范，

存在于人们的意识和信念之中。（　）

10. 较高层次的会计职业道德存在于人们的意识和信念之中，依靠社会舆论、道德教育、传统习俗和道德评价来实现。（　）

11. 会计行为的规范只需要以会计法律、法规作保证。（　）

12. 在经济生活中，经常发生没有违反会计法律制度，却违反了会计职业道德的行为。（　）

第二节　会计职业道德规范的主要内容

学习重点

1. 会计职业道德涵盖了会计从业人员与会计主体、职业与职工、职业与职业之间的关系。

2. 会计职业道德规范的主要内容包括：爱岗敬业（会计从业人员做好本职工作的基础和条件，是最基本的道德素质，是所有职业道德规范的共同要求）、诚实守信（基本工作准则）、廉洁自律（内在要求和行为准则）、客观公正、坚持准则、提高技能、参与管理、强化服务。

（1）爱岗敬业的基本要求：热爱会计工作，敬重会计职业，安心本职岗位；严肃认真，一丝不苟；忠于职守，尽职尽责。

（2）诚实守信的基本要求：做老实人，说老实话，办老实事，不弄虚作假；实事求是，如实反映；保守秘密，不为利益所诱惑；执业谨慎，信誉至上。

（3）廉洁自律的基本要求：树立正确的人生观和价值观；公私分明，不贪不占；遵纪守法；清正廉洁。

（4）客观公正的基本要求：依法办事；实事求是，不偏不倚；保持应有的独立性。

（5）坚持准则的基本要求：熟悉准则；遵循准则；坚持准则。

坚持准则的“准则”泛指有关会计的法律法规和国家统一的会计制度。

（6）提高技能的基本要求：增强提高专业技能的自觉性和紧迫感；勤学苦练，刻苦钻研；开拓进取，不断提高业务水平。

会计职业技能的内容主要包括：会计及相关专业理论水平；会计实务操作能力；沟通交流能力；职业判断能力。

（7）参与管理的基本要求：努力钻研业务，熟悉财经法规和相关制度，提高业务技能，为参与管理打下基础；熟悉服务对象的经营活动和业务流程，使参与管理的决策更具有针对性和有效性。

（8）强化服务的基本要求：强化服务意识；提高服务质量；努力维护和提升会计职业良好的社会形象。

同步强化练习题

一、单项选择题

1.（　　）是会计从业人员做好本职工作的基础和条件，是会计人员最基本的道德素质。

A．廉洁自律　　B．诚实守信
C．服务群众　　D．爱岗敬业

2．会计职业道德的基本工作准则是（　　）。

A．诚实守信　　B．提高技能
C．服务群众　　D．爱岗敬业

3．会计人员对于工作中知悉的商业秘密应依法保守，不得泄露，这是会计职业道德中（　　）的具体体现。

A．诚实守信　　B．廉洁自律
C．客观公正　　D．坚持准则

4．（　　）是会计职业道德的内在要求，同时也是会计人员的行为准则。

A．爱岗敬业　　B．诚实守信
C．廉洁自律　　D．服务群众

5．（　　）是所有职业道德规范的共同要求。

A．诚实守信　　B．提高技能
C．爱岗敬业　　D．服务群众

6．“理万金而分文不沾”体现的会计职业道德是（　　）。

A．参与管理　　B．廉洁自律
C．提高技能　　D．强化服务

7．会计人员端正态度，依法办事，在处理涉及各方利益的会计事务时，不被他人所左右、不因个人好恶而取舍，实事求是，不偏不倚，保持应有的独立性，这是会计职业道德中（　　）的要求。

A．诚实守信　　B．客观公正
C．提高技能　　D．坚持准则

8．坚持依法办理会计事项，体现（　　）方面的会计职业道德。

A．坚持准则　　B．提高技能

C．参与管理　　　　D．客观公正

9．会计人员在工作中应主动就单位经营管理中存在的问题提出合理化建议，协助领导决策，这是会计职业道德中的（　　）所要求的。

A．提高技能　　　　B．参与管理

C．坚持准则　　　　D．爱岗敬业

10．某单位要求会计人员提出“加强成本核算，提高经济效益”的合理化建议，会计人员张某认为那是领导们的事情，与已无关。张某的想法不符合会计职业道德规范中（　）的要求。

A．爱岗敬业　　　　B．坚持准则

C．提高技能　　　　D．参与管理

11．某公司会计人员陈某的朋友在一家私营企业任总经理，朋友让他帮忙将他在工作中接触到的公司新产品研发计划及相关会计资料复印件提供给自己，陈某顾及到朋友的情分照做了，由此给公司造成了一定的损失。陈某的行为违背了（　　）的会计职业道德。

A．客观公正　　　　B．诚实守信

C．廉洁自律　　　　D．强化服务

12．某公司因资金紧张，需向银行贷款 1 000 万元，总经理要求财务处处长王某对公司提供给银行的会计报表进行技术处理。王某很清楚公司财务正处于困境，偿债能力较差，有些犹豫不决，但是如果不按总经理的意见去办，自己以后在公司不好立足，于是编制了一份经过技术处理后漂亮的会计报表，使得公司获得了银行贷款。下列对王某行为的认定中正确的是（　　）。

A．王某违反了爱岗敬业、坚持准则的会计职业道德内容要求

B．王某违反了客观公正、坚持准则的会计职业道德内容要求

C．王某违反了参与管理、坚持准则的会计职业道德内容要求

D．王某违反了提高技能、客观公正的会计职业道德内容要求

13．刘某在一家公司担任财务科科长，利用职务之便将公司的 20 万元自作主张借给了其朋友用于新设公司，并收取了一定的好处费。刘某的行为违背了（　）的会计职业道德要求。

A．客观公正　　　　B．强化服务

C．廉洁自律　　　　D．坚持准则

二、多项选择题

1．会计职业道德涵盖了（　　）之间的关系。

A．职业与职工　　　　B．职业与职业

C．会计从业人员与会计主体　　　　D．职工与社会

2．会计职业道德规范包括（　　）。

A．爱岗敬业、诚实守信　　B．廉洁自律、客观公正

C．坚持准则、提高技能　　D．参与管理、强化服务

3．下列属于爱岗敬业的基本要求的是（　　）。

A．热爱会计工作，敬重会计职业　　B．安心本职工作，任劳任怨

C．忠于职守，尽心尽力，尽职尽责　　D．执业谨慎，信誉至上

4．下列各项中，体现诚实守信基本要求的有（　　）。

A．做老实人，说老实话，办老实事　　B．安心本职岗位，忠于职守

C．保守秘密，不为利益所诱惑　　D．不弄虚作假，信誉至上

5．廉洁自律要求会计人员（　　）。

A．公私分明　　B．不贪不占

C．熟悉准则　　D．清正廉洁

6．客观公正要求会计人员（　　）。

A．执业谨慎　　B．依法办事

C．实事求是不偏不倚　　D．保持应有的独立性

7．下列各项中，体现坚持准则基本要求的是（　　）。

A．熟悉国家法律、法规和国家统一的会计制度

B．坚持按法律法规和国家统一会计制度的要求进行会计核算

C．遵循准则，执行准则不走样

D．勤学苦练，刻苦钻研

8．会计职业道德“坚持准则”中的“准则”包括（　　）。

A．会计法律

B．会计行政法规

C．国家统一的会计制度

D．与会计工作相关的法律制度

9．提高技能要求会计人员（　　）。

A．增强提高专业技能的自觉性和紧迫感　　B．实事求是，不偏不倚

C．开拓进取，不断提高业务水平　　D．勤学苦练，刻苦钻研

10．会计职业道德“提高技能”中所指的“会计职业技能”，其主要内容包括（　　）。

A．会计专业理论水平　　B．沟通交流能力

C．会计实务操作能力　　D．职业判断能力

11．参与管理要求会计人员（　　）。

A．全面熟悉服务对象的经营活动和业务流程，主动提出合理化建议

B．代替领导决策

C．努力钻研业务，熟悉财经法规和相关制度，提高业务技能

D．积极参与管理

12．强化服务要求会计人员（　　）。

A．树立服务意识

B．提高服务质量

C．维护会计职业的良好社会形象

D．提升会计职业的良好社会形象

13．朱镕基在 2001 年视察北京国家会计学院时，为北京国家会计学院题词的内容包括（　　）。

A．诚信为本　　B．操守为重

C．坚持原则　　D．不做假账

三、判断题

1．根据我国《公民道德建设实施纲要》，我国职业道德的基本内容包括爱岗敬业、诚实守信、办事公道、服务群众、奉献社会。（　　）

2．会计人员在工作中“懒”、“惰”、“拖”的不良习惯和作风，是会计人员违背会计职业道德规范中诚实守信的具体体现。（　　）

3．注重职业操守，讲信用、信誉至上是会计职业道德诚实守信的要求。（　　）

4．会计人员克服“贪”、“占”、“欲”，拒绝受贿和监守自盗等贪污行为，体现了会计职业道德中廉洁自律原则的基本要求。（　　）

5．“常在河边走，就是不湿鞋”体现了会计职业道德强化服务的基本要求。（　　）

6．保守秘密仅指会计人员要保守企业自身秘密。（　　）

7．会计人员坚持准则，就是要坚决执行会计法律法规、国家统一的会计制度，以及与会计工作相关的法律制度。（　　）

第三节　会计职业道德教育与修养

学习重点

一、会计职业道德教育

1．会计职业道德教育的主要形式包括：接受教育和自我教育。

（1）接受教育即外在教育，是指通过学校或培训单位对会计人员进行以职业责任、职业义务为核心内容的正面灌输，以规范其职业行为，维护国家和社会公

众利益的教育。接受教育具有导向作用。

（2）自我教育是通过自我学习，提升自身道德修养的行为活动，是内在教育。把外在的会计职业道德的内容要求，逐步转变成会计人员内在的职业道德认知、会计职业道德情感、会计职业道德意志和会计职业道德信念，要通过内在的自我教育才能实现。

2. 会计职业道德教育的内容包括：职业道德观念教育、职业道德规范教育、职业道德警示教育。

（1）职业道德观念教育：普及会计职业道德基础知识，是会计职业道德教育的基础。应广泛宣传会计职业道德基本知识，使广大会计人员懂得什么是会计职业道德，它对社会经济秩序、会计信息质量有何重要影响；懂得一旦违背会计职业道德，除了受到良心和道义上的谴责外，还会受到行业惩戒和处罚。

（2）职业道德规范教育：以会计职业道德规范为内容的教育，是会计职业道德教育的核心内容，应贯穿于会计职业道德教育的始终。

（3）职业道德警示教育：通过开展对违法会计行为典型案例的讨论，给会计人员以启发和警示，从而提高会计人员法律意识、提高会计人员会计职业道德观念、提高会计人员辨别是非能力。

3. 会计职业道德教育的途径：在会计学历教育中进行职业道德教育、在会计继续教育中进行职业道德教育。

（1）会计专业类大专院校是会计职业道德教育的重要环节，是会计人员岗前教育的主要场所，在会计职业道德教育中具有基础性地位。

（2）会计继续教育是强化会计职业道德教育的有效形式。会计职业道德教育贯穿于整个会计人员继续教育的始终。

二、会计人员职业道德修养

1. 会计人员职业道德修养是指通过不断地自我教育，最终把会计职业道德原则和规范逐步转化为自己的道德品质，从而将会计职业实践中对职业道德的意识情感和信念上升为遵守职业道德习惯，并最终成为自己的职业本能。

2. 会计职业道德修养环节：形成正确的会计职业道德认知；培养高尚的会计职业道德情感；树立坚定的会计职业道德信念；养成良好的会计职业道德行为。

（1）会计职业道德的认知包括：对会计职业道德规范和概念的掌握；对会计职业道德判断力的提高。

（2）会计人员在职业实践中深刻的道德认知和炽热的道德情感是形成会计职业道德信念的基础和保障。

3. 提高会计职业道德修养的方法：不断进行内省；要提倡“慎独”精神；虚心向先进人物学习。

同步强化练习题

一、单项选择题

1．通过学校或培训单位对会计人员进行以职业责任、职业义务为核心内容的正面教育，属于（　　）。

A．自我教育　　B．接受教育
C．继续教育　　D．学历教育

2．下列各项中说法错误的是（　　）。

A．普及会计职业道德基础知识，是会计职业道德教育的基础
B．会计职业道德规范教育是会计职业道德教育的核心内容
C．通过会计职业道德警示教育给会计人员以启发和警示
D．会计职业道德观念教育应贯穿于会计职业道德教育的始终

3．会计职业道德警示教育主要通过（　　）提高会计人员会计职业道德观念和辨别是非的能力。

A．理论教育和课堂讲授　　B．典型案例讨论和剖析
C．理论教育和自我学习　　D．实际情况讨论和分析

4．下列各项中，作为会计职业道德教育的核心内容，并贯穿于会计职业道德教育始终的是（　　）。

A．会计职业道德观念教育　　B．会计职业道德规范教育
C．会计职业道德警示教育　　D．其他相关教育

5．会计职业道德教育的各种途径中，具有基础性地位的是（　　）。

A．会计学历教育　　B．会计自我教育
C．会计继续教育　　D．会计职业荣誉教育

6．会计职业道德（　　）的最终目的，在于把会计职业道德原则和规范逐步转化为自己的职业道德品质，从而将会计职业实践中对职业道德的意识情感和信念上升为遵守职业道德习惯，并最终成为自己的职业本能。

A．教育　　B．奖惩
C．修养　　D．规范

二、多项选择题

1．会计职业道德教育的主要形式包括（　　）。

A．接受教育　　B．自我教育
C．学历教育　　D．技能培训

2．会计职业道德教育的内容有（　　）。

A．职业道德观念教育　　B．职业道德规范教育

C．职业道德警示教育　　D．职业道德法律教育

3．会计职业道德观念教育的主要目的是（　　）。

A．树立会计职业道德观念，普及会计职业道德基础知识

B．了解会计职业道德对社会经济秩序的影响

C．了解会计职业道德对会计信息质量的影响

D．了解违反会计职业道德，除了受到良心和道义上的谴责外，还会受到行业惩戒和处罚

4．会计职业道德规范教育的主要内容包括（　　）。

A．爱岗敬业　　B．办事公道

C．参与管理　　D．客观公正

5．开展会计职业道德警示教育的目的和作用，就是要使会计从业人员（　　）。

A．树立会计职业道德观念　　B．提高法律意识

C．从典型案例中得到警示和启发　　D．提高辨别是非的能力

6．会计职业道德教育的途径有（　　）。

A．在会计学历教育中进行职业道德教育

B．在会计继续教育中进行职业道德教育

C．将会计职业道德教育与家庭教育相结合

D．会计专业技术资格考试

7．下列属于会计职业道德修养的方法的有（　　）。

A．不断地进行“内省”　　B．虚心向先进人物学习

C．要互相监督、指导　　D．要提倡“慎独”精神

8．会计职业道德修养的基本环节包括（　　）。

A．形成正确的会计职业道德

B．培养高尚的会计职业道德情感

C．树立坚定的会计职业道德信念

D．养成良好的会计职业道德行为

三、判断题

1．会计职业道德教育的主要形式是接受教育。（　　）

2．会计职业道德教育的接受教育即外在教育，是以会计人员职业责任、职业义务为核心内容的正面灌输，以规范其职业行为，维护国家和社会公众利益的教育。（　　）

3．会计职业道德教育的自我教育是相对于接受教育而言的，是会计人员自

我学习，提升自身道德修养的行为活动，是一种内在教育。（　）

4．会计职业道德规范教育是指对会计人员开展以会计法律法规制度、会计职业道德规范为主要内容的教育。（　）

5．会计职业道德警示教育是指对违反会计职业道德行为和违法会计行为典型案例进行讨论和剖析，给会计人员以启发和警示，提高会计人员法律意识和辨别是非能力的一种教育。（　）

6．会计职业道德的自我教育与自身修养，不可能将会计职业道德转化为会计人员的职业本能。（　）

7．培养高尚的会计职业道德情感是会计职业道德修养的环节之一。（　）

第四节　会计职业道德建设

学习重点

要抓好会计职业道德建设，关键在于加强和改善会计职业道德建设的组织与领导，并使之切实得到贯彻和实施。

会计职业道德建设的组织与实施依靠：财政部门的组织与推动；会计职业组织行业自律；社会各界各尽其职，相互配合，齐抓共管。

一、财政部门的组织与推动

财政部门可以从以下方面组织实施会计职业道德建设：

1．采用多种形式开展会计职业道德宣传教育。

良好会计职业道德风尚的树立，离不开社会舆论的支持和监督。通过会计职业道德建设中正反典型的宣传，弘扬正气，打击歪风。

2．会计职业道德建设与会计从业资格证书注册登记管理相结合。

财政部门、业务主管部门、各单位应当定期检查会计人员遵守职业道德的情况，并作为会计人员晋升、晋级、聘任专业职务，表彰奖励的重要考核依据。

3．会计职业道德建设与会计专业技术资格考评、聘用相结合。

各单位在聘任会计人员专业技术职务时，除必须具备同级专业技术资格外，也应考察其遵守职业道德的情况。

4．会计职业道德建设与会计法执法检查相结合。

财政部门作为《会计法》的执法主体，可以依法对单位执行会计法律、会计法规及会计信息质量情况进行检查。

会计人员若存在违法行为不但要承担相应的行政处罚或刑事处罚，同时还要接受相应的职业道德惩戒。法律和道德惩戒应同时并处，不可代替。

5. 会计职业道德建设与会计人员表彰奖励制度相结合。

对认真执行《会计法》，忠于职守，坚持原则，作出显著成绩的会计人员，给予精神的或物质的奖励。

二、会计职业组织的行业自律

会计职业组织起着联系会员与政府的桥梁作用，应有效发挥自律机制在会计职业道德建设中的促进作用。

三、社会各界各尽其职，相互配合，齐抓共管

（略）

同步强化练习题

一、单项选择题

1. 要抓好会计职业道德建设，关键在于（　　）。

A. 社会舆论监督，形成良好的社会氛围
B. 加强和改善会计职业道德建设的组织和领导
C. 制定完善的会计法律体系
D. 对违反会计职业道德的行为进行严厉制裁

2.（　　）作为《会计法》的执法主体，可以依法对单位执行会计法律、会计法规及会计信息质量情况进行检查。

A. 财政部门　　B. 业务主管部门
C. 司法机关　　D. 会计职业团体

3. 对会计职业道德进行自律管理与约束的机构是（　　）。

A. 财政部门　　B. 会计职业组织
C. 工商行政管理部门　　D. 其他组织

二、多项选择题

1. 会计职业道德建设的组织与实施应依靠（　　）。

A. 财政部门的组织与推动
B. 会计职业组织的行业自律
C. 司法部门的法制建设
D. 社会各界各尽其职，齐抓共管

2．财政部门可以从（　　）方面组织实施会计职业道德建设。

A．将会计职业道德建设与会计从业资格证书注册登记管理相结合

B．将会计职业道德建设与会计专业技术资格考评、聘用相结合

C．将会计职业道德建设与会计法执法检查相结合

D．将会计职业道德建设与会计人员表彰奖励制度相结合

3．（　　）应当定期检查会计人员遵守职业道德的情况，并作为会计人员晋升、晋级、聘任专业职务，表彰奖励的重要考核依据。

A．财政部门　　B．业务主管部门

C．各单位　　D．会计行业组织

三、判断题

1．聘任会计人员专业职务时，除必须具备同级专业技术资格外，也应考查其遵守职业道德的情况。（　　）

2．会计人员晋升、晋级、聘任会计专业职务、表彰奖励不需要考虑会计人员遵守会计职业道德的情况。（　　）

3．财政部门可以通过将会计从业资格证书注册登记管理与会计职业道德检查相结合的途径来组织实施会计职业道德建设。（　　）

4．对认真执行《会计法》，忠于职守，坚持原则，作出显著成绩的会计人员，给予精神的或物质的奖励。（　　）

5．会计人员若存在违法行为，法律和道德惩戒应同时并处，不可代替。（　　）

6．会计行业的自律机制是由财政部门组织建立的。（　　）

7．良好会计职业道德风尚的树立，离不开社会舆论的支持和监督。（　　）

2008 年浙江省会计从业资格考试

财经法规与会计职业道德

一、**单项选择题**（下列各题中，分别只有一个符合题意的正确答案，请按答题卡要求，用 2B 铅笔填涂选定的信息点。本类题共 40 小题，每小题 1 分，共 40 分。多选、错选、不选均不得分。）

1．会计规章的制定依据是《会计法》和（　　）。

A．国家统一的会计制度　　B．会计规范性文件

C．会计行政法规　　D．地方性会计法规

2．会计规范性文件是指（　　）就会计工作中某些方面内容所制定并发布的规范性文件。

A．国务院　　B．国务院财政部门

C．各级财政部门　　D．全国人大常委会

3．单位负责人是指（　　）。

A．单位法定代表人　　B．总经理

C．单位负责财务的副总经理　　D．单位的总会计师

4．按照《会计法》的规定，在对外提供的财务会计报告上单位负责人应（　　）。

A．签名　　B．签名或盖章

C．盖章　　D．签名并盖章

5．（　　）要求是指企业提供的会计信息应当符合国家宏观经济管理的要求，满足有关各方了解企业财务状况、经营成果和现金流量的需要，满足企业加强内部经营管理的需要。

A．相关性　　B．重要性

C．真实性　　D．可比性

6．将融资租赁方式租入的资产视为企业的资产进行核算，符合（　　）。

A．客观性要求　　B．实质重于形式要求

C．重要性要求　　D．相关性要求

7．在遵循会计核算的基本原则，评价某些项目的（　　）时，很大程度上取决于会计人员的职业判断。

A．真实性　　B．完整性

C．重要性　　D．可比性

8．对于次要的会计事项，在不影响会计信息真实性和不至于误导财务会计报告使用者作出正确判断的前提下，作适当简化处理，符合会计核算的（　　）要求。

A．实质重于形式　　B．重要性

C．可比性　　D．明晰性

9．下列不属于会计资料的是（　　）。

A．经济合同　　B．会计凭证

C．会计账簿　　D．财务会计报表

10．《会计法》规定，单位负责人是对外提供的财务会计报告的责任主体，必须保证对外提供的财务会计报告的（　　）。

A．一致性　　B．连续性

C．真实性、完整性　　D．及时性

11．财政部门实施会计监督检查的对象是（　　）。

A．会计资料　　B．会计报表

C．经济活动　　D．会计行为

12．有权对发现有违法会计行为的单位和个人实施行政处罚的部门是（　　）。

A．中国注册会计师协会　　B．财政部门

C．税务部门　　D．工商行政管理部门

13．一个单位是否设置会计机构，以及是否在有关机构中设置专职的会计人员，主要取决于单位（　　）。

A．营业收入的大小

B．职工人数的多少

C．会计业务的繁简和会计管理工作的需要

D．会计人员的多少

14．以下有关代理记账机构及其从业人员的义务表述不正确的是（　　）。

A．按照委托合同办理代理记账业务，遵守有关法律、行政法规和国家统一的会计制度的规定

B．对在执行业务中知悉的商业秘密应当保密

C．对委托人示意其作出的会计处理，应无条件地接受办理

D．对委托人提出的有关会计处理原则问题应当予以解释

15．持有会计从业资格证书的人员，调转工作不从事会计工作超过六个月的，应办理（　　）。

A．注册变更登记　　B．离岗备案

C．调转登记　　D．变更登记

16．会计从业资格证书持证人员从事会计工作，应当自从事会计工作之日起（　　）日内，向单位所在地的会计从业资格管理机构办理注册登记手续。

A．20　　B．30　　C．60　　D．90

17．持证人员在不同会计从业资格管理机构管辖范围调转工作单位，且继续从事会计工作的，应当向原注册登记的会计从业资格管理机构办理调出手续，并自办理调出手续之日起（　　）日内，向调入单位所在地的会计从业资格管理机构办理调入手续。

A．30　　B．60　　C．90　　D．120

18．持有会计从业资格证书的人员每年参加继续教育培训的时间不得少于（　　）小时。

A．42　　B．36　　C．32　　D．24

19．报名参加会计专业技术资格初级考试的人员，除了应具备规定的基本条件外，还必须具备教育部门认可的（　　）学历。

A．高中毕业以上　　B．中专以上
C．大专　　D．本科

20．下列不属于会计工作岗位的是（　　）。

A．基金核算　　B．出纳
C．财产物资核算　　D．商场收费

21．下列岗位设置不符合规定的是（　　）。

A．会计档案保管兼收入登记　　B．财务主管兼总账登记
C．出纳人员兼会计档案保管　　D．财务主管兼稽核

22．根据《会计法》规定，对于伪造、变造会计凭证、会计账簿，编制虚假财务会计报告的，县级以上人民政府财政部门视其情节轻重，在予以通报的同时，可以再对直接负责的主管人员和其他直接责任人员处（　　）罚款。

A．1 000 元以上 20 000 元以下
B．2 000 元以上 50 000 元以下
C．3 000 元以上 50 000 元以下
D．5 000 元以上 50 000 元以下

23．以下关于构成打击报复会计人员罪的特点不正确的是（　　）。

A．打击报复会计人员的主体是单位的领导人
B．打击报复会计人员的主体是单位领导人及有权报复会计人员的其他人
C．打击报复会计人员罪的犯罪对象是依法履行职责、抵制违反《会计法》规定行为的会计人员
D．打击报复会计人员罪在客观上表现为对依法履行职责，抵制违反《会计法》规定行为的会计人员实行打击报复情节恶劣的行为

24．票据的出票日期3月15日应写成（　　）。

A．3月15日　　B．零叁月壹拾伍日

C．零叁月拾伍日　　D．三月十五日

25．下列对基本存款账户与临时存款账户在管理上的区别的表述，正确的是（　　）。

A．基本存款账户能支取现金而临时存款账户不能支取现金

B．基本存款账户不能向银行借款而临时存款账户可以向银行借款

C．基本存款账户没有数量限制而临时存款有数量限制

D．基本存款账户没有时间限制而临时存款账户实行有效期管理

26．存款人因办理日常转账结算和现金收付，可以在银行开立（　　）。

A．基本存款账户　　B．一般存款账户

C．专用存款账户　　D．临时存款账户

27．存款人开立一般存款账户（　　）。

A．只能有一个　　B．只能在同城

C．没有数量限制　　D．不能超过三个

28．注册验资的临时存款账户在验资期间（　　）。

A．只付不收　　B．只收不付

C．可以收付　　D．不收不付

29．为了加强对财政预算外资金的管理，存款人应依法申请在银行开立（　　）。

A．一般存款账户　　B．基本存款账户

C．专用存款账户　　D．临时存款账户

30．银行汇票的提示付款期限为自出票日起（　　）。

A．6个月　　B．3个月　　C．2个月　　D.1个月

31．支票结算的可靠性是指（　　）。

A．出票人必须在银行存款余额内签发票，而银行是见票即付，风险极小

B．现金支票丧失后不得挂失止付

C．转账支票丧失后可以挂失止付

D．支票可以转账结算

32．从事生产、经营的纳税人领取工商执照（含临时工商营业执照）的，应当自领取工商营业执照之日起（　　）日内申报办理税务登记。

A．60　　B．45　　C．30　　D．15

33．纳税人停业期满未按期复业又不申请延长停业的，税务机关应当视为（　　）。

A．自动注销税务登记　　B．已恢复营业

C. 自动延长停业登记　　　　D. 自动接受罚款处理

34. 纳税人到外县（市）临时从事生产经营活动时，税务机关为其核发的《外出经营活动税收管理证明》，其有效期间一般为30日，最长不得超过（　　）。

A. 180日　　B. 120日　　C. 90日　　D. 60日

35. 下列不属于领购增值税专用发票所需证件的是（　　）。

A. 发票专用章印模

B. 经办人身份证明

C. 盖有“增值税一般纳税人”专用章的税务登记证（副本）

D. 营业执照

36. 普通发票中，专用发票适用于（　　）。

A. 某个行业的经营业务　　B. 某一经营项目

C. 某个企业的经营业务　　D. 多个经营项目

37. 符合条件的企业可以申请印制（　　）。

A. 通用发票　　B. 专用发票

C. 增值税专用发票　　D. 具名普通发票

38. 下列各项中，不属于纳税申报方式的是（　　）。

A. 直接申报　　B. 口头申报

C. 邮寄申报　　D. 数据电文申报

39. 会计职业道德的基本工作准则是（　　）。

A. 诚实守信　　B. 办事公道

C. 爱岗敬业　　D. 服务群众

40. “常在河边走，就是不湿鞋”体现的会计职业道德是（　　）。

A. 诚实守信　　B. 廉洁自律

C. 坚持准则　　D. 提高技能

二、多项选择题（下列各小题中，分别有两个或两个以上符合题意的正确答案，请按答题卡要求，用2B铅笔填涂你选定的信息点。本类题共30小题，每小题1分，共30分。多选、少选或错选均不得分。）

1. 下列各项中，属于《会计法》赋予单位负责人职责的有（　　）。

A. 对本单位的会计工作和会计资料的真实性、完整性负责

B. 组织本单位建立健全内部会计监督制度

C. 接受并配合有关监督检查部门依法实施的监督检查，如实提供会计资料及有关情况

D. 保证会计机构、会计人员依法履行职责，不得授意、指使、强令会计机构、会计人员违法办理会计事项

2．下列各项中，属于会计规范性文件的有（　　）。

A．《内部会计控制规范》　　B．《行政单位会计制度》

C．《会计电算化管理办法》　　D．《会计从业资格管理办法》

3．我国的会计工作管理体制主要有以下几方面的内容（　　）。

A．明确会计工作的主管部门

B．明确国家统一会计制度的制定权限

C．明确会计人员的管理内容

D．明确单位内部的会计工作管理职责

4．下列有关单位内部会计监督制度的基本要求中，正确的有（　　）。

A．记账人员与经济业务事项或会计事项的审批人员、经办人员、财物保管人员的职责权限应当明确，并相互分离、相互制约

B．重大对外投资、资产处置、资金调度和其他重要经济业务事项的决策和执行的相互监督、相互制约的程序应当明确

C．财产清查的范围、期限和组织程序应当明确

D．对会计资料定期进行内部审计的办法和程序应当明确

5．会计法规制度对（　　）有统一规定。

A．会计核算的原则

B．会计资料的基本要求

C．会计档案管理

D．编制财务会计报告

6．下列各项中，属于会计核算基本原则的有（　　）。

A．明晰性原则　　B．配比原则

C．权责发生制原则　　D．统一性原则

7．（　　）都对财务会计报表的编制依据、编制要求、提供对象等作了明确的规定。

A．《会计法》　　B．《内部会计控制规范》

C．《企业财务会计报告条例》　　D．《会计基础工作规范》

8．在下列各项中，属于注册会计师及其所在的会计师事务所可依法承办的审计业务有（　　）。

A．审查企业财务会计报告，出具审计报告

B．验证企业资本，出具验资报告

C．办理企业合并、分立、清算事宜中的审计业务，出具有关报告

D．法律、行政法规规定的其他审计业务

9．下列各项中，应当接受财政部门依法实施会计监督检查的有（　　）。

A．国家机关　　B．社会团体、事业单位

C．公司、企业　　D．除上述以外的其他组织

10．按《会计从业资格管理办法》规定，申请参加会计从业资格考试的人员，应当符合的基本条件有（　　）。

A．热爱本职工作

B．遵守会计和其他财经法律、法规

C．具备良好的道德品质

D．具备会计专业基本知识和技能

11．现行《会计从业资格管理办法》规定，会计从业资格证书管理工作的内容包括（　　）。

A．注册登记　　B．调转登记

C．变更登记　　D．年检

12．下列关于会计专业职务的表述中，正确的有（　　）。

A．获得博士学位，经考核胜任主要会计工作的，可聘任会计师职务

B．获得硕士学位从事会计工作满 3 年，经考核胜任主要会计工作的，可聘任会计师职务

C．大学专科毕业见习期满后从事会计工作满 2 年，或大学本科毕业见习期满，经考核胜任一般会计岗位工作的，可聘任助理会计师职务

D．中等专业学校毕业见习期满，经考核胜任财务会计工作的，可聘任会计员职务

13．下列关于会计人员岗位的表述符合规定的有（　　）。

A．会计工作岗位可以一人一岗

B．会计工作岗位可以一人多岗

C．出纳人员不得兼管稽核

D．出纳可以兼管会计档案

14．按会计人员回避制度的规定，单位领导人的直系亲属不得在本单位担任（　　）。

A．出纳　　B．会计主管

C．会计机构负责人　　D．会计档案保管

15．下列情形中，会计人员应办理工作交接的有（　　）。

A．工作调动　　B．退职

C．请长病假　　D．临时离职后恢复工作

16．下列属于违反会计法规的行为应当承担的法律责任有（　　）。

A．责令限期改正　　B．罚款、行政处分

C．依法追究刑事责任　　D．吊销会计从业资格证书

17．会计人员有下列违反《会计法》行为，情节严重但尚不构成犯罪的，由

县级以上人民政府财政部门吊销会计从业资格证书。（　　）。

A．无故不参加会计人员继续教育　　B．私设会计账簿

C．编制虚假财务会计报告　　D．随意变更会计处理方法

18．下列各项中，符合《会计法》规定的有（　　）。

A．从事会计工作的人员必须取得会计从业资格证书

B．担任单位会计机构负责人的，应当具备会计师以上专业技术职务资格或者从事会计工作 3 年以上经历

C．担任主办会计必须具备助理会计师以上专业技术职务资格或从事会计工作 2 年以上经历

D．任用总会计师应当符合国家规定的资格条件

19．下列各项中，符合《会计法》规定的有（　　）。

A．对认真执行会计法，忠于职守，坚持原则，做出显著成绩的会计人员给予奖励

B．任何单位和个人对违反会计法和国家统一的会计制度规定的行为有权检举

C．单位必须任用具有会计从业资格证书的人员从事会计工作

D．对遭受打击报复的会计人员，应当恢复其名誉和原有职务、级别

20．办理支付结算的要求有（　　）。

A．使用统一规定印制的票据和结算凭证

B．按规定开立和使用银行账户

C．票据和结算凭证上的签章和其他记载事项应当真实，不得伪造、变造

D．填写票据和结算凭证应当规范，做到要素齐全、数字正确、字迹清晰

21．银行结算账户按存款人的不同分为（　　）。

A．单位银行结算账户　　B．公司存款账户

C．个人银行结算账户　　D．个体工商户存款账户

22．一般存款账户的使用范围包括办理存款人（　　）。

A．现金缴存　　B．现金支取

C．借款转存　　D．借款归还

23．对下列资金的管理与使用，存款人可以申请开立专用存款账户的有（　　）。

A．金融机构存放同业资金　　B．流动资金借款

C．社会保障基金　　D．单位银行卡备用金

24．储蓄账户可用于办理（　　）。

A．现金存款　　B．现金取款

C．转账收款　　D．转账付款

25. 下列关于票据的表述中，正确的有（　　）。

A．票据以支付一定金额为目的

B．票据是一种可转让证券

C．票据所表示的权利与票据不可分离

D．票据的持票人只要向付款人提示付款，付款人应在符合条件时，向收款人或持票人支付票面金额

26. 下列关于支票的表述中，正确的有（　　）。

A．转账支票只能用于转账，不得支取现金

B．在特定条件下，可以签发空头支票

C．普通支票既可用于支取现金，也可用于转账

D．支票的提示付款期为自出票日起 7 日

27. 下列登记种类中，属于税务登记的有（　　）。

A．设立税务登记　　B．变更税务登记

C．停业、复业登记　　D．外出经营报验登记

28. 不得领购使用增值税专用发票的有（　　）。

A．小规模纳税人　　B. 有法定情形的一般纳税人

C．一般纳税人　　D．只纳营业税的纳税人

29. 下列有关发票开具要求的表述中，正确的有（　　）。

A．未发生经营业务一律不得开具发票

B．发票联和抵扣联要加盖单位财务印章或发票专用章

C．不得转借、转让发票，但经主管税务机关同意，可以代开发票

D．用电子计算机开具发票须报主管税务机关批准

30. 会计职业道德中的“参与管理”，就是要求会计人员（　　）。

A．全面熟悉单位经营活动和业务流程

B．主动提出合理化建议

C．代替领导决策

D．积极参与管理

三、判断题（请将判断结果，按答题卡要求，用 2B 铅笔填涂你选定的信息点。本类题共 30 小题，每小题 1 分，共 30 分。答案正确得 1 分，答案错误倒扣 1 分，不答不得分也不扣分。本类题最低得分为零分。）

1. 会计行政法规是指由国务院财政部门根据《会计法》制订的关于会计核算、会计监督、会计机构和会计人员以及会计工作管理的制度，包括规章和规范性文件。（　　）

2. 外资企业必须以其业务收支为主的货币作为记账本位币并编报会计报表。

（　　）

3．坚持重要性原则，能够使提供会计信息的收益大于成本。（　　）

4．会计监督可分为单位内部监督、单位上级主管部门监督和社会监督。（　　）

5．内部会计监督的主体是单位的会计机构和单位负责人。（　　）

6．发现会计账簿记录与实物、款项及有关资料不相符合的，会计人员有权根据职业判断自行进行处理。（　　）

7．国务院财政部门和省、自治区、直辖市人民政府财政部门，依法对注册会计师、会计师事务所、注册会计师协会、会计学会进行监督、指导。（　　）

8．代理记账是指从事代理记账业务的社会中介机构接受委托人的委托办理的经济业务。（　　）

9．对从事会计工作的人员施行资格准入制度，这是《会计法》规定的行政许可事项。（　　）

10．从事会计档案管理的岗位，都属于会计岗位。（　　）

11．出纳人员只能负责款项的收付和记现金、银行日记账，不能记任何其他的账目。（　　）

12．移交人员因病不能亲自办理移交手续的，经单位负责人批准，可由移交人委托他人代办交接。（　　）

13．会计工作办理交接后，为了分清责任、接替人员应另立账簿，进行记账。（　　）

14．任用会计人员不符合《会计法》规定的行为，只是指单位任用无会计从业资格证书的人员从事会计工作的行为。（　　）

15．伪造会计账簿行为是指采取涂改、挖补或者其他手段改变会计账簿的真实内容的行为。（　　）

16．对于隐匿或者故意销毁依法应当保存的会计凭证、会计账簿、财务会计报告的行为，情节严重的，处5年以下有期徒刑或者拘役，并处或者单处2万元以上20万元以下的罚金。（　　）

17．农村信用合作社是支付结算和资金清算的中介机构之一。（　　）

18．经批准，银行办理结算时可以代扣款项。（　　）

19．票据出票日期使用小写填写的，银行可以受理，但由此造成损失的，由出票人自行承担。（　　）

20．存款人更改名称，但不改变开户银行及账号的，应于7个工作日内向开户银行提出银行结算账户的变更申请，并出具有关部门的证明文件。（　　）

21．某单位附属独立核算的食堂不能开立基本存款账户。（　　）

22．单位银行卡账户的资金必须由其一般存款账户转账存入。（　　）

23．票据所记载的金额必须由出票人自行支付。（　　）

24．会计法律制度是对会计人员行为的最高要求。（　　）

25．纳税人的停业期限不得超过一年。（　　）

26．纳税人外出经营活动结束后，应当向主管税务机关缴销发票。（　　）

27．临时取得应税收入的纳税人需要发票的，可到税务部门办税服务厅申请代开发票。（　　）

28．专业发票可以不套印发票监制章。（　　）

29．并不是所有的收付款凭证都是发票。（　　）

30．纳税人在纳税期间没有应纳税款的，也应当按照规定办理纳税申报。（　　）

2009年浙江省会计从业资格考试
财经法规与会计职业道德

一、单项选择题（下列各题中，分别只有一个符合题意的正确答案，请按答题卡要求，用2B铅笔填涂选定的信息点。本类题共40小题，每小题1分，共40分。多选、错选、不选均不得分。）

1．我国现行会计法是（　　）公布的。

A．1985年1月21日　　B．1993年12月29日
C．1999年10月31日　　D．1999年12月31日

2．根据《立法法》规定的程序，由国务院财政部门制订，并由部门首长签署命令予以公布的会计制度和办法属于（　　）。

A．会计法律　　B．会计行政法规
C．会计规章　　D．会计规范性文件

3．2006年2月15日财政部在北京发布了《企业会计准则——基本准则》，该准则自（　　）起施行。

A．2006年7月1日　　B．2007年1月1日
C．2008年1月1日　　D．2009年1月1日

4．按照《会计法》的规定，在对外提供的财务会计报告上单位负责人应（　　）。

A．签名　　B．签名或盖章
C．盖章　　D．签名并盖章

5．企业提供的会计信息应当反映与企业财务状况、经营成果和现金流量等有关的所有重要交易或者事项，是（　　）原则的要求。

A．相关性　　B．明晰性　　C．真实性　　D．重要性

6．同一企业不同时期发生的相同或相似的交易或事项，应当采用一致的会计政策，不得随意变更。确需变更的，应当在附注中说明。这是（　　）原则的要求。

A．可比性　　B．及时性
C．相关性　　D．实质重于形式

7．会计资料所反映的内容和结果与本单位实际发生的经济业务内容及结果相一致，表明会计资料具有（　　）。

A．真实性　　B．完整性　　C．可比性　　D．及时性

8．某外商投资企业业务收支以美元为主，也有少量的人民币，根据《会计法》规定，为方便会计核算，该单位可以采用（　　）为记账本位币，但编制的财务会计报告应当折算为人民币。

A．人民币　　B．人民币和美元　C．欧元　　D．美元

9．对记载不准确、不完整的原始凭证，会计人员应当（　　）。

A．拒绝接受，并报告领导，要求查明原因

B．予以退回，并要求经办人员按国家统一的会计制度的规定进行更正、补充

C．应予销毁，并报告领导，要求查明原因

D．拒绝接受，并不能让经办人员进行更正、补充

10．下列各项中，（　　）的记账凭证可以不附原始凭证。

A．结账和更正错误　　B．采购业务

C．债务结算　　D．收款业务

11．内部会计监督的对象是单位的（　　）。

A．会计机构　　B．会计人员

C．经济活动　　D．单位负责人

12．下列不属于单位内部会计监督制度基本要求的是（　　）。

A．重大经济事项的决策和执行的相互监督、相互制约程序应当明确

B．对会计资料定期进行内部审计的方法和程序应当明确

C．会计事项相关人员的职责权限应当明确

D．会计档案管理制度应当明确

13．审计、税务、证券监管、人民银行、保险监管部门，依法按照规定的职责和权限，可以对有关单位的（　　）实施监督检查。

A．会计资料　　B．会计行为　　C．经济活动　　D．会计人员

14．持有会计从业资格证书的人员，离开会计工作岗位超过（　　）个月的，应向原注册登记的会计从业资格管理机构办理备案。

A．6　　B．4　　C．3　　D．1

15．下列岗位设置不符合规定的是（　　）。

A．会计档案保管兼收入登记　　B．财务主管兼总账登记

C．出纳人员兼会计档案保管　　D．财务主管兼稽核

16．下列各项中，不属于代理记账机构业务范围的是（　　）。

A．对外提供财务会计报告

B．向税务机关提供税务资料

C．审核原始凭证、填制记账凭证、登记会计账簿等

D．出具审计报告

17．会计资料移交后如果发现是移交人员经办会计工作期间内所发生的问题，由（　　）负责。

A．原移交人员　　B．当时的监交人员
C．单位负责人　　D．会计机构负责人

18．根据规定，持有会计从业资格证书的人员每年接受培训（面授）的时间累计不得少于（　　）小时。

A．96　　B．48　　C．32　　D．24

19．根据《会计基础工作规范》中有关会计人员回避制度的要求，会计主管人员的直系亲属不得担任本单位的（　　）。

A．会计机构负责人　　B．内部审计人员
C．出纳　　D．稽核

20．根据《会计法》规定，对不依法设置会计账簿的行为，县级以上人民政府财政部门在责令其限期改正的同时，可以对其直接负责的主管人员和其他直接责任人员，处以（　　）元的罚款。

A．1 000～10 000　　B．2 000～20 000
C．3 000～30 000　　D．5 000～50 000

21．下列有关会计记录文字的表述中，符合《会计法》要求的是（　　）。

A．民族自治地区，会计记录可以只使用当地通用的一种民族文字
B．在我国境内的外国企业，会计记录可以只使用其本国文字
C．在我国境内的外国企业，会计记录在使用中文的同时，可以使用其本国文字
D．我国在境外的企业，会计记录必须全部使用中文

22．关于办理支付结算的基本要求，下列表达不正确的是（　　）。

A．必须使用按中国人民银行统一规定印刷的票据凭证和统一规定的结算凭证
B．票据和结算凭证上的签章，必须是签名加盖章
C．票据和结算凭证中的金额以中文大写和阿拉伯数字同时记载，两者必须一致
D．票据和结算凭证的金额、出票或签发日期、收款人名称不得更改

23．票据的出票日期如果是 2 月 20 日，按规范填写要求，其中文大写应为（　　）。

A．二月二十日　　B．贰月贰拾日
C．零贰月贰拾日　　D．零贰月零贰拾日

24．存款人开立存款账户，不需要实行核准制的是（　　）。

A．基本存款账户

B．临时存款账户

C．预算单位开立专用存款账户

D．因注册验资需要开立临时存款账户

25．除特殊规定外，存款人开立单位银行结算账户，自开立之日起（　　）个工作日后，方可使用该账户办理付款业务。

A．3　　B．5　　C．10　　D．15

26．存款人因办理日常转账结算和现金收付需要，应开立（　　）。

A．一般存款账户　　B．基本存款账户

C．专用存款账户　　D．临时存款账户

27．存款人因借款或其他结算需要申请开立一般存款账户，其数量（　　）。

A．只能开立一个　　B．不能超过二个

C．不能超过三个　　D．没有限制

28．关于个人银行结算账户的使用，下列表达不正确的是（　　）。

A．个人银行结算账户用于办理个人转账收付和现金存取

B．个人银行结算账户具有普通转账结算功能

C．不能通过个人银行结算账户使用支票等信用工具

D．保险理赔款项可以转入个人银行结算账户

29．填写票据金额时，如￥20 050.37，其中文大写应写成（　　）。

A．贰万零伍拾元叁角柒分整

B．人民币贰万零零伍拾元零叁角柒分

C．人民币贰万零伍拾元叁角柒分整

D．人民币贰万零伍拾元零叁角柒分

30．下列各项中，属于票据基本当事人的是（　　）。

A．出票人　　B．承兑人　　C．保证人　　D．背书人

31．银行本票的提示付款期是自出票日起（　　）内向付款人提示付款。

A．10天　　B．1个月　　C．2个月　　D．6个月

32．下列有关票据的表述中，不正确的是（　　）。

A．在我国，票据包括银行汇票、商业汇票、支票和银行本票

B．票据是由出票人依法签发的，约定自己或者委托付款人在见票时或指定日期向收款人或持票人无条件支付一定金额的有价证券

C．票据的签发、取得和转让，应当遵循诚实信用的原则，具有真实的交易关系和债权债务关系

D．我国的票据均为无记名票据，通过背书转让的方式均可予以流通转让

33．下列事项中，不属于银行汇票上必须记载的事项是（　　）。

A．无条件支付的承诺　　B．付款日期

C．确定的金额　　D．付款人名称

34．从事生产、经营的纳税人领取工商营业执照（含临时工商营业执照）的，应当自领取工商营业执照之日起（　　）日内申报办理税务登记。

A．15　　B．30　　C．45　　D．60

35．下列有关增值税专用发票的表述中，不正确的是（　　）。

A．增值税专用发票是指专门用于结算销售货物和提供加工、修理修配劳务使用的一种发票

B．只有经国家税务机关认定为增值税一般纳税人的才能领购增值税专用发票，小规模纳税人和法定情形的一般纳税人不得领购使用

C．增值税专用发票由省、自治区、直辖市税务机关指定的企业统一印刷

D．增值税专用发票应当使用防伪税控系统开具

36．关于发票的开具要求，下列表述中，不正确的是（　　）。

A．未发生经营业务一律不得开具发票

B．开具发票时应按号码顺序填开，全部联次一次性复写或打印，并在发票和抵扣联加盖单位公章或者发票专用章

C．填写发票应当使用中文

D．发票开具时限和地点应符合规定

37．一般适用于生产规模较小，账册不健全，财务管理和会计核算水平较低，产品零星、税源分散的纳税人的税款征收方式是（　　）。

A．查定征收　　B．查账征收　　C．委托代征　　D．查验征收

38．会计人员公私分明、不贪不占、遵纪守法、清正廉洁，并成为一种自觉的行为。这是会计职业道德（　　）的要求。

A．诚实守信　　B．客观公正　　C．坚持准则　　D．廉洁自律

39．下列各项中，不属于会计职业道德中诚实守信的基本要求的是（　　）。

A．做老实人，说老实话，办老实事，不弄虚作假

B．执业谨慎，信誉至上

C．依法办事、忠于职守

D．保守秘密，不为利益所诱惑

40．会计人员端正态度，依法办事、在处理涉及各方利益的会计事务时，不会被他人所左右、不因个人好恶而取舍，实事求是，不偏不倚，保持应有的独立性，这是会计职业道德中（　　）的要求。

A．诚实守信　　B．客观公正　　C．提高技能　　D．坚持准则

二、多项选择题（下列各小题中，分别有两个或两个以上符合题意的正确答案，请按答题卡要求，用2B铅笔填涂你选定的信息点。本类题共30小题，每小

题1分，共30分。多选、少选或错选均不得分。）

1．国务院财政部门可以制订并自行发布（　　）。

A．会计法律　　B．会计行政法规

C．会计规章　　D．会计规范性文件

2．下列属于会计规范性文件的有（　　）。

A．企业会计制度　　B．小企业会计制度

C．总会计师条例　　D．会计基础工作规范

3．属于国家统一会计制度的有（　　）。

A．企业会计制度　　B．会计从业资格管理办法

C．会计档案管理办法　　D．企业会计准则——基本准则

4．会计规章的效力低于（　　）。

A．宪法　　B．法律

B．会计行政法规　　D．会计分析报告

5．《会计法》第十三条规定：“（　　）和其他会计资料，必须符合国家统一的会计制度的规定”。

A．会计凭证　　B．会计账簿

C．财务会计报告　　D．会计分析报告

6．财政部门对各单位实施监督的主要事项包括（　　）。

A．是否依法设置会计账簿

B．从事会计工作的人员是否具备会计专业技术资格

C．会计资料是否真实、完整

D．会计核算是否符合《会计法》和国家统一的会计制度的规定

7．对会计工作的社会监督包括（　　）。

A．注册会计师及其所在的会计师事务所依法对委托单位的经济活动进行审计、鉴证

B．证券监管、保险监管等部门依照有关法律、行政法规规定的职责和权限，对有关单位的会计资料实施监督检查

C．单位和个人检举违反《会计法》和国家统一会计制度规定的行为

D．财政部门对单位会计人员和会计机构会计行为的监督

8．各单位是否设置会计机构，主要取决于（　　）。

A．单位规模的大小

B．经济业务和财务收支的繁简

C．经营管理的要求

D．上级部门的要求

9．担任会计机构负责人（会计主管人员）的，必须同时具备（　　）。

A．取得会计从业资格

B．具备会计师以上专业技术职务资格或者从事会计工作3年以上经历

C．取得大学本科学历

D．取得大学专科学历

10．在下列各项中，从事（　　）工作的人员必须取得会计从业资格，持有会计从业资格证书。

A．注册会计师　　B．出纳

C．会计机构内档案管理　　D．会计教学

11．设置会计工作岗位，一般可以（　　）。

A．一人多岗　B．一岗多人　C．多岗多人　D．一人一岗

12．持有会计从业资格证书的人员，发生（　　）应办理变更登记。

A．学历变更　　B．学位变更

C．会计专业技术职务变更　　D．接受继续教育

13．《会计法》规定的法律责任形式有（　　）。

A．赔偿责任　B．连带责任　C．行政责任　D．刑事责任

14．下列存款人中，可以申请开立基本存款账户的有（　　）。

A．非法人企业

B．单位设立的独立核算的附属机构

C．异地常设机构

D．民办非企业组织

15．下列各项中，符合专用存款账户使用范围的有（　　）。

A．财政预算外资金　　B．期货交易保证金

C．粮、棉、油收购资金　　D．信托资金

16．（　　）情况下，存款人可以申请开立临时存款账户。

A．注册验资　　B．缴纳住房基金

C．异地临时经营活动　　D．清算证券交易结算资金

17．一般存款账户的使用范围包括办理存款人的（　　）。

A．借款归还

B．党、团、工会经费等的现金支取

C．借款转存

D．现金支取

18．票据的功能包括（　　）。

A．融资　B．结算　C．汇兑　D．信用

19．根据《票据法》的规定，下列属于票据行为的有（　　）。

A. 背书　　B. 保证　　C. 出票　　D. 保全

20. 下列属于银行汇票必须记载的事项有（　　）。

A. 出票日期　　B. 出票人签章

C. 无条件支付承诺　　D. 收款人名称

21. 关于支票的办理和使用要求，下列表述正确的有（　　）。

A. 出票人不得签发与其预留银行签章不符的支票

B. 出票人签发空头支票，银行应予以退票，并按票面金额处以 5%但不高于 1 000 元的罚款

C. 持票人可以委托开户银行收款或直接向付款人提示付款

D. 签发支票应使用碳素墨水或墨汁填写，中国人民银行另有规定的除外

22. 纳税人应当办理变更税务登记的情形有（　　）。

A. 改变生产经营方式或经营范围　　B. 改变隶属关系

C. 改变或增减银行账号　　D. 改变生产经营期限

23. 纳税申报的形式主要有（　　）。

A. 直接申报　　B. 委托申报　　C. 数据电文申报　　D. 邮寄申报

24. 下列属于我国税款征收方式的有（　　）。

A. 查验征收　　B. 代扣代缴　　C. 代收代缴　　D. 委托代征

25. 下列属于税务机关有权核定纳税人税款的情形有（　　）。

A. 纳税人申报的计税依据明显偏低，又无正当理由的

B. 擅自销毁账簿或者拒不提供纳税资料的

C. 未按照规定办理税务登记的从事生产、经营的纳税人以及临时经营的纳税人

D. 发生纳税义务，未按照规定的期限办理纳税申报，经税务机关责令限期申报，逾期仍未申报的

26. 我国会计职业道德规范的主要内容包括（　　）。

A. 爱岗敬业、诚实守信　　B. 廉洁自律、客观公正

C. 坚持准则、提高技能　　D. 参与管理、强化服务

27. 坚持准则的基本要求是（　　）。

A. 熟悉准则　　B. 执行准则　　C. 执业谨慎　　D. 依法监督

28. 会计职业技能的主要内容包括（　　）。

A. 专业基础知识　　B. 主动更新知识的能力

C. 组织协调能力　　D. 提供会计信息能力

29. 会计职业道德规范“坚持准则”中所指准则，不仅指会计准则，还包括（　　）。

A. 会计法律　　B. 会计行政法规

C．国家统一会计制度　　　　　　　　D．与会计工作相关的法律制度

30．会计职业道德与会计法律制度的区别主要有（　　）。

A．性质不同　　　　　　　　　　　B．作用范围不同

C．实现形式不同　　　　　　　　　D．实施保障机制不同

三、判断题（请将判断结果，按答题卡要求，用2B铅笔填涂你选定的信息点。本类题共30小题，每小题1分，共30分。答案正确得1分，答案错误倒扣1分，不答不得分也不扣分。本类题最低得分为零分。）

1．《企业财务会计报告条例》自2006年1月1日实施。（　）

2．《会计法》规定单位会计机构负责人对本单位的会计工作和会计资料的真实性、完整性负责。（　）

3．会计核算必须以各单位在生产经营或预算执行过程中实际发生的包括引起或未引起资金增减变化的经济活动为依据。（　）

4．有价证券的期末结存、减值也是会计核算的内容。（　）

5．业务收支以人民币以外的货币为主的单位，其编制的财务会计报告应当折算为人民币。（　）

6．为提高工作效率，经单位会计机构负责人批准，出纳人员可以兼任会计档案保管和债权债务账目的登记工作。（　）

7．会计人员工作交接完成后，为了分清责任，接管人员应另立账簿。（　）

8．档案管理部门的人员管理会计档案，该岗位不属于会计岗位。（　）

9．现行《会计从业资格管理办法》是从2008年1月1日施行的。（　）

10．会计监督体系包括政府监督和社会监督两个层次。（　）

11．任何单位的会计档案，只要保管期满，都必须销毁。（　）

12．会计账簿包括总账、明细账、日记账三类。（　）

13．原始凭证金额出现错误不得更正，只能由原始凭证开具单位重新开具。（　）

14．对于隐匿或者故意销毁依法应当保存的会计凭证、会计账簿、财务会计报告的行为，尚不构成犯罪的，由县级以上人民政府财政部门予以通报，可以对单位并处5 000元以上100 000元以下的罚款；对其直接负责的主管人员和其他直接责任人员，可以处3 000元以上50 000元以下的罚款。（　）

15．票据日期使用小写填写的，银行可予受理，但由此造成损失的，由出票人自行承担。（　）

16．单位附属独立核算的食堂也可以开立基本存款账户。（　）

17．背书人是指被记名受让票据或接受票据转让的人。（　）

18．以背书转让的汇票，背书应当连续。（　）

19．未在银行开立存款账户的银行汇票个人持票人，可以向选择的任何一家银行机构提示付款。（　）

20．划线支票只能支取现金，不得用于转账。（　）

21．支票提示付款期限为自出票日起 10 日，但中国人民银行另有规定的除外。（　）

22．纳税人被工商行政管理机关吊销营业执照的，应当自营业执照被吊销之日起 30 日内，向原税务登记机关申报办理注销税务登记。（　）

23．税务机关在发售发票时，应按财政、税务部门核准的收费标准收取发票工本费，并向购票方开具发票。（　）

24．专业发票是一种特殊的发票，经有关部门批准，由主管部门自定式样，自行印刷、发放和管理，但必须套印发票监制章。（　）

25．纳税申报的对象为纳税人和扣缴义务人。（　）

26．在经济生活中，经常发生没有违反法律法规的要求，却违反了会计职业道德的行为。（　）

27．泄密，不仅是一种不道德的行为，也是违法行为，是会计职业的大忌。（　）

28．会计职业道德警示教育是指通过对违反会计职业道德行为和违法会计行为典型案例进行讨论和剖析，使会计从业人员从中得到警示，提高法律意识、会计职业道德观念和辨别是非能力的一种教育。（　）

29．会计人员不钻研业务，不加强新知识的学习，造成工作上的差错，缺乏胜任工作的能力。这是一种既违反会计职业道德，又违反会计法律制度的行为。（　）

30．会计法律制度是会计职业道德的最低要求。（　）

2010年浙江省会计从业资格考试

财经法规与会计职业道德

一、单项选择题（下列各题中，分别只有一个符合题意的正确答案，请按答题卡要求，用2B铅笔填涂你选定的信息点。本类题共40小题，每小题1分，共40分。多选、错选、不选均不得分。）

1．对违法行为的行政处罚，由违法行为发生地（　　）具有行政处罚权的行政机关实施。

A．乡级以上地方人民政府　　B．县级以上地方人民政府

C．市级以上地方人民政府　　D．省人民政府

2．行政处分的对象是（　　）。

A．法人　　B．公民

C．公务员　　D．其他组织

3．对于违反会计法规的行为，县级以上人民政府财政部门在责令限期改正的同时，可以对单位并处（　　）元罚款。

A．1 000～30 000　　B．2 000～40 000

C．3 000～50 000　　D．5 000～10 000

4．承担资产评估、验资、会计、审计等职责的中介组织的人员故意提供虚假证明文件，情节严重的（　　）。

A．处3年以下有期徒刑或拘役，并处罚金

B．处3年以上7年以下有期徒刑或拘役，并处罚金

C．处5年以下有期徒刑或拘役，并处罚金

D．处5年以上10年以下有期徒刑或拘役，并处罚金

5．隐匿或者故意销毁依法应当保存的会计凭证、会计账簿、财务会计报告，尚未构成犯罪的，应当根据《会计法》的有关规定，县级以上人民政府财政部门在予以通报的同时，可对单位并处（　　）元的罚款。

A．3 000～50 000　　B．5 000～50 000

C．3 000～100 000　　D．5 000～100 000

6．授意、指使、强令会计机构、会计人员及其他人员伪造、变造会计凭证、会计账簿、编制虚假财务会计报告，尚未构成犯罪的，应当根据会计法的有关规定，由县级以上人民政府财政部门对违法行为人处以（　　）元的

罚款。

A．3 000～50 000　　B．3 000～100 000

C．5 000～50 000　　D．5 000～100 000

7．保证会计工作客观公正的前提是（　　）。

A．端正态度　　B．遵守法律法规

C．实事求是。不偏不倚　　D．保持应有的独立性

8．会计职业道德的基本工作准则是（　　）。

A．客观公正　　B．诚实守信

C．办事公道　　D．服务群众

9．所有职业道德规范的共同要求是（　　）。

A．爱岗敬业　　B．办事公道

C．服务群众　　D．廉洁自律

10．（　　）是职业道德的出发点和归宿。

A．坚持准则　　B．办事公道

C．服务群众　　D．奉献社会

11．票据出票的大写日期未按要求规范填写的，银行可以受理，但由此造成的损失，由（　　）承担。

A．付款人　　B．收票人

C．银行　　D．出票人

12．存款人日常经营活动发生的资金收付以及工资、奖金的支付，都应该通过（　　）办理。

A．银行结算账户　　B．基本存款账户

C．一般存款账户　　D．专用存款账户

13．银行存款结算账户按存款人不同，分为单位银行结算账户和（　　）结算账户。

A．基本存款　　B．专用存款

C．个人银行　　D．一般存款

14．存款人开立基本存款账户、临时存款账户和预算单位开立专用存款账户实行核准制度，经（　　）核准后，由开户银行核发开户登记证。

A．中国人民银行　　B．各级财政部门

C．各上级主管部门　　D．地方各级人民政府

15．存款人更改名称，但不改变开户银行及账号的应于（　　）个工作日内向开户银行提出银行结算账户的变更申请，并出具有关部门的证明文件。

A．7　　B．5　　C．10　　D．30

16．从事生产经营的纳税人领取工商营业执照的，应当自领取工商营业执照

之日起（　　）日内申报办理税务登记。

A．10　　B．15　　C．30　　D．60

17．从事生产、经营的纳税人外出经营自其在同一县（市）实际经营或提供劳务之日起，在连续的 12 个月内累计超过（　　）天的，应当自期满之日起 30 日内，向生产经营所在地的税务机关申报办理税务登记。

A．60　　B．90　　C．120　　D．180

18．实行定期定额征收方式的个体工商户需要停业的，应当向税务机关办理停业登记，其停业期限最长不得超过（　　）。

A．一个月　　B．三个月　　C．半年　　D．一年

19．按照规定不需要在工商管理机关或者其他机关办理注销登记的，应当自有关机关批准或者宣告终止之日起（　　）日内，持有关证件和资料向原税务登记机关办理注销税务登记。

A．10　　B．15　　C．30　　D．60

20．无固定经营场地，临时取得应税收入的纳税人需要发票的，（　　）。

A．按规定程序向税务机关临时申购发票

B．到税务部门办税大厅申请代开发票

C．请其他有关企业代开发票

D．向其他单位借用发票

21．下列情形中，无需办理税务登记的是（　　）。

A．改变法定代表人　　B．改变住所或经营地点

C．发生重大投资损益　　D．改变隶属关系

22．从事生产经营的纳税人未办理工商营业执照也未经有关部门批准设立的，应当自（　　）起 30 日内申报办理税务登记。

A．纳税义务发生之日　　B．正式开业之日

C．税务部门通知之日　　D．产生利润之日

23．纳税人在纳税期间没有应纳税款的，（　　）。

A．应当按规定办理纳税申报

B．无需办理纳税申报

C．并入下一纳税期办理纳税申报

D．由税务部门决定是否需要办理纳税申报

24．会计法律是指由（　　）经过一定立法程序制定的有关会计工作的法律。

A．国务院

B．财政部

C．全国人民代表大会及其常委会

D．地方人民代表大会

25．担任单位会计机构负责人的，除了取得会计从业资格证书以外，还应具备会计师以上专业技术职务资格或从事会计工作（　　）年以上。

A．2　　B．3　　C．4　　D．5

26．以融资租赁方式租入的资产视为企业资产，体现的会计信息质量要求是（　　）。

A．重要性要求　　B．实质重于形式要求

C．相关性要求　　D．及时性要求

27．我国规定会计核算的记账本位币是（　　）。

A．人民币　　B．美元　　C．港元　　D．欧元

28．单位对外提供的财务会计报告的责任主体是（　　）。

A．编制报告的会计人员　　B．单位会计机构负责人

C．总会计师　　D．单位负责人

29. 企业对交易或者事项进行会计确认、计量和报告时不应高估资产或收益、低估负债或费用，体现会计信息质量要求的是（　　）要求。

A．可比性　　B．谨慎性

C．实质重于形式　　D．真实性

30．内部会计监督的主体是（　　）。

A．单位会计机构和会计人员　　B．本单位管理层

C．本单位董事会　　D．本单位监事会

31．会计资料最基本的质量要求是（　　）。

A．真实性和相关性　　B．明晰性和谨慎性

C．真实性和完整性　　D．重要性和及时性

32．内部会计监督的对象是单位的（　　）。

A．负责人　　B．会计人员

C．会计机构　　D．经济活动

33．根据《会计从业资格管理办法》，持证人员每年参加继续教育培训不少于（　　）小时。

A．24　　B．28　　C．32　　D．48

34．高级会计师资格的取得实行（　　）。

A．全国统一考试制度　　B．考试和评审相结合制度

C．地方统一考试制度　　D．评审制度

35．《会计法》规定，各单位应依据（　　）设置会计机构，或者在有关机构中设置会计人员并指定会计主管人员。

A．单位营业收入　　B．会计人员数量

C．会计业务需要　　D．单位的规模

36. 《会计法》中所称的会计主管人员是指负责组织管理本单位会计事务，行使会计机构负责人职权的（　　）

A. 会计主管　　B. 主管会计

C. 主办会计　　D. 负责人

37. 在下列各项中，不属于代理记账业务范围的是（　　）。

A. 代理申请工商登记

B. 根据委托人提供的原始凭证和其他会计资料进行会计核算

C. 向税务机关提供税务资料

D. 对外提供财务会计报告

38. 会计从业资格证书实行注册登记制度，持证人员从事会计工作，应当自从事会计工作之日起（　　）日内，填写注册登记表，并持会计从业资格证书和所在单位出具的从事会计工作的证明，向单位所在地的会计从业资格管理机构办理注册登记。

A. 30　　B. 50　　C. 60　　D. 90

39. 省级（　　）负责组织指导全省会计从业资格管理工作。

A. 审计部门　　B. 财政部门

C. 税务部门　　D. 人事部门

40. 一般会计人员办理会计工作交接，由（　　）监交。

A. 一般会计人员　　B. 会计机构负责人

C. 注册会计师　　D. 单位内部审计人员

二、多项选择题（下列各小题中，分别有两个或两个以上符合题意的正确答案。请按答题卡要求，用2B铅笔填涂你选定的信息点。本类题共30小题。每小题1分，共30分。多选、少选或错选均不得分。）

1. 根据违法行为当事人的下列事实，应当依法从轻或者减轻行政处罚的有（　　）。

A. 当事人主动消除或者减轻违法行为危害后果

B. 违法行为轻微并及时纠正，没有造成危害后果的

C. 配合行政机关查处违法行为有立功表现的

D. 受他人胁迫而有违法行为的

2. 《会计法》规定的行政责任的形式有（　　）。

A. 管制　　B. 行政处分

C. 没收财产　　D. 行政处罚

3. 下列各项中，（　　）是行政处罚的形式。

A. 警告　　B. 罚款

C. 没收非法所得　　D. 行政拘留

4．下列各项中，属于附加刑的有（　　）。

A．罚金　　B．剥夺政治权力

C．拘役　　D．没收财产

5．公司向股东和社会公众提供虚假的或者隐瞒重要事实的财务会计报告，严重损害股东或者其他人利益的，对其直接负责的主管人员和其他直接责任人员，（　　）。

A．处3年以下有期徒刑或拘役

B．并处或者单处10 000～100 000元罚金

C．处3年以上7年以下有期徒刑

D．并处或者单处20 000～200 000元罚金

6．会计职业道德的特点表现出（　　）。

A．利益的相关性　　B．发展的持续性

C．广泛的社会性　　D．较高的约束性

7．我国《公民道德建设实施纲要》提出了职业道德的主要内容有（　　）等。

A．诚实守信　　B．爱岗敬业

C．客观公正　　D．奉献社会

8．会计职业道德规范的主要内容包括（　　）。

A．爱岗敬业　　B．办事公道

C．奉献社会　　D．诚实守信

9．廉洁自律要求会计人员（　　）。

A．公私分明　　B．不贪不占

C．遵纪守法　　D．清正廉洁

10．单位、个人和银行在办理支付结算时必须遵守以下原则（　　）。

A．恪守信用、履约付款　　B．减少现金使用

C．谁的钱进谁的账，由谁支配　　D．银行不垫款

11．专用存款账户的使用范围包括（　　）。

A．证券交易结算资金　　B．住房基金

C．期货交易保证金　　D．社会保障基金

12．票据具有（　　）等职能。

A．信用　　B．支付　　C．汇兑　　D．结算

13．银行汇票结算特点（　　）。

A．适用范围广

B．票随人走、钱货两清

C．信用度高，安全可靠

D．使用灵活、适应性强

14. 支票的记载事项必须包括（　　）等。

A. 无条件支付的委托　　B. 表明“支票”的字样

C. 确定的金额　　D. 付款人的名称

15. 银行结算账户变更是指银行结算账户（　　）。

A. 名称的变更　　B. 时间的变更

C. 开户银行的变更　　D. 组织结构的变更

16. 下列有关银行结算账户的说法，正确的有（　　）。

A. 基本存款账户是存款人的主办账户

B. 一般存款账户可以办理现金缴存

C. 财政预算外资金专用存款账户不得支取现金

D. 临时存款账户有效期最长不得超过两年

17. 凡有法律、法规规定的（　　）的各类纳税人，均应按相关规定办理税务登记。

A. 应税收入　　B. 注册资本金收入

C. 应税财产　　D. 应税行为

18. 税务登记种类有（　　）等。

A. 设立登记　　B. 停业登记

C. 复业登记　　D. 注销登记

19. 纳税人在申报办理税务登记时，应当如实提供（　　）等证件和资料。

A. 工商营业执照　　B. 有关合同、章程、协议书

C. 组织机构统一代码证书　　D. 会计机构负责人印鉴

20. 发票按填开金额的不同限制，可以分为（　　）。

A. 无限额发票　　B. 大额发票

C. 限额发票　　D. 定额发票

21. 增值税专用发票存在下列情况之一的，不得作为抵扣凭证：（　　）。

A. 认证不符，密文有误

B. 属于虚开的发票

C. 未按规定要求开具的发票

D. 仅取得发票联或抵扣联

22. 目前，我省已纳入税务机关管理的专业发票有（　　）。

A. 邮政业务统一发票　　B. 保险专用发票

C. 金融服务统一发票　　D. 货物运输统一发票

23. 纳税申报方式主要有（　　）。

A. 口头申报　　B. 上门申报

C. 邮寄申报　　D. 数据电文申报

24. 纳税人有下列情况之一的，税务机关有权核定其应纳税额：（　　）。

A．依法可以不设账簿的

B．擅自销毁账簿或者拒不提供纳税资料的

C．发生纳税义务，未按规定的期限办理纳税申报的

D．纳税人申报的计税依据偏低，又无正当理由的

25. 下列属于会计规范性文件的有（　　）。

A．企业会计制度　　B．金融企业会计制度

C．内部会计控制规范　　D．小企业会计制度

26. 广义的会计法包括的内容有（　　）。

A．会计法律　　B．会计行政法规

C．会计地方性法规　　D．会计规章

27. 下列关于及时性要求正确的有（　　）。

A．要求会计信息口径一致

B．要求及时收集会计信息

C．要求会计信息满足会计报告使用者的需要

D．要求及时处理会计信息

28. 财务会计报告由（　　）组成。

A．会计报表　　B．审计报告

C．会计报表附注　　D．财务情况说明书

29. 财政部门对各单位下列事项实施监督（　　）。

A．是否依法设置账簿

B．会计凭证、会计账簿、财务会计报告和其他会计资料是否真实完整

C．会计核算是否符合《会计法》和国家统一会计制度的规定

D．从事会计工作的人员是否具备会计从业资格

30. 由（　　）共同负责会计档案工作的指导、监督和检查。

A．各级人民政府财政部门　　B．单位管理层

C．档案行政管理部门　　D．会计师事务所

三、判断题（请将判断结果，按答题卡要求，用 2B 铅笔填涂你选定的信息点。本类题共 30 小题。每小题 1 分，共 30 分。答案正确得 1 分，答案错误倒扣 1 分，不答不得分也不扣分。本类题最低得分为零分。）

1．伪造会计凭证的行为是指采取涂改、挖补的方法改变会计凭证真实内容的行为。（　　）

2．行政机关在作出处罚决定后，应当立即告知当事人做出处罚决定的事实、理由、依据及当事人依法享有的有关权利。（　　）

3．对于当事人的同一违法行为，不得给予两次以上罚款的行政处罚。（　　）

4．对伪造会计账簿的直接责任人员可处3 000～50 000元的罚款。（　　）

5．国务院发布的《财政违法行为处罚处分条例》是对国家工作人员实施行政处分的法律依据之一。（　　）

6．会计法律制度中含有会计职业道德规范的内容。（　　）

7．会计法律制度是会计职业道德的最高要求。（　　）

8．会计人员继续教育是强化会计职业道德教育的唯一形式。（　　）

9．良好会计职业道德风尚的树立，离不开社会舆论的支持和监督。（　　）

10．单位银行卡账户的资金必须由其专用存款账户转账存入。（　　）

11．现金支票丧失可挂失止付，转账支票丧失不得挂失止付。（　　）

12．普通支票既可用于支取现金，也可以用于转账。（　　）

13．银行汇票适用于在银行开户的单位、个体经济户和个人，对未在银行开立账户的个体经济户和个人则不适用。（　　）

14．负有扣缴义务的国家机关，应当按照《征管法》等有关规定办理扣缴税款登记，领取扣缴凭证。（　　）

15．纳税人在办理完停业手续后，应当自行封存保管其税务登记证件及副本、发票领购簿、未使用完的发票和其他税务证件，防止丢失。（　　）

16．会计机构负责人、会计主管人员的直系亲属不得在本单位会计机构中担任出纳工作。（　　）

17．纳税人应当于恢复生产经营以后，及时向税务机关办理复业登记。（　　）

18．增值税专用发票由国家税务总局指定的企业统一印制。（　　）

19．增值税一般纳税人都可以领购增值税专用发票。（　　）

20．增值税一般纳税人之间，只要发生销售货物和应税劳务的，就应当向购买方开具专用发票。（　　）

21．增值税一般纳税人在不能开具专用发票的情况下也可以使用普通发票。（　　）

22．纳税人在享受减税、免税待遇期间无需办理纳税申报。（　　）

23．出纳人员不得兼管稽核发、会计档案保管和收入费用、债权债务账目的登记工作。（　　）

24．《企业会计准则》是我国会计法律制度中层次最高的法律。（　　）

25．重要性要求企业的会计核算和编制的财务会计报告应当清晰明了，便于理解和利用。（　　）

26．会计机构和会计人员发现会计账簿记录与实物、款项及有关资料不相符的，按照规定无权处理的，应当立即向单位负责人报告，请求查明原因，作

出处理。（ ）

27. 具备会计从业资格，持有有效的会计从业资格证书，是参加会计专业技术资格考试的基本条件之一。（ ）

28. 为提高会计工作效力，经单位会计机构负责人批准，出纳人员可以兼管会计档案保管和债权债务账目的登记工作。（ ）

29. 实行会计电算化的单位，交接双方应将有关电子数据在计算机上进行实际操作，确认有关数据正确无误后，方可交接。（ ）

30. 会计工作交接后，原移交人员因会计资料已办理移交，因而不再对这些会计资料的合法性、真实性负责。（ ）

同步强化练习题参考答案

第一章　会计法律制度

第一节　会计法律制度的构成

一、单项选择题

1. C　【解析】本题考核会计法的概念。会计法是调整经济关系中各种会计关系的法律规范。注意这个概念和会计行政法规概念的区别。

2. D　【解析】本题考核《会计法》的法律地位。《会计法》是会计法律制度中层次最高的法律规范，是制定其他会计法规的依据，是指导会计工作的最高准则，但不属于宪法。

3. C　【解析】本题考核会计法律的代表性法律文件。我国现行会计法律是《中华人民共和国会计法》。

4. C　【解析】本题考核会计行政法规的制定部门。会计行政法规由国务院制定发布或者国务院有关部门拟定、经国务院批准发布。

5. B　【解析】本题考核国家统一的会计制度的制定部门。国家统一的会计制度是由国务院财政部门根据《会计法》制定的关于会计核算、会计监督、会计机构和会计人员以及会计工作管理的制度，包括部门规章和规范性文件。

6. D　【解析】本题考核会计规范性文件的制定部门。会计规范性文件是由国务院财政部门制定公布的制度办法。

7. C　【解析】本题考核会计法律制度中代表性文件的归属。《企业会计准则——基本准则》属于会计部门规章。

8. C　【解析】本题考核会计法律制度中代表性文件的归属。《财政部门实施会计监督办法》属于会计部门规章。

9. D　【解析】本题考核会计部门规章的概念。会计部门规章是根据《中华人民共和国立法法》（简称《立法法》）规定的程序，由财政部制定，并由部门首长签署命令予以公布的关于会计核算、会计监督、会计机构和会计人员以及会计工作管理的会计法律制度。

二、多项选择题

1. ACD 【解析】本题考核会计法律制度的构成。我国会计法律制度包括会计法律、会计行政法规、国家统一的会计制度（包括会计部门规章和会计规范性文件）。

2. AB 【解析】本题考核会计法律制度的制定部门。我国会计法律由全国人民代表大会及其常委会经过一定立法程序制定。

3. BD 【解析】本题考核会计行政法规的代表性文件。《会计准则——基本准则》属于会计部门规章，《金融企业会计制度》属于会计规范性文件。

4. CD 【解析】本题考核国家统一的会计制度的构成。国家统一的会计制度包括会计规章和会计规范性文件。

5. ABC 【解析】本题考核会计规范性文件的代表性文件。《代理记账管理办法》属于会计规章。

6. BCD 【解析】本题考核会计部门规章的代表性文件。《会计准则——具体准则》属于会计规范性文件。

7. CD 【解析】本题考核国家统一的会计制度的范围和制定部门。国务院财政部门可以制定并自行发布的是国家统一的会计制度，包括会计部门规章和会计规范性文件。

8. BC 【解析】本题考核会计行政法规的制定部门。会计行政法规由国务院制定发布或者国务院有关部门拟定、经国务院批准发布。

9. ACD 【解析】本题考核会计规范性文件的代表性文件。《财政部门实施会计监督办法》属于会计部门规章。

10. BCD 【解析】本题考核国家统一的会计制度的代表性文件。《会计从业资格管理办法》、《企业会计准则——基本准则》属于会计部门规章，《会计档案管理办法》属于会计规范性文件，两者都属于国家统一的会计制度的范围。而《企业财务会计报告条例》属于会计行政法规。

11. BCD 【解析】本题考核会计部门规章的法律地位。会计部门规章属于国家统一的会计制度，是会计法律制度的第三个层次，低于宪法和法律，也低于会计法律制度中的会计法律和会计行政法规。

12. AC 【解析】本题考核会计规范性文件的法律地位。会计规范性文件属于国家统一的会计制度，是会计法律制度的第三个层次，其制定应以会计法律和会计行政法规为依据，不得与之相抵触。

13. ABC 【解析】本题考核会计法律制度的构成。我国会计法律制度包括会计法律、会计行政法规、国家统一的会计制度。单位制定的内部监督制度不属于会计法律制度的范围。

三、判断题

1. √ 【解析】本题考核会计行政法规的概念。题干表述正确。

2. √ 【解析】本题考核国家统一的会计制度的概念。题干表述正确。

3. √ 【解析】本题考核《企业会计准则——基本准则》的修订及实施时间。题干表述正确。

4. × 【解析】本题考核会计部门规章的概念。根据《立法法》规定的程序，由财政部制定，并由部门首长签署命令予以公布的是会计部门规章。

5. × 【解析】本题考核国家统一的会计制度的制定部门。国务院制定发布或国务院有关部门拟订并经国务院批准发布的是会计行政法规，国家统一会计制度是由国务院财政部门制定的。

6. × 【解析】本题考核会计部门规章的代表性文件和制定部门。《会计档案管理办法》属于会计规范性文件。

第二节 会计工作管理体制

一、单项选择题

1. B 【解析】本题考核会计工作的主管部门。财政部门是会计工作的主管部门。国务院财政部门主管全国的会计工作，县级以上地方各级人民政府财政部门管理本行政区域内的会计工作。

2. B 【解析】本题考核会计工作的主管部门。国务院财政部门主管全国会计工作。

3. A 【解析】本题考核会计工作的主管部门。县级以上地方各级人民政府财政部门管理本行政区域内的会计工作。

4. B 【解析】本题考核单位内部的会计工作管理。单位负责人负责单位内部的会计工作管理。

5. B 【解析】本题考核会计监督检查部门。财政部门是会计工作的政府监督实施主体，县级以上人民政府财政部门是各单位会计工作的监督检查部门。

6. D 【解析】本题考核单位内部的会计工作管理。单位负责人负责单位内部的会计工作管理，应当对本单位会计工作和会计资料的真实性、完整性负责。

7. B 【解析】本题考核单位内部的会计工作管理。单位负责人负责单位内部的会计工作管理，是单位会计行为的责任主体。

二、多项选择题

1．ACD 【解析】本题考核我国会计工作管理体制的主要内容，包括明确会计工作的主管部门、明确会计制度的制定权限、明确会计人员的管理（不是会计机构）、明确单位内部的会计工作管理。

2．ABC 【解析】本题考核我国会计工作管理体制，包括会计工作的行政管理、会计工作的自律管理、单位会计工作管理等。

3．BD 【解析】本题考核财政部门履行的会计行政管理职能，包括会计准则制度及相关标准规范的制定和组织实施、会计市场管理、会计专业人才评价、会计监督检查。

4．ACD 【解析】本题考核国家统一的会计制度的制定权限。国家统一的会计制度由国务院财政部门制定并公布。国务院有关部门对会计核算和会计监督有特殊要求的行业制定具体办法或者补充规定。中国人民解放军总后勤部可以制定军队实施国家统一的会计制度的具体办法。

5．ABC 【解析】本题考核会计市场准入的内容。会计市场准入包括会计从业资格、会计事务所的设立、代理机构的设立

6．ABC 【解析】本题考核我国会计人才评价机制。我国会计人才评价机制包括初级、中级、高级会计人才机制，会计行业领军人才的培养评价和对会计人员的表彰奖励。

7．ABC 【解析】本题考核实施会计工作的政府监督主体——财政部门包括的范围。财政部门应包括国务院财政部门、国务院财政部门的派出机构和县级以上人民政府财政部门。

8．BC 【解析】本题考核单位负责人的概念。单位负责人是指单位法定代表人或者法律、行政法规规定的代表单位行使职权的主要负责人。

9．ABCD 【解析】本题考核单位负责人在单位内部的会计工作管理中的职责。单位负责人负责单位内部的会计工作管理，应当保证会计机构、会计人员依法履行职责，不得授意、指使、强令会计机构和会计人员违法办理会计事项，对本单位的会计工作和会计资料的真实性、完整性负责。

三、判断题

1．× 【解析】本题考核会计工作的主管部门。管理本行政区域内会计工作的是县级（包括县级）以上地方各级人民政府财政部门。

2．× 【解析】本题考核单位负责人的概念。单位负责人是指单位法定代表人或者法律、行政法规规定代表单位行使职权的主要负责人。

3．√ 【解析】本题考核单位负责人的概念。题干表述正确。

4．× 【解析】本题考核单位负责人的概念。单位负责人是指单位法定代表

人或者法律、行政法规规定代表单位行使职权的主要负责人（正职）。

5．√ 【解析】本题考核单位负责人在单位会计工作管理中的职责。题干表述正确。

6．× 【解析】本题考核我国会计人才评价机制。我国会计专业人才评价机制包括初级、中级、高级会计人才机制和会计行业领军人才的培养评价等。

第三节 会计核算

一、单项选择题

1．A 【解析】本题考核会计核算一般要求中对会计资料的基本要求。会计资料的真实性和完整性是会计资料最基本的质量要求，也是会计工作的生命线。

2．A 【解析】本题考核会计资料包含的内容。会计资料包括会计凭证、会计账簿、财务会计报告和其他会计资料。财务计划不属于会计资料。

3．A 【解析】本题考核会计年度。我国以公历年度为会计年度，即每年公历1月1日起至12月31日止。

4．D 【解析】本题考核记账本位币。我国会计核算以人民币为记账本位币。业务收支以人民币以外的货币为主的单位，可以选定其中一种货币作为记账本位币。

5．B 【解析】本题考核填制和审核会计凭证的要求。记账凭证必须以审核无误的原始凭证为编制依据。

6．B 【解析】本题考核填制和审核原始凭证的要求。会计人员对不真实、不合法的原始凭证有权不予接受，并向单位负责人报告。对记载不准确、不完整的原始凭证予以退回，并要求经办人员进行更正、补充。

7．C 【解析】本题考核填制记账凭证的要求。一笔经济业务可以填制两张或两张以上的记账凭证。对于一笔经济业务需要填制两张或两张以上的记账凭证的，可以采用分数编号法。

8．D 【解析】本题考核编制财务会计报告中的结账要求。结账日期应该是公历年度每年、每半年、每季、每月的最后一天。

9．D 【解析】本题考核编制财务会计报告的要求。单位对外报送的财务会计报告需经单位负责人、主管会计工作的负责人、会计机构负责人（会计主管人员）签名并盖章。

10．D 【解析】本题考核编制财务会计报告的要求。并非所有企业的财务会计报告都需经注册会计师审计。需要经注册会计师审计的财务会计报告在对外报

送时要同时附送审计报告。

11. D 【解析】本题考核财务会计报告的构成。财务会计报告由会计报表、会计报表附注和财务情况说明书组成。经济活动分析书不属于财务会计报告的构成内容。

12. A 【解析】本题考核财务会计报告的责任主体。单位负责人应保证对外报送的财务会计报告的真实性和完整性，因此单位负责人是财务会计报告的责任主体。

13. D 【解析】本题考核编制财务会计报告的要求。相关责任人（包括单位负责人）应在对外报送的财务会计报告上签名并盖章。

二、多项选择题

1. ABCD 【解析】本题考核我国会计法规制度规范会计核算的具体内容。我国会计法律制度对会计信息质量要求、会计资料的基本要求、会计年度、记账本位币、填制会计凭证、登记会计账簿、编制财务会计报告、财产清查、会计档案管理等作出统一规定。

2. ABC 【解析】本题考核记账本位币。我国会计核算以人民币为记账本位币。业务收支以人民币以外的货币为主的单位，可以选定其中一种货币作为记账本位币。编制财务会计报告时必须折合成人民币。

3. ABCD 【解析】本题考核会计年度。我国会计年度可以按照公历年度划分为年度、半年度、季度、月份。

4. AC 【解析】本题考核会计资料包含的内容。经济合同和公司章程不属于会计资料。

5. AC 【解析】本题考核变造会计凭证。变造会计凭证是用涂改、挖补等手段来改变会计凭证的真实内容。选项 A、C 属于变造会计凭证，B 属于伪造会计凭证，选项 D 原始凭证金额出现错误的不得更正，只能由开具单位重新开具，如果出现原始凭证修改金额的情况，该原始凭证无效，但不属于变造会计凭证。

6. ABCD 【解析】本题考核我国规范会计制度的国家统一会计制度。目前我国规范会计资料的统一会计制度主要有：《会计基础工作规范》，《会计档案管理办法》，财政部发布的一系列会计准则、会计核算制度。

7. AB 【解析】本题考核记账凭证的填制。除部分转账业务以及结账、更正错账外，记账凭证必须附有原始凭证并注明所附原始凭证的张数。

8. AB 【解析】本题考核原始凭证的审核。对不真实、不合法的原始凭证，会计人员有权不予受理，并向单位负责人报告。

9. ABCD 【解析】本题考核会计账簿的种类。各单位应当依法设置的会计账簿包括总账、明细账、日记账和其他辅助账簿（备查账）。

10．ACD 【解析】本题考核登记会计账簿的要求。选项 B 错误，各种账簿要按页次顺序连续登记，不得跳行、隔页。

11．ABCD【解析】本题考核财务会计报告的编制要求。企业应当于年度终了编制财务会计报告，国家统一的会计制度规定企业应当编制年报、半年报、季报和月报的。

12．AB 【解析】本题考核单位负责人在财务会计报告方面的职责。单位负责人是财务会计报告的责任主体，应保证对外报送的财务会计报告的真实性和完整性。

13．ABC 【解析】本题考核财务会计报告的对外提供。对外报送的财务报告，需经单位负责人、主管会计工作的负责人、会计机构负责人（会计主管人员）签名并盖章。设置总会计师的，还应由总会计师签名并盖章。

14．ABD 【解析】本题考核《会计档案管理办法》的适用范围。《会计档案管理办法》适用于我国国家机关、社会团体、企事业单位、按规定应当建账的个体工商户（按规定不需建账的个体工商户不适用该办法）、其他组织。

15．AC 【解析】本题考核会计档案的管理部门。各级人民政府财政部门和档案管理部门共同负责会计档案工作的指导、监督和检查。

16．AB 【解析】本题考核会计电算化单位会计档案管理规定。实行会计电算化单位会计档案管理应符合国家统一的会计制度的规定，同样适用《会计档案管理办法》，有关电子数据、软件资料应作为会计档案进行管理，同时应该保存打印出来的纸质会计档案。

17．ABCD【解析】本题考核会计核算的一般要求。四个选项都正确。

三、判断题

1．√ 【解析】本题考核会计核算依据的规定。题干表述正确。

2．× 【解析】本题考核会计核算依据的规定。并非所有实际发生的经济业务事项都需要进行会计核算，只有当一项经济业务的发生引起资金变动时，才需要对该经济业务进行会计核算。

3．√ 【解析】本题考核对会计资料的基本要求。题干表述正确。

4．√ 【解析】本题考核对会计资料的基本要求。题干表述正确。

5．√ 【解析】本题考核伪造会计凭证的含义。题干表述正确。

6．√ 【解析】本题考核变造会计凭证的含义。题干表述正确。

7．× 【解析】本题考核使用会计电算化进行会计核算的要求。实行会计电算化的单位，有关电子数据、会计软件资料应当作为会计档案进行保管，同时应保存打印出的纸质会计档案。

8．√ 【解析】本题考核会计凭证的分类。题干表述正确。

9. √ 【解析】本题考核原始凭证的审核。题干表述正确。

10. × 【解析】本题考核记账凭证的填制。并非所有记账凭证后面都要附原始凭证，部分转账业务以及结账、更正错账的记账凭证可以不附原始凭证。

11. × 【解析】本题考核记账本位币。我国会计核算以人民币为记账本位币。业务收支以人民币以外的货币为主的单位，可以选定其中一种货币作为记账本位币。

12. √ 【解析】本题考核会计账簿的设置。题干表述正确。

13. × 【解析】本题考核结账要求。结账日期应该是公历年度每年、每半年、每季、每月的最后一天，不得提前或推后。

14. × 【解析】本题考核财务会计报告的编制要求。向不同的会计资料使用者提供的财务会计报告，其编制依据必须一致。

15. √ 【解析】本题考核单位负责人在财务会计报告方面的职责。题干表述正确。

16. √ 【解析】本题考核财务会计报告的报送。题干表述正确。

17. × 【解析】本题考核登记会计账簿的规定。会计账簿记录发生错误的，应按国家统一的会计制度规定的方法更正，更正后由会计人员和会计机构负责人（会计主管人员）在更正处盖章。

18. √ 【解析】本题考核记账本位币的基本规定。题干表述正确。

第四节　会计监督

一、单项选择题

1. C 【解析】本题考核单位内部会计监督的主体。内部会计监督的主体是各单位的会计机构和会计人员。

2. B 【解析】本题考核单位内部会计监督的对象。内部会计监督的对象是本单位的经济活动。

3. A 【解析】本题考核单位负责人在内部会计监督中的职责。单位负责人负责本单位内部会计监督制度的组织实施，对单位内部会计监督制度的建立及有效实施承担最终责任。

4. D 【解析】本题考核内部会计监督制度的基本要求。内部会计监督制度的基本要求包括四点，除选项 A、B、C 外，还有一项是财产清查的范围、期限和组织程序应当明确。

5. D 【解析】本题考核内部会计监督制度的基本要求。记账与经济业务事项和会计事项的审批、经办人员、财务保管为不相容职务，其职责权限应当明确，并相互分离、相互制约。

6．A 【解析】本题考核会计工作的政府监督。财政部门是会计工作管理部门，也是会计工作政府监督的主要主体。

7．A 【解析】本题考核会计工作的政府监督。审计、税务、证券监管、人民银行、保险监管部门也属于会计工作的政府监督主体，其监督对象是单位的会计资料。

8．B 【解析】本题考核会计工作政府监督的对象。财政部门实施会计监督的对象为会计行为。

9．A 【解析】本题考核财政部门实施会计监督的范围。财政部门实施会计监督的范围包括四点，除了选项 B、C、D 外，还有一项是监督从事会计工作的人员是否取得会计从业资格证书。

10．D 【解析】本题考核会计工作的社会监督。会计工作的社会监督主要是指由注册会计师及其所在的会计师事务所依法对受托单位的经济活动进行审计、鉴证的一种监督制度。

11．C 【解析】本题考核会计工作的政府监督。财政部门有权对会计工作的社会监督进行再监督。

二、多项选择题

1．ABC 【解析】本题考核我国会计监督的种类。我国会计监督体系三位一体，即单位内部的会计监督、政府监督和社会监督。

2．BD 【解析】本题考核单位内部会计监督的主体。内部会计监督的主体是会计机构和会计人员。

3．ABD 【解析】本题考核单位内部会计监督制度的基本要求。共四项要求，除了选项 A、B、D 之外，还有一项是对会计资料定期进行内部审计的办法和程序应当明确。

4．BCD 【解析】本题考核单位负责人在内部会计监督中的职责。选项 A 错误，单位负责人无需事事参与。

5．ABC 【解析】本题考核单位内部会计监督制度的基本要求。重大对外投资、资产处置、资金调度和其他重要经济业务事项的决策和执行的相互监督、相互制约程序应当明确，这是对业务处理程序控制的基本要求。

6．ABC 【解析】本题考核会计工作的政府监督主体。除财政部门外，审计、税务、人民银行、证券监管、保险监管等部门也属于政府监督主体。

7．BC 【解析】本题考核财政部门实施会计监督的范围。财政部门实施会计监督的范围共四项：①是否依法设置账簿；②会计资料是否真实、完整；

③会计核算是否合法；④从事会计工作的人员是否具备会计从业资格。

8．AC　【解析】本题考核会计工作的社会监督。会计工作的社会监督主要是指由注册会计师及其所在的会计师事务所依法对受托单位的经济活动进行审计、鉴证，同时还包括单位和个人对违反会计法行为的检举。

9．ABCD【解析】本题考核政府监督。政府监督可以对社会监督进行再监督。财政部门可以依法对注册会计师、会计师事务所和注册会计师协会进行监督指导。财政部门可以对会计师事务所出具审计报告的程序和内容进行监督。

10．ABCD【解析】本题考核社会监督中注册会计师及其所在的会计师事务所的业务范围。

11．ABCD【解析】本题考核注册会计师审计和内部审计的区别。两者的区别包括：审计目标不同、独立性不同、接受审计的自愿程度不同、遵循的审计标准不同、审计时间不同。

三、判断题

1．×　【解析】本题考核会计监督的分类。以注册会计师为主体的监督属于社会监督。

2．√　【解析】本题考核单位负责人在内部会计监督中的职责。题干表述正确。

3．√　【解析】本题考核会计人员在单位内部会计监督中的职权。题干表述正确。

4．√　【解析】本题考核单位内部会计监督制度的基本要求。题干表述正确。

5．√　【解析】本题考核会计工作的政府监督的主体和对象。题干表述正确。

6．×【解析】本题考核政府监督。政府监督对社会监督进行再监督，社会监督的主体中不包括会计学会。

7．√【解析】本题考核会计工作社会监督的概念。题干表述正确。

8．√【解析】本题考核会计工作社会监督的内容。题干表述正确。

9．×　【解析】本题考核会计工作的政府监督。财政部门有权对单位会计行为实施监督检查，各单位应当依法接受财政部门实施的会计监督。

10．√【解析】本题考核单位负责人在单位内部会计监督中的职权。题干表述正确。

11．×【解析】本题考核内部审计和注册会计师审计的联系。内部审计和注册会计师审计在工作上具有一致性，注册会计师审计可以利用内部审计的工作成果。

第五节 会计机构和会计人员

一、单项选择题

1．C 【解析】本题考核会计机构的设置。各单位应当根据会计业务的需要确定是否单独设置会计机构。不单独设置会计机构的，要在有关机构中设置会计人员并指定会计主管人员。

2．D 【解析】本题考核会计主管人员的概念。会计主管人员是指未单独设置会计机构而在有关机构中指定的行使会计机构负责人职权的会计人员。

3．B 【解析】本题考核会计机构负责人的概念。会计机构负责人是指负责组织管理会计事务，行使会计机构负责人职权的中层领导人员。

4．D 【解析】本题考核会计人员回避制度。实行会计人员回避制度的单位，会计机构负责人的直系亲属不得担任本单位的出纳；单位负责人的直系亲属不得担任本单位的会计机构负责人（会计主管人员）。

5．A 【解析】本题考核代理记账业务范围。代理记账业务范围包括：根据委托人提供的原始凭证和其他资料进行会计核算，对外提供财务会计报告，向税务机关提供税务资料，委托人委托的其他会计业务。不包括代办工商登记。

6．B 【解析】本题考核《会计从业资格管理办法》实施时间。新的《会计从业资格管理办法》于2005年1月22日公布，自2005年3月1日起施行。

7．C 【解析】本题考核会计从业资格的取得。会计从业资格考试大纲由财政部统一制定并发布。

8．D 【解析】本题考核会计岗位。会计机构内会计档案管理岗位属于会计岗位，需要会计从业资格证书；会计档案在会计机构保管满一年后移交给档案管理部门保管，档案管理部门保管会计档案不属于会计岗位，不需要会计从业资格证书。

9．A 【解析】本题考核会计从业资格证书取得中的免试条件。符合报名基本条件且具备国家教育行政主管部门认可的中专（含中专）以上会计类专业学历（或学位）的，自毕业之日起2年内免试会计基础、初级会计电算化（或珠算五级）。

10．C 【解析】本题考核会计从业资格证书管理的调转登记。会计人员调转工作单位且继续从事会计工作的，自离开之日或办理调出手续之日起90日内办理调转登记。

11．D 【解析】本题考核会计从业资格证书管理中的上岗注册登记。会计人员办理注册上岗登记的时间是从事会计工作之日起90日内。

12. D 【解析】本题考核会计从业资格证书管理的离岗备案。会计人员离开会计工作岗位超过 6 个月的，应办理离岗备案。

13. A 【解析】本题考核会计人员继续教育的时间要求。会计人员每年参加会计继续教育时间不得少于 24 小时。

14. A 【解析】本题考核会计专业职务的概念。会计专业职务是区别会计人员业务技能的技术等级。

15. A 【解析】本题考核会计专业技术资格。初、中级会计专业技术资格的取得实行全国统一考试制度，高级会计专业技术资格的取得实行考试与评审相结合制度。

16. A 【解析】本题考核会计专业技术资格报名条件。报考初级会计专业技术资格的人员除了具备基本条件外，还应具备教育部门认可的高中以上的学历。

17. D 【解析】本题考核会计专业技术资格报名条件。报考中级会计专业技术资格的人员除了具备基本条件外，取得大学本科学历的人员，从事会计工作要满 4 年。

18. A 【解析】本题考核会计岗位。会计电算化岗位属于会计岗位。

19. D 【解析】本题考核会计岗位中的不相容职务。出纳不得兼管稽核、会计档案保管和收入费用账目、债权债务账目的登记工作。

20. C 【解析】本题考核会计从业资格和会计岗位的规定。出纳属于会计岗位，从事会计工作的人员，必须取得会计从业资格证书，因此小张应先考取会计从业资格证书再上岗。

21. D 【解析】本题考核会计人员工作交接。一般会计人员办理交接手续，由单位的会计机构负责人（会计主管人员）负责监交。

22. A 【解析】本题考核会计人员工作交接。移交人员应对其移交前会计资料的真实性、完整性负责。

23. B 【解析】本题考核会计人员工作交接。移交人员应对其移交前会计资料的真实性、完整性负责。

24. C 【解析】本题考核会计工作岗位的不相容职务。出纳不能兼任债权债务账目的登记工作。

二、多项选择题

1. BC 【解析】本题考核会计机构的设置。各单位应当根据会计业务的需要设置会计机构，或者在有关机构中设置会计人员并指定会计主管人员。不具备会计机构设置条件的，可委托中介机构代理记账。

2. BCD 【解析】本题考核会计机构的设置。一个单位是否单独设置会计机构取决于以下几个因素：单位规模大小、业务收支简繁、经营管理需求。

3．BC　【解析】本题考核会计机构负责人（会计主管人员）的任职资格。担任会计机构负责人（会计主管人员）的，除取得会计从业资格外，还应具备会计师以上会计专业技术资格或从事会计工作 3 年以上。

4．BCD　【解析】本题考核会计人员回避制度。国家机关、国有企业、事业单位任用会计人员应当实行回避制度。

5．ABCD【解析】本题考核会计人员回避制度。单位负责人的直系亲属不得担任本单位的会计机构负责人（会计主管人员）。直系亲属包括夫妻关系、直系血亲关系、三代以内旁系血亲、近姻亲关系。

6．AB　【解析】本题考核会计人员回避制度。单位负责人的直系亲属不得担任本单位的会计机构负责人（会计主管人员）。

7．ABCD【解析】本题考核会计人员回避制度。直系亲属包括夫妻关系、直系血亲关系、三代以内旁系血亲、近姻亲关系。

8．ABC　【解析】本题考核代理记账机构业务范围。代理记账机构业务范围有四项，但不包括外部审计。外部审计由注册会计师及其所在的会计师事务所进行。

9．AB　【解析】本题考核代理记账。代理记账机构替委托人编制并对外提供的财务会计报告，需经代理记账机构负责人和委托人签名并盖章后才能对外提供。

10．ABCD【解析】本题考核代理记账机构及其从业人员的义务。共四项：守法（依法履行职责）、保密、拒绝不法要求、解释。

11．ABCD【解析】本题考核代理记账机构及其从业人员的义务。代理记账机构及其从业人员对委托人示意其作出不当的会计处理、提供不实的会计资料，以及其他不符合法律、行政法规和国家统一的会计制度的要求，应当拒绝。

12．CD　【解析】本题考核会计从业资格的概念。会计从业资格是进入会计职业、从事会计工作的一种法定资质，是进入会计职业的“门槛”。

13．ABD【解析】本题考核会计从业资格证书的适用范围即会计工作岗位。选项 C 财产物资的收发、增减是仓库保管员的工作，不属于会计岗位；财产物资的收发、增减核算才是会计工作岗位，从事该岗位需要会计从业资格证书。

14．BD　【解析】本题考核会计从业资格证书的适用范围即会计工作岗位。选项 A 单位负责人和选项 C 单位内部审计都不属于会计工作岗位，不需要具备会计从业资格。

15．ABD【解析】本题考核会计从业资格部分考试科目免试条件。免试条件中的会计类专业包括：会计学、会计电算化、注册会计师专门化、审计学、财务管理、理财学，不包括管理学。

16．ABC【解析】本题考核会计从业资格考试的科目。考试科目为：《财

经法规与会计职业道德》（必考）、《会计基础》、《初级会计电算化》（或者《珠算五级》）。

17. BCD 【解析】本题考核会计从业资格考试报名基本条件。基本条件共三项，没有学历条件。

18. AC 【解析】本题考核会计从业资格部分考试科目免试条件。免试条件之一为中专以上（含中专）会计类专业学历或学位。

19. ACD 【解析】本题考核会计从业资格证书管理。会计从业资格证书管理包括上岗注册登记、离岗备案（不是换岗备案）、调转登记、变更登记。

20. ABC 【解析】本题考核变更登记。持证人员接受继续教育、受到表彰表扬，或学历学位、会计专业技术职务资格发生变更的，应办理变更登记。会计岗位变更不需办理变更登记。

21. BCD 【解析】本题考核会计从业资格管理。选项A错误，上岗注册登记时间应为从事会计工作之日起90日内。

22. ABCD【解析】本题考核会计人员继续教育对象。会计继续教育的对象为所有持有会计从业资格证书的人员，包括在岗的和不在岗的。

23. AB 【解析】本题考核会计人员继续教育目的。会计人员继续教育的目的是提高和保持其专业胜任能力和职业道德水平。

24. ABCD【解析】本题考核会计人员继续教育内容。会计继续教育内容包括会计理论与实务，会计职业道德规范，财务、会计法规制度，其他相关知识与法规。

25. BCD 【解析】本题考核会计专业技术职务。会计专业职务分为高级会计师、会计师、助理会计师和会计员。

26. CD 【解析】本题考核会计专业技术职务。会计专业职务的初级职务包括助理会计师和会计员。

27. ABCD【解析】本题考核会计专业技术资格。会计专业技术资格分为初级资格、中级资格、高级资格，高级资格又分为副高、正高两个层次。

28. ABCD【解析】本题考核会计专业技术资格考试报名基本条件。基本条件共四项。

29. ACD 【解析】本题考核会计中级专业技术资格考试。会计中级专业技术资格考试科目包括：《中级会计实务》、《经济法》、《财务管理》。

30. AC 【解析】本题考核会计初级专业技术资格考试。会计初级专业技术资格考试科目包括：《初级会计实务》和《经济法基础》。

31. AD 【解析】本题考核参加会计中级专业技术资格考试应具备的会计工作年限。选项B错误，取得大学本科学历的，从事会计工作应满4年。选项C错误，取得硕士学位的，从事会计工作应满1年。

32．ABD 【解析】本题考核会计工作岗位中不相容职务。出纳人员不得兼管稽核、会计档案保管和收入费用账目、债权债务账目的登记工作。

33．AD 【解析】本题考核会计工作岗位范围。注册会计师和商场收银员岗位不属于会计岗位。

34．ABC 【解析】本题考核会计工作岗位的规定。会计工作岗位可以一人一岗、一人多岗、一岗多人。出纳人员不得兼管稽核、会计档案保管和收入费用账目、债权债务账目的登记工作。

35．ACD 【解析】本题考核会计人员工作交接。需办理会计工作交接的包括：会计人员调动工作、离职、临时离职或者因病暂时不能工作需要接替的。

36．AB 【解析】本题考核会计人员工作交接。一般会计人员办理交接手续，由单位的会计机构负责人（会计主管人员）负责监交。

37．AB 【解析】本题考核会计人员工作交接。会计机构负责人（会计主管人员）办理交接手续时，由单位领导人负责监交，必要时，主管单位可以派人会同监交。

38．AB 【解析】本题考核会计人员工作交接。移交人员对在其经办会计工作期间内的会计资料的真实性、完整性承担法律责任。

39．ABCD【解析】本题考核会计人员工作交接程序。四个选项都正确。

三、判断题

1．× 【解析】本题考核会计机构的设置。各单位应当根据会计业务的需要设置会计机构，或者在有关机构中设置会计人员并指定会计主管人员。

2．× 【解析】本题考核会计主管人员的概念。会计主管人员是指未单独设置会计机构而在有关机构中指定的行使会计机构负责人职权的会计人员，而非通常所说的“会计主管”。

3．× 【解析】本题考核会计机构负责人的任职资格。担任会计机构负责人（会计主管人员）的，必须具备会计从业资格证书，同时应具备会计师以上专业技术职务资格或者从事会计工作3年以上经历的条件。

4．√ 【解析】本题考核会计主管人员的配备。题干表述正确。

5．× 【解析】本题考核会计人员回避制度。事业单位属于执行会计人员回避制度的单位之一，单位负责人子女不得担任本单位的会计机构负责人、会计主管人员，而非任何职务。

6．√ 【解析】本题考核回避制度。题干表述正确。

7．× 【解析】本题考核代理记账。从事代理记账业务的中介机构，应接受委托人的委托办理各项会计业务，而非各项经济业务。

8．× 【解析】本题考核代理记账的业务范围。填制原始凭证应由委托人自

行完成。

9. × 【解析】本题考核代理记账。代理记账机构对外提供的财务会计报告，需经代理记账机构负责人和委托人签名并盖章后对外提供。

10. √ 【解析】本题考核会计工作岗位从业要求。题干表述正确。

11. × 【解析】本题考核会计工作岗位从业要求。《会计从业资格管理办法》规定，在国家机关、社会团体、公司、企业、事业单位和其他组织等一切实行独立核算、办理会计事务的社会组织和经济组织中从事会计工作的人员，必须取得会计从业资格，包括香港特别行政区、澳门特别行政区、台湾地区人员及外籍人员在中国大陆境内从事会计工作的人员。

12. √ 【解析】本题考核会计从业资格证书的作用。题干表述正确。

13. √ 【解析】本题考核会计从业资格的取得。题干表述正确。

14. × 【解析】本题考核会计从业资格免试科目。可以免试的科目是《会计基础》和《初级会计电算化》（或者《珠算五级》）。

15. × 【解析】本题考核会计从业资格管理部门。县级以上地方人民政府财政部门负责本行政区域内的会计从业资格管理工作。

16. √ 【解析】本题考核会计继续教育对象。题干表述正确。

17. × 【解析】本题考核会计专业职务。会计专业职务分为教授级高级会计师、高级会计师、会计师、助理会计师和会计员，不包括注册会计师。

18. √ 【解析】本题考核副高级会计专业技术资格的取得。题干表述正确。

19. √ 【解析】本题考核会计专业技术资格考试报名条件。题干表述正确。

20. × 【解析】本题考核会计专业技术资格考试报名条件。取得大学专科学历的人员报名参加会计专业技术中级资格考试的，还应当从事会计工作满5年。

21. √ 【解析】本题考核会计专业技术资格考试报名条件。题干表述正确。

22. √ 【解析】本题考核会计专业技术资格考试报名条件。题干表述正确。

23. √ 【解析】本题考核会计专业技术资格中级会计资格考试。题干表述正确。

24. √ 【解析】本题考核会计专业技术资格的相关规定。题干表述正确。

25. × 【解析】本题考核中级会计专业技术资格考试应具备会计工作年限的含义。报名参加会计专业技术中级资格考试的人员应具备的会计工作年限是指取得相应学历前、后从事会计工作时间的总和。

26. √ 【解析】本题考核会计工作岗位的范围。题干表述正确。

27. × 【解析】本题考核会计工作岗位的范围。会计档案移交之前属于会计岗位，正式移交档案管理部门后，档案管理部门保管会计档案不属于会计岗位。

28. × 【解析】本题考核会计工作岗位的范围。单位内部审计不属于会计岗位。

29. √ 【解析】本题考核会计工作岗位的相关规定。题干表述正确。

30. √ 【解析】本题考核会计工作岗位设置的相关规定。题干表述正确。

31. × 【解析】本题考核会计人员工作交接的相关规定。既然有接替或代理人员，肯定要办理交接手续。

32. √ 【解析】本题考核会计人员工作交接的相关规定。题干表述正确。

33. √ 【解析】本题考核会计人员工作交接的相关规定。题干表述正确。

34. × 【解析】本题考核会计人员工作交接的相关规定。在会计工作交接中，现金要根据会计账簿记录余额进行当面点交。如有少量短缺，不得白条抵库。

35. × 【解析】本题考核会计人员工作交接的相关规定。会计机构负责人办理交接手续时，由单位领导人负责监交，必要时，主管单位可以派人会同监交。

36. × 【解析】本题考核会计人员工作交接的相关规定。会计工作交接后，为了保证会计记录的连续性，接替人员应继续使用移交前的账簿。

37. × 【解析】本题考核会计人员工作交接的相关规定。移交人员对在其经办会计工作期间内的会计资料的真实性、完整性承担法律责任。

38. × 【解析】本题考核会计人员工作交接的相关规定。移交清册一式三份，交接双方各执一份，存档一份。

39. √ 【解析】本题考核会计人员工作交接的相关规定。题干表述正确。

40. × 【解析】本题考核会计人员工作交接的相关规定。因接替人员交接时的工作疏忽而没有发现所接会计资料在真实性、完整性方面的问题，如事后发现，仍应由移交人对会计资料的真实性、完整性负法律责任。

41. × 【解析】本题考核会计人员工作交接的相关规定。移交人委托他人代办交接需经单位负责人批准。

第六节 法律责任

一、单项选择题

1. C 【解析】本题考核行政处罚和行政处分的形式。行政处罚具体形式包括警告、罚款、没收非法所得非法财物、责令停产停业、暂扣或吊销许可证或执照、行政拘留。行政处分的具体形式包括警告、记过、记大过、降级、降职、撤职、留用察看、开除。其中警告既是行政处罚形式，又是行政处分形式。

2. C 【解析】本题考核行政处分的对象。行政处分是国家工作人员违反行政法律规范所应承担的一种行政法律责任，因此其处分对象为国家工作人员或公

务员。

3. B 【解析】本题考核刑事责任中的主刑。主刑分为管制、拘役、有期徒刑、无期徒刑、死刑。

4. A 【解析】本题考核行政责任的种类。行政责任包括行政处罚和行政处分。警告既属于行政处罚的方式，也属于行政处分的方式。选项 B、C、D 都属于刑事责任的刑罚方式。

5. D 【解析】本题考核不予行政处罚的情形。对于违法行为轻微并及时纠正，没有造成危害后果的，可不予行政处罚。选项 A、选项 B 和选项 C 都是属于可以从轻或减轻行政处罚的情形。

6. D 【解析】本题考核违反会计法应承担的法律责任。不依法设置会计账簿属于违反会计法规定应承担法律责任的行为之一，尚不构成犯罪的，由县级以上人民政府财政部门给予处罚。

7. A 【解析】本题考核违反会计法应承担法律责任的行为。选项 B 对单位负责人的会计违法行为没有坚决进行抵制是违反了会计职业道德，而非会计法律制度。选项 C 和 D 的做法是正确的，不是违法行为。

8. A 【解析】本题考核违反会计法应承担的法律责任。私设会计账簿属于违反会计制度规定应承担法律责任的行为之一，情节严重的，应由县级以上人民政府财政部门吊销会计人员的会计从业资格证书。

9. B 【解析】本题考核会计记录文字。我国会计记录文字应该使用中文，民族自治地方的单位的会计记录文字使用中文的同时可使用一种民族文字。

10. D 【解析】本题考核违反会计法应承担的法律责任。未按照规定建立并实施单位内部会计监督制度属于违反会计法规定应承担法律责任的行为之一，对直接责任人可处 2 000～20 000 元的罚款。

11. A 【解析】本题考核偷税行为应承担的法律责任。伪造、变造会计凭证、会计账簿，在账簿上多列支出或者不列、少列收入属于偷税的手段之一。纳税人采取以上手段，不缴或少缴应纳税额，偷税数额占应纳税额的 10%以上不满 30%，并且偷税数额在 10 000 以上不满 100 000 的，或者因偷税税务机关给予二次行政处罚又偷税的，处 3 年以下有期徒刑或拘役，并处 1～5 倍罚金。

12. A 【解析】本题考核偷税行为应承担的法律责任。伪造、变造会计凭证、会计账簿，在账簿上多列支出或者不列、少列收入属于偷税的手段之一。纳税人采取以上手段，不缴或少缴应纳税额，偷税数额占应纳税额的 30%以上，并且偷税数额在 100 000 元以上的，处 3～7 年有期徒刑或拘役，并处 1～5 倍罚金。

13. B 【解析】本题考核伪造、变造会计凭证、会计账簿，编制虚假财务会计报告的法律责任。对于伪造、变造会计凭证、会计账簿，编制虚假财务会计报告，尚未构成犯罪的，县级以上人民政府财政部门可对其处以 5 000～100 000 元的罚款。

14．A 【解析】本题考核伪造、变造会计凭证、会计账簿，编制虚假财务会计报告的法律责任。对于伪造，变造会计凭证、会计账簿，编制虚假财务会计报告，尚未构成犯罪的，县级以上人民政府财政部门可对直接责任人处以 3 000～50 000 元的罚款。

15．D 【解析】本题考核伪造、变造会计凭证、会计账簿，编制虚假财务会计报告的法律责任。对于伪造、变造会计凭证、会计账簿，编制虚假财务会计报告的会计人员，由县级以上人民政府财政部门吊销其会计从业资格证书。

16．B 【解析】本题考核隐匿、故意销毁依法应当保存的会计资料的法律责任。对于隐匿、故意销毁依法应当保存的会计凭证、会计账簿、财务会计报告的行为，尚不构成犯罪的，县级以上人民政府财政部门可以对单位处以 5 000～100 000 元的罚款。

17．A 【解析】本题考核偷税行为应承担的法律责任。隐匿或故意销毁依法应当保存的会计凭证、会计账簿属于偷税的手段之一。纳税人采取以上手段，不缴或少缴应纳税额，偷税数额占应纳税额的 30%以上，并且偷税数额在 100 000 元以上的，处 3～7 年有期徒刑或拘役，并处 1～5 倍罚金。

18．B 【解析】本题考核授意、指使、强令会计机构、会计人员及其他人员伪造、变造会计凭证、会计账簿，编制虚假会计报告或者隐匿、故意销毁依法应保存的会计资料的法律责任。纳税人有以上行为，尚未构成犯罪的，由县级以上人民政府财政部门对违法行为人处以 5 000～50 000 元的罚款。

19．A 【解析】本题考核单位负责人对会计人员打击报复的法律责任。对犯有打击报复会计人员罪的单位负责人，可处 3 年以下有期徒刑或者拘役。

二、多项选择题

1．CD 【解析】本题考核《会计法》法律责任形式。《会计法》规定的法律责任形式包括行政责任和刑事责任。

2．ABCD 【解析】本题考核行政处罚的形式。行政处罚具体形式包括警告、罚款、没收非法所得非法财物、责令停产停业、暂扣或吊销许可证或执照、行政拘留。因此四个选项都正确。

3．ABC 【解析】本题考核行政处分的形式。行政处分的具体形式包括警告、记过、记大过、降级、降职、撤职、留用察看、开除。选项 D 错误，拘役属于刑罚中的主刑。

4．ABC 【解析】本题考核可以从轻或减轻行政处罚的情形。可以依法从轻或减轻行政处罚的情形包括：当事人主动消除或减轻违法行为危害后果的；受他人胁迫有违法行为的；配合行政机关查处违法行为有立功表现的。选项 D 属于

不予行政处罚的情形。

5. AD 【解析】本题考核行政责任中行政处罚的形式。属于《会计法》规定的行政处罚的形式包括责令限期改正、罚款、行政处分、吊销会计从业资格证书。

6. AC 【解析】本题考核违反会计法应承担法律责任的行为。选项A不依法设置会计账簿和选项C不按规定使用记账本位币都属于违反国家统一的会计制度规定应承担法律责任的行为。选项B会计档案保管期满按规定销毁和选项D任用会计人员符合《会计法》的规定没有违反法律规定。

7. ABC 【解析】本题考核违反会计法应承担法律责任的行为。《会计法》对会议记录文字未作规定，因此选项D外商投资企业仅使用英文作为会议记录文字不属于违法行为。

8. ABC 【解析】本题考核吊销会计从业资格证书的情形。选项D错误，无故不参加会计人员继续教育不予通过会计从业资格证书年检，而非吊销会计从业资格证书。

9. ABC 【解析】本题考核违反会计法应承担法律责任的行为。选项D错误，没有单独设置会计机构并没有违反法律规定，因为会计法规定各单位应当根据会计业务的需要确定是否设置会计机构。

10. ABC 【解析】本题考核会计从业资格的吊销。有12种可被吊销会计从业资格的违法行为，但不包括无故不参加会计继续教育。

11. ABCD【解析】本题考核违反会计法应承担的法律责任。违反会计法应承担的法律责任包括：责令限期改正、罚款、给予行政处分、吊销会计从业资格证书、依法追究刑事责任。

12. AC 【解析】本题考核偷税行为应承担的法律责任。隐匿或故意销毁依法应当保存的会计凭证、会计账簿属于偷税的手段之一。纳税人采取以上手段，不缴或少缴应纳税额，偷税数额占应纳税额的10%以上不满30%，并且偷税数额在10 000元以上不满100 000元的，处3年以下有期徒刑或拘役，并处1～5倍罚金。

13. ABCD【解析】本题考核隐匿、故意销毁依法应当保存的会计资料的法律责任。隐匿或者故意销毁依法应当保存的会计凭证、会计账簿、财务会计报告的行为，尚未构成犯罪的，应承担的法律责任包括：通报、罚款（单位5 000～100 000元，个人3 000～50 000元）、国家工作人员给予行政处分、会计人员吊销会计从业资格证书、依法追究刑事责任。

14. AD 【解析】本题考核违反会计法行为的认定及其应承担的法律责任。该公司将销售残次品的收入单独设置账簿进行核算违反了会计法律制度，属于私设会计账簿的行为，按规定应由县级以上财政部门责令其限期改正，可对单位并处3 000元以上50 000元以下的罚款。

三、判断题

1. × 【解析】本题考核《会计法》法律责任形式。《会计法》规定的法律责任形式包括行政责任和刑事责任，不包括民事责任。

2. √ 【解析】本题考核行政责任。题干表述正确。

3. × 【解析】本题考核行政责任的实施机关。行政责任由县级以上地方人民政府具有行政处罚权的行政机关实施。

4. √ 【解析】本题考核追究刑事责任的违法行为和追究机关。题干表述正确。

5. √ 【解析】本题考核行政处罚当事人的权利。题干表述正确。

6. √ 【解析】本题考核违反会计法应承担法律责任的行为。题干表述正确。

7. × 【解析】本题考核违反会计法应承担的法律责任。对违反《会计法》行为情节严重的会计人员，由县级以上人民政府财政部门吊销其会计从业资格证书。

8. × 【解析】本题考核违反会计法应承担的法律责任。会计工作由财政部门管理，因此会计人员有违反《会计法》行为，情节严重的，应由县级以上人民政府财政部门吊销其会计从业资格证书。

9. √ 【解析】本题考核违反会计法应承担的法律责任。题干表述正确。

10. √ 【解析】本题考核违反会计法应承担的法律责任。题干表述正确。

11. √ 【解析】本题考核违反会计法应承担的法律责任。题干表述正确。

12. √ 【解析】本题考核伪造、变造会计凭证、会计账簿，编制虚假财务会计报告的法律责任。题干表述正确。

13. × 【解析】本题考核单位负责人对会计人员打击报复的法律责任。对犯有打击报复会计人员罪的单位负责人，可处3年以下有期徒刑或者拘役。

14. √ 【解析】本题考核单位负责人对会计人员打击报复的法律责任。题干表述正确。

第二章　支付结算法律制度

第一节　概　述

一、单项选择题

1．B　【解析】本题考核支付结算的特征。支付结算必须通过中国人民银行批准的金融机构进行。

2．B　【解析】本题考核办理支付结算的基本要求。单位、个人和银行办理支付结算，必须使用按中国人民银行统一规定印制的票据和结算凭证。

3．B　【解析】本题考核填写票据和结算凭证的基本要求。中文大写金额前应加“人民币”字样。

4．A　【解析】本题考核填写票据和结算凭证的基本要求。选项B在填写月、日时，月为壹、贰和壹拾的，应在其前面加“零”；选项C在填写月、日时，日为拾壹至拾玖的，应在其前面加“壹”；选项D票据出票日期使用小写填写的，不是票据无效，而是银行不予受理。

5．D　【解析】本题考核填写票据和结算凭证的基本要求。票据日期要用中文大写，而且要规范。

6．B　【解析】本题考核填写票据和结算凭证的基本要求。阿拉伯小写金额数字中有“0”的，中文大写金额应按汉语语言规律、金额数字构成和防止涂改的要求进行书写。

7．B　【解析】本题考核填写票据和结算凭证的基本要求。票据大写日期未按要求规范填写的，银行可以受理，但由此造成损失的，由出票人自行承担。

二、多项选择题

1．AB　【解析】本题考核支付结算的概念。支付结算是进行货币给付及其资金清算的行为。

2．ABC　【解析】本题考核支付结算的特征。银行（包括银行、城市信用合作社、农村信用合作社）是支付结算和资金清算的中介机构。

3．ABC　【解析】本题考核支付结算的基本原则。支付结算的基本原则包括：恪守信用、履约付款，谁的钱进谁的账、由谁支配，银行不垫款。

4．ABCD【解析】本题考核办理支付结算的基本要求。办理支付结算的四项基本要求包括：①必须使用中国人民银行统一规定的票据和结算凭证。②应当

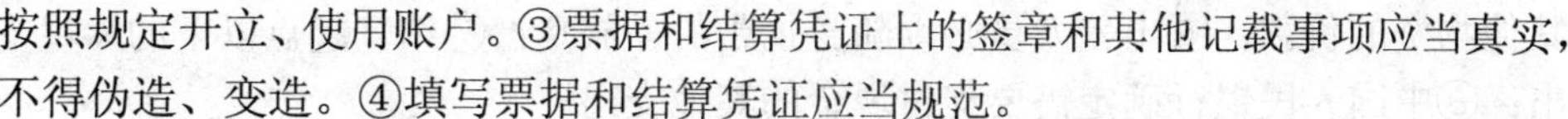

按照规定开立、使用账户。③票据和结算凭证上的签章和其他记载事项应当真实，不得伪造、变造。④填写票据和结算凭证应当规范。

5. AC 【解析】本题考核填写票据和结算凭证的基本要求。选项B错误，中文大写金额数字的“元”之后必须写“整”字；选项D错误，票据出票日期必须使用中文大写。

6. ACD 【解析】本题考核填写票据和结算凭证的基本要求。选项B错误，大写金额数字有“分”的，“分”后面不能写“整”字。

三、判断题

1. √ 【解析】本题考核支付结算的概念。题干表述正确。

2. × 【解析】本题考核支付结算的概念。个人在社会经济活动中使用票据、银行卡等方式进行资金清算的行为属于支付结算的范畴。

3. √ 【解析】本题考核支付结算的特征。题干表述正确。

4. √ 【解析】本题考核支付结算的基本原则。题干表述正确。

5. √ 【解析】本题考核办理支付结算的基本要求。题干表述正确。

6. × 【解析】本题考核填写票据和结算凭证的基本要求。中文大写金额数字到“元”为止的，在“元”之后，必须写“整”字，在“角”之后可写也可不写“整”字。

7. √ 【解析】本题考核填写票据和结算凭证的基本要求。题干表述正确。

8. × 【解析】本题考核填写票据和结算凭证的基本要求。中文大写金额数字前应标明“人民币”字样，大写金额数字应紧接“人民币”字样填写，不能留有空白。

9. √ 【解析】本题考核填写票据和结算凭证的基本要求。题干表述正确。

第二节 现 金 管 理

一、单项选择题

A 【解析】本题考核库存现金限额。库存现金限额由开户银行根据开户单位3～5天的日常零星开支所需要的现金核定，最多不得超过15天的日常零星开支。

二、多项选择题

1. ABCD 【解析】本题考核现金使用范围。本题考核使用现金的范围。根据规定，开户单位可以在下列范围内使用现金：①职工工资、津贴；②个人劳务报酬；③根据国家规定颁发给个人的科学技术、文化艺术、体育等各种奖金；④各种劳保、福利费用及国家规定的对个人的其他支出；⑤向个人收购农副产品和其他物资的价款；⑥出差人员必须随身携带的差旅费；⑦结算起点以下的零星支出；⑧中国人民银行确定需要支付现金的其他支出。

2．ACD 【解析】本题考核现金使用范围。根据规定，开户单位可以在下列范围内使用现金：①职工工资、津贴；②个人劳务报酬；③根据国家规定颁发给个人的科学技术、文化艺术、体育等各种奖金；④各种劳保、福利费用以及国家规定的对个人的其他支出；⑤向个人收购农副产品和其他物资的价款；⑥出差人员必须随身携带的差旅费；⑦结算起点以下的零星支出；⑧中国人民银行确定需要支付现金的其他支出。在上述列出的 8 项中，除⑤、⑥项外，开户单位支付给个人的款项中，支付现金每人一次不得超过 1 000 元，超过限额部分，应当以支票、银行本票支付。确需全额支付现金的，应经开户银行审查后予以支付。

3．ABCD 【解析】本题考核货币资金的监督检查。货币资金业务监督检查的主要内容包括：货币资金业务相关岗位及人员的设置情况、货币资金授权批准制度的执行情况、支付款项印章的保管情况、票据的保管情况。

4．BCD 【解析】本题考核现金管理要求，选项 A 错误，应为严禁一人保管支付款项所需的所有印章，其他选项说法正确。

三、判断题

1．× 【解析】本题考核现金管理的基本规定。超过 1 000 元的结算应当以转账方式支付。

2．√ 【解析】本题考核现金管理的基本规定。题干表述正确。

3．× 【解析】本题考核现金管理的基本规定。单位之间不得相互借用现金。

4．√ 【解析】本题考核现金管理的基本规定。题干表述正确。

5．√ 【解析】本题考核现金管理的基本规定。题干表述正确。

6．× 【解析】本题考核现金管理的基本规定。单位收入的现金不得以个人名义存入储蓄。

7．√ 【解析】本题考核现金管理的基本规定。题干表述正确。

8．× 【解析】本题考核现金管理的基本规定。单位不得从现金收入中直接支付现金。

9．× 【解析】本题考核现金管理的基本规定。库存现金限额由开户银行根据开户单位 3～5 天的日常零星开支所需要的现金核定。

10．√ 【解析】本题考核现金内部控制的基本规定。题干表述正确。

11．× 【解析】本题考核现金内部控制的基本规定。严禁一人保管支付款项所需的所有印章。

第三节　银行结算账户

一、单项选择题

1．B　【解析】本题考核银行结算账户的监管。银行结算账户的监督管理部门是中国人民银行。

2．D　【解析】本题考核银行结算账户的变更。办理银行结算账户变更的时间是5个工作日。

3．D　【解析】本题考核银行结算账户的撤销。提出撤销银行结算账户申请的时间为5个工作日。

4．C　【解析】本题考核银行结算账户的撤销。银行对一年内未发生任何收付活动且未欠开户银行债务的单位银行结算账户，应通知存款人自发出通知30日内到开户银行办理销户手续。

5．A　【解析】本题考核基本存款账户的使用范围。基本存款账户的使用范围包括存款人日常经营活动的资金收付，以及工资、奖金和现金的支取。

6．C　【解析】本题考核基本存款账户的相关规定。基本存款账户是存款人的主办账户；存款人可以没有一般存款账户，但一定要有基本存款账户；基本存款账户可以支取现金。

7．D　【解析】本题考核一般存款账户的相关规定。存款人申请开立一般存款账户没有数量限制。

8．C　【解析】本题考核一般存款账户的使用范围。一般存款账户不能支取现金。

9．A　【解析】本题考核专用存款账户的使用范围。选项A单位银行卡账户只能办理转账，不能办理现金收付。

10．C　【解析】本题考核专用存款账户的概念。专用存款账户是对特定用途资金进行专项管理和使用而开立的账户。

11．C　【解析】本题考核专用存款账户的开立范围。住房基金和社会保障基金属于专用存款账户的开立范围。

12．B　【解析】本题考核基本存款账户和临时存款账户的区别。基本存款账户没有时间限制而临时存款账户实行有效期管理，临时存款账户的有效期最长不得超过2年。

13．A　【解析】本题考核临时存款账户的有效期规定。临时存款账户有效期最长不得超过2年。

14．C　【解析】本题考核临时存款账户的开立范围。选项C期货交易保证

金属于专用存款账户开立的范围。

15. B 【解析】本题考核临时存款账户。注册验资的临时存款账户在验资期间只收不付。

16. D 【解析】本题考核异地银行结算账户的开立规定。存款人在异地取得借款和其他结算需要的，可以在异地开立一般存款账户。

17. A 【解析】本题考核银行结算账户的管理规定。银行结算账户管理档案的保管期限为银行结算账户撤销后10年。

18. B 【解析】本题考核存款人违反账户管理制度的处罚。存款人在使用银行结算账户过程中，违反规定将单位款项转入个人银行结算账户，对于非经营性存款人，警告并处1 000元罚款；对于经营性存款人，警告并处0.5～3万元罚款。

二、多项选择题

1. ABCD 【解析】本题考核银行结算账户的种类。银行结算账户按用途不同可分为基本存款账户、一般存款账户、专用存款账户和临时存款账户。

2. AC 【解析】本题考核银行结算账户的种类。银行结算账户按存款人不同可分为单位银行结算账户和个人银行结算账户。

3. ABCD 【解析】本题考核银行结算账户管理应遵守的基本原则。银行结算账户管理应遵循的原则包括：一个基本账户原则、守法合规原则、自主选择银行开立银行结算账户原则、存款信息保密原则。

4. ABC 【解析】本题考核银行结算账户的开立。中国人民银行应于2个工作日内对银行报送的基本存款账户、临时存款账户和预算单位专用存款账户的开户资料进行审核，符合开户条件的，予以核准。

5. ABCD【解析】本题考核银行结算账户的变更。银行结算账户的变更是指开户资料发生变更，包括存款人名称、单位法定代表人、住址等发生变更。

6. ABCD 【解析】本题考核银行结算账户的撤销。应撤销银行结算账户的情形包括：被撤销、解散、宣告破产或关闭的，注销、被吊销营业执照的，因迁址需要变更开户银行的，其他原因。

7. ABD 【解析】本题考核基本存款账户的使用范围。基本存款账户的使用范围包括：存款人日常经营活动的资金收付，以及工资、奖金和现金的支取。

8. ABC 【解析】本题考核基本存款账户申请人范围。凡是具有民事权利能力和民事行为能力，并依法独立享有民事权利和承担民事义务的法人和其他组织，均可开立基本存款账户。另外，有些单位虽然不是法人组织，但具有独立核算资格，有自主办理资金结算的需要，包括非法人企业、外国驻华机构、个体工商户、单位设立的独立核算的附属机构等，也可以开立基本存款账户。

9. ABC 【解析】本题考核一般存款账户的使用范围。一般存款账户的使

用范围包括：借款转存、借款归还、现金缴存。一般存款账户不得办理现金支取。

10．ACD 【解析】本题考核专用存款账户的开立范围。选项 B 流动资金借款应开立一般存款账户。

11．ABD 【解析】本题考核临时存款账户的开立范围。选项 C 错误，基本建设资金应开立专用存款账户。

12．ABCD【解析】本题考核银行结算账户的相关规定。四个选项都正确。

13．AB 【解析】本题考核个人银行结算账户的业务范围。储蓄账户仅限于办理现金存取，不得办理转账结算。

14．AC 【解析】本题考核异地银行结算账户的开立情形。选项 B 错误，营业执照注册地与经营地不在同一行政区域需要开立基本存款账户；选项D错误，办理异地借款需要开立一般存款账户。

三、判断题

1．× 【解析】本题考核银行结算账户的概念。银行结算账户是指存款人在经办银行开立的办理资金收付结算的人民币活期存款账户。

2．√ 【解析】本题考核基本存款账户与其他三类单位银行结算账户的关系。题干表述正确。

3．× 【解析】本题考核银行结算账户管理应遵守的基本原则。除国家法律、行政法规和国务院另有规定外，任何单位和个人不得强令存款人到指定银行开立银行结算账户。

4．× 【解析】本题考核银行结算账户管理应遵守的基本原则。除国家法律、行政法规另有规定外，银行不得为任何单位或者个人查询账户情况，不得为任何单位或者个人冻结、扣划款项。

5．√ 【解析】本题考核银行结算账户管理应遵守的基本原则。题干表述正确。

6．× 【解析】本题考核银行结算账户的开立。单位开立银行结算账户的名称必须与其提供的申请开户的证明文件的名称一致。

7．× 【解析】本题考核银行结算账户的变更。银行接到存款人的变更通知后，应及时办理变更手续，并于两个工作日内向中国人民银行报告。

8．× 【解析】本题考核基本存款账户的相关规定。一家单位只能开立一个基本存款账户。

9．√ 【解析】本题考核基本存款账户的开立范围。题干表述正确。

10．√ 【解析】本题考核基本存款账户和一般存款账户的相关规定。题干表述正确。

11．× 【解析】本题考核一般存款账户和基本存款账户使用范围的区别。

可以办理日常转账结算和现金收付的是基本存款账户。

12. × 【解析】本题考核银行结算账户的分类。并非所有以自然人姓名开立的银行结算账户都应纳入个人银行结算账户管理。个体工商户凭营业执照以字号或经营者姓名开立的银行结算账户纳入单位银行结算账户管理。

13. √ 【解析】本题考核银行结算账户的撤销。题干表述正确。

14. × 【解析】本题考核个人银行结算账户的定义。个人银行结算账户是指自然人因投资、消费、结算等而开立的可办理支付结算业务的存款账户。

15. × 【解析】本题考核个人银行结算账户的业务范围。个人银行结算账户可用于办理个人转账收付和现金支取。

16. × 【解析】本题考核个人银行结算账户的相关规定。邮政储蓄机构办理银行卡业务开立的账户纳入个人银行账户管理。

17. √ 【解析】本题考核个人银行结算账户的业务范围。题干表述正确。

18. √ 【解析】本题考核个人银行结算账户的相关规定。题干表述正确。

19. √ 【解析】本题考核异地银行结算账户的相关规定。题干表述正确。

20. √ 【解析】本题考核异地银行结算账户的开设范围。题干表述正确。

21. √ 【解析】本题考核异地银行结算账户的开设范围。题干表述正确。

22. √ 【解析】本题考核个人银行结算账户的相关规定。题干表述正确。

23. × 【解析】本题考核中国人民银行的管理。中国人民银行负责监督、检查银行结算账户的开立和使用。

第四节　票据结算方式

一、单项选择题

1. B 【解析】本题考核支票的概念。支票是由出票人签发、委托办理支票存款业务的银行在见票时无条件支付确定的金额给收款人或者持票人的结算方式。

2. D 【解析】本题考核支票的基本当事人。根据规定，支票的基本当事人包括出票人、付款人和收款人。

3. B 【解析】本题考核支票的种类。普通支票既能支取现金，又能用来转账。

4. C 【解析】本题考核支票的提示付款期限。支票的提示付款期限为自出票日起 10 日。

5. B 【解析】本题考核支票的使用范围。单位和个人在同一票据交换区域的各种款项结算都可使用支票。

6. D 【解析】本题考核支票的办理和使用要求。禁止签发空头支票。

7. A 【解析】本题考核支票的办理和使用要求中空头支票的判定。

8. B 【解析】本题考核商业汇票的概念。商业汇票是收款人或付款人（或承兑申请人）签发，由承兑人承兑，并于到期日向收款人或被背书人支付款项的票据。

9. D 【解析】本题考核票据的分类。汇票分为商业汇票和银行汇票，商业汇票分为商业承兑汇票和银行承兑汇票。

10. B 【解析】本题考核商业汇票的提示付款期限。商业汇票的提示付款期限自汇票到期日起 10 日内。

11. B 【解析】本题考核需要提示承兑的票据。商业汇票持票人应当自出票日起 1 个月内向付款人提示承兑。

12. C 【解析】本题考核商业汇票的使用范围。在银行开立存款账户的法人以及其他组织之间，必须具有真实的交易关系或债权债务关系，才能使用商业汇票。

13. D 【解析】本题考核承兑的概念。承兑是指汇票付款人承诺在汇票到期日支付汇票金额的票据行为。

14. A 【解析】本题考核信用卡的使用。单位卡不得用于 10 万元以上的商品交易、劳务供应款项的结算，并一律不得支取现金。

15. D 【解析】本题考核信用卡的透支额度。信用卡透支额，金卡最高不得超过 1 万元，普通卡最高不得超过 5 000 元。

16. D 【解析】本题考核汇兑的相关规定。汇入银行对于向收款人发出取款通知，经过 2 个月无法交付的汇款，应主动办理退汇。

17. D 【解析】本题考核汇兑的退汇。汇款人申请退汇必须是该汇款已从汇出银行汇出。如果汇款人与收款人不能达成一致退汇的意见，不能办理退汇。汇入银行对于收款人拒绝接受的汇款，应立即办理退汇。汇入银行对于向收款人发出取款通知，经过 2 个月无法交付的汇款，应主动办理退汇。

二、多项选择题

1. ABCD 【解析】本题考核票据的种类。在我国，票据包括银行汇票、商业汇票、银行本票、支票。

2. ABC 【解析】本题考核支票的种类。支票可分为现金支票、转账支票和普通支票。

3. ABC 【解析】本题考核支票的基本当事人。支票的基本当事人包括出票人、付款人和收款人。

4. ABD 【解析】本题考核转账支票的相关概念。选项 C 错误，转账支票不得支取现金。

5．AC　【解析】本题考核商业汇票的相关规定。选项 B，商业汇票包括商业承兑汇票和银行承兑汇票，商业承兑汇票的承兑人为付款人，银行承兑汇票的承兑人为银行；选项 D，商业汇票的提示付款期限为自汇票到期日起 10 日内。

6．BCD　【解析】本题考核信用卡的相关规定。选项 B，一个单位只能开立一个基本存款账户，不过可以申领若干张单位卡；选项 C，凡具有完全民事行为能力的公民可申领个人卡；选项 D，个人卡账户可以转账结清，也可以提取现金。

7．BCD　【解析】本题考核银行卡的使用规定。持卡人不得用于 10 万元以上的商品交易、劳务供应款项的结算，并一律不得支取现金。如果需要向其账户续存资金的，单位卡的持卡人必须从其基本存款账户转账存入。

8．AC　【解析】本题考核单位银行卡账户的资金管理。根据规定，单位银行卡账户的资金由其基本存款账户转账存入，并不得办理现金收付业务。

9．ABCD【解析】本题考核汇兑凭证必须记载事项。签发汇兑凭证必须记载事项包括：表明“信汇”或“电汇”的字样；无条件支付的委托；确定的金额；收款人名称；汇款人名称；汇入地点、汇入行名称；汇出地点、汇出行名称；委托日期；汇款人签章。

三、判断题

1．√　【解析】本题考核票据的概念。题干表述正确。

2．√　【解析】本题考核现金支票的概念及特点。题干表述正确。

3．√　【解析】本题考核现金支票的概念及特点。题干表述正确。

4．√　【解析】本题考核支票出票的相关规定。题干表述正确。

5．×　【解析】本题考核支票的提示付款期限。支票的提示付款期限为自出票日起 10 日。

6．√　【解析】本题考核空头支票的有关规定。题干表述正确。

7．√　【解析】本题考核支票的可靠性。题干表述正确。

8．√　【解析】本题考核商业汇票的种类。题干表述正确。

9．×　【解析】本题考核商业汇票的付款期限。商业汇票的付款期限最长不得超过 6 个月。

10．√　【解析】本题考核商业承兑汇票的出票和承兑。题干表述正确。

11．√　【解析】本题考核商业汇票的出票规定。题干表述正确。

12．×　【解析】本题考核背书的概念和相关规定。背书是指在票据背面或者粘单上记载有关事项并签章的票据行为；以背书转让的票据，背书必须连续。

13．√　【解析】本题考核信用卡的分类。题干表述正确。

14．×　【解析】本题考核单位银行卡的使用。单位银行卡账户的资金由基本存款账户转账存入，并不得办理现金收付业务。

15．√ 【解析】本题考核信用卡的透支期限。题干表述正确。

16．√ 【解析】本题考核汇兑的种类。题干表述正确。

17．√ 【解析】本题考核汇兑的适用范围。题干表述正确。

18．× 【解析】本题考核汇兑的退汇。汇款人申请退汇必须是该汇款已从汇出银行汇出。

19．× 【解析】本题考核汇兑的相关规定。汇款回单只是汇出银行受理汇款的依据。收账通知是银行将款项已收入收款人账户的凭据。

20．× 【解析】本题考核汇兑的退汇。汇入银行对于其向收款人发出取款通知，经过两个月无法交付的汇款，应主动办理退汇。

第三章 税收法律制度

第一节 税收概述

一、单项选择题

1．D 【解析】本题考核税收的分类。印花税是针对境内书立合同或者领受权利许可证照的行为征税，属于行为税范围，不属于流转税。

2．C 【解析】本题考核税收程序法的范围。税收程序法是指税务管理方面的法律，如《中华人民共和国税收征收管理法》、《进出口关税条例》。选项 A、B、D 属于税收实体法。

3．D 【解析】本题考核税收法律的制定部门。税收法律由全国人大及其常委会制定。

4．B 【解析】本题考核地方税收规章。地方税收规章是省、自治区、直辖市和较大的市的人民政府，根据法律、行政法规和本省的地方性法规制定的。

5．A 【解析】本题考核纳税人的概念。纳税人是税法规定直接负有纳税义务的自然人、法人和其他组织。

6．B 【解析】本题考核征税对象的概念。征税对象是税收法律关系中权利义务所指向的对象，即对什么征税，是征税的客体，是区别不同税种的重要标志。

7．C 【解析】本题考核税率的概念。税率是应纳税额与计税金额（或数量单位）之间的比例，是计算税额的尺度，体现征税的深度。

8．B 【解析】本题考核税目的概念。税目是税法中规定的征税对象的具体项目，是征税的具体根据，它规定了征税对象的具体范围。

9．C 【解析】本题考核税法要素中税率的概念。计算纳税人应纳税额的尺度是税率，也是衡量税负轻重与否的重要标志。

10．A 【解析】本题考核定额税率。定额税率是按征税对象的一定单位直接规定固定的税额，其对应的计税依据为实物量。

11．C 【解析】本题考核起征点的概念和计算。起征点是不到不征，一到全征。甲、乙都已到起征点，各自就全部收入计算纳税。

12．A 【解析】本题考核起征点和免征额的概念和计算。起征点是不到不征，一到全征。免征额是不到不征，一到只就超过的部分征税。如果起征点为 240 元，则该纳税人应就全部收入纳税，如果免征额为 240 元，则该纳税人应就超过的部分纳税。

13．C 【解析】本题考核我国现行税法中采用超率累进税率的税种。我国现行税法中唯一采用超率累进税率的税种是土地增值税。

14．B 【解析】本题考核我国现行税法中采用超额累进税率的税种。我国现行税法中采用超额累进税率的税种是个人所得税。

15．A 【解析】本题考核纳税环节的相关规定。增值税采用的是多次课征制。

16．B 【解析】本题考核减免税的相关规定。免征额是指对课税对象总额中免予征税的数额。即对纳税对象中的一部分给予减免，只就减除后的剩余部分计征税款。个人所得税计算中按规定扣除的2 000元属于免征额，而不是起征点。

二、多项选择题

1．ABCD【解析】本题考核税收的作用。税收具有组织财政收入、调节经济、维护国家政权和国家利益等方面的重要作用。

2．ABD 【解析】本题考核税收的特征。税收的特征是强制性、无偿性和固定性。

3．ABCD【解析】本题考核税收与税法的关系。税法与税收存在着密切的联系。税收以税法为其依据和保障，税收活动必须严格依照税法的规定进行，而税法又必须以保障税收活动的有序进行为其存在的理由和依据。税收作为一种经济活动，属于经济基础范畴；而税法则是一种法律制度，属于上层建筑范畴。国家和社会对税收收入和税收活动的客观需要，决定了与税收相对应的税法的存在，税法则对税收的有序进行和税收目的的有效实施起着重要的法律保障作用。

4．AB 【解析】本题考核税收的分类。税收按计税标准分，可分为从价税、从量税、复合税。

5．ACD【解析】本题考核税收的分类。税收按管理和使用权限划分，可分为中央税、地方税和中央地方共享税。

6．ABC 【解析】本题考核流转税。流转税主要包括增值税、消费税、营业税和关税。

7．ABC 【解析】本题考核税收的分类。税收按征税对象分类，可将全部税收划分为流转税类、所得税类、财产税类、资源税类和行为税类五种类型。

8．BD 【解析】本题考核税收的分类。行为税是指以某些特定行为为征税对象的一类税收，主要是对某种行为课税。包括印花税、城市维护建设税等税法。

9．ABD 【解析】本题考核税收的分类。工商税具体包括增值税、消费税、营业税、资源税、企业所得税、个人所得税、城市维护建设税、房产税、城市房地产税、车船税、土地增值税、城镇土地使用税、印花税等税种。

10．ABCD【解析】本题考核税法的分类。按照税法法律级次划分，可将税法分为税收法律、税收行政法规、税收规章和税收规范性文件。

11．AC 【解析】本题考核税法的分类。根据税法的功能作用的不同，可以将税法分为税收实体法和税收程序法。

12．BCD 【解析】本题考核税收程序法。税收程序法的内容主要包括税收确定程序、税收征收程序、税收检查程序和税务争议的解决程序。

13．CD 【解析】本题考核税收规章。税收规章分为税收部门规章和地方税收规章。

14．ABCD【解析】本题考核税法构成要素。四个选项都为税法构成要素。

15．ABC 【解析】本题考核税率。我国现行的税率主要有比例税率、累进税率和定额税率。

16．BCD 【解析】本题考核税率。目前采用定额税率的有资源税、城镇土地使用税、车船税等。

17．BC 【解析】本题考核我国现行税法适用的累进税率。我国现行税制中采用的累进税率主要有超额累进税率（个人所得税）、超率累进税率（土地增值税）。

18．ABD 【解析】本题考核累进税率。累进税率分为全额累进税率、超额累进税率、超率累进税率和超倍累进税率。

19．ABC 【解析】本题考核减免税的类型。减免税可分为税基式减免、税率式减免和税额式减免。

三、判断题

1．× 【解析】本题考核税收的概念。税收是国家为实现国家职能，凭借政治权力，按照法律规定的标准，无偿取得财政收入的一种特定分配方式。

2．√ 【解析】本题考核税法的概念，题干表述正确。

3．√ 【解析】本题考核税收与税法的关系。题干表述正确。

4．× 【解析】本题考核税收实体法。税收实体法是税法的核心部分，没有税收实体法，税法体系就不能成立。

5．× 【解析】本题考核税收行政法规的制定和法律地位。税收行政法规由国务院根据有关法律的规定制定。税收法规的法律地位和法律效力低于宪法和税收法律。

6．× 【解析】本题考核地方税收规章的制定。地方政府制定税收规章都必须在税收法律、法规明确授权的前提下进行，并且不得与税收法律、行政法规相抵触。没有税收法律、法规的授权，地方政府是无权自定税收规章的，凡越权自定的税收规章都没有法律效力。

7. × 【解析】本题考核税法的构成要素中的征税人。征税人是指代表国家行使税收征管职权的各级税务机关和其他征收机关。如税务机关、海关等。

8. × 【解析】本题考核税法要素中计税依据的概念。计税依据是指计算应纳税额的依据或标准，即根据什么来计算纳税人应缴纳的税额。征税对象是区别不同税种的重要标志。

9. √ 【解析】本题考核复合计征的概念和计算。题干表述正确。

10. × 【解析】本题考核比例税率的概念。对同一征税对象，不论数额多少，均按同一比例征税的税率称为比例税率。

11. × 【解析】本题考核税额式减免的概念。通过直接减少应纳税额的方式实现的减免税形式叫税额式减免。

12. × 【解析】本题考核税目和税率的概念。税目是征税对象在应税内容上的具体化，税率是应纳税额与计税金额（或数量单位）之间的比例，体现了征税的深度。

13. × 【解析】本题考核起征点与免征额的区别。起征点指税法规定的计税依据应当征税的数额起点。计税依据数额达不到起征点的不征税，达到起征点的按照计税依据全额征税。

14. √ 【解析】本题考核免征额的规定。题干表述正确。

第二节 主要税种

一、单项选择题

1. A 【解析】本题考核增值税的类型。2009 年 1 月 1 日起施行的《增值税暂行条例》，规定允许抵扣购进固定资产的进项税额，实现了增值税由生产型向消费型的转换。

2. C 【解析】本题考核增值税的概念。增值税是指对从事销售货物或者加工、修理修配劳务，以及进口货物的单位和个人取得的增值额为计税依据征收的一种流转税。

3. B 【解析】本题考核增值税的纳税人。销售商品房应缴纳营业税。

4. A 【解析】本题考核增值税的征税范围。增值税的征税范围包括在境内销售货物、进口货物和提供修理修配劳务。选项 B、C、D 都属于营业税的征税范围。

5. D 【解析】本题考核增值税应纳税额的计算。企业 3 月份应缴纳的增值税税额=61 800 ÷（1 +3%）×3%=1 800（元）。

6. B 【解析】本题考核一般纳税人认定标准。商业性企业及主营商业的企业，年应税销售额不低于 80 万元的，可以认定为一般纳税人。

7．A 【解析】本题考核13%税率的适用范围。销售图书适用的税率是13%。

8．A 【解析】本题考核进项税额的抵扣。购进货物用于集体福利不得抵扣进项税额。

9．B 【解析】本题考核增值税纳税义务发生时间。采用预收货款方式销售货物纳税义务时间为货物发出当天。

10．D 【解析】本题考核增值税纳税期限。增值税纳税人以1日、3日、5日、10日或者15日为1个纳税期的，自期满之日起5日内预缴税款，于次月1日起15日内申报纳税并结清上月应纳税款。

11．A 【解析】本题考核增值税纳税期限。增值税纳税人出口适用税率为零的货物，可以按月向税务机关申报办理该项出口货物的退税。

12．C 【解析】本题考核增值税纳税地点。非固定业户销售货物或应税劳务应向销售地或劳务发生地的主管税务机关申报纳税；未向销售地主管税务机关申报纳税的，由其机构所在地主管税务机关补征税款。

13．C 【解析】本题考核消费税税率。白酒同时适用比例税率和定额税率，税率为20%加0.5元/500克。

14．A 【解析】本题考核消费税的计算。应缴纳的消费税=100×30%=30（万元）。

15．A 【解析】本题考核消费税的计税规定。用于换取生产资料、消费资料、投资入股和抵偿债务的应税消费品，应按同类应税消费品的最高售价计算纳税。

16．D 【解析】本题考核消费税的计税规定。纳税人外购应税消费品生产应税消费品销售的，可按当期生产领用数量计算准予扣除外购应税消费品已纳的消费税税款。

17．A 【解析】本题考核委托加工应税消费品的计税依据。委托加工应税消费品应按受托方同类应税消费品的价格计税；没有同类应税消费品价格的，按组成计税价格计税，组成计税价格公式为：组成计税价格=（材料成本+加工费）÷（1－消费税税率）。

18．B 【解析】本题考核消费税纳税义务发生时间。纳税人采取分期收款结算方式的，为销售合同规定的收款日期的当天；纳税人采取托收承付和委托银行收款方式销售的应税消费品，为发出应税消费品并办妥托收手续的当天。

19．C 【解析】本题考核营业税的征税范围。提供修理劳务属于增值税的应税行为，应缴纳增值税。

20．D 【解析】本题考核营业税税率。娱乐业执行5%～20%的幅度税率。

21．A 【解析】本题考核营业税纳税义务发生时间。纳税人将自建建筑物对外赠与，其建筑业应税劳务的纳税义务发生时间为该建筑物产权转移的当天。

22．A 【解析】本题考核营业税的纳税地点。根据规定，纳税人销售不动产，应当向不动产所在地主管税务机关申报缴纳营业税。

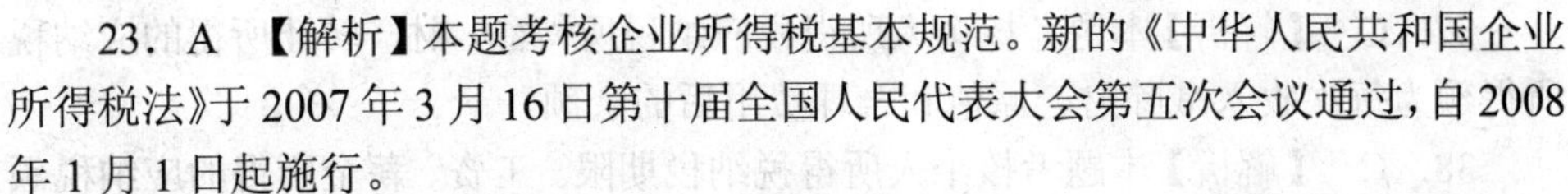

23. A 【解析】本题考核企业所得税基本规范。新的《中华人民共和国企业所得税法》于 2007 年 3 月 16 日第十届全国人民代表大会第五次会议通过，自 2008 年 1 月 1 日起施行。

24. B 【解析】本题考核企业所得税税率。适用于在中国境内未设立机构、场所的，或者虽设立机构、场所但取得的所得与其所设机构、场所没有实际联系的非居民企业的企业所得税税率是 20%。

25. A 【解析】本题考核企业所得税扣除项目。公益性捐赠支出，在年度利润总额 12%以内的部分，准予扣除。

26. D 【解析】本题考核企业所得税扣除项目。向投资者支付的股息、红利等权益性投资收益款项和赞助支出不得在企业所得税前扣除。

27. C 【解析】本题考核企业所得税纳税地点。非居民企业在中国境内未设立机构、场所的，或者虽设立机构、场所但取得的所得与其所设机构、场所没有实际联系的所得，以扣缴义务人所在地为纳税地点。

28. C 【解析】本题考核企业所得税纳税申报。按月或按季预缴的，应当自月份或者季度终了之日起 15 日内，向税务机关报送预缴企业所得税纳税申报表，预缴税款。

29. D 【解析】本题考核企业所得税纳税申报。企业应当自月份或季度终了之日起 15 日内预缴税款；自年度终了之日起 5 个月内汇算清缴，结清应缴应退税款。

30. C 【解析】本题考核个人所得税税目。根据规定，稿酬所得是指个人因其作品以图书、报刊形式出版、发表而取得的所得。因此本题中，作家将其书画作品通过出版社出版取得的报酬，应属于“稿酬所得”。

31. C 【解析】本题考核个人所得税税率。工资、薪金所得，适用超额累进税率，税率为 5%至 45%。

32. C 【解析】本题考核个人所得税税率。稿酬所得适用的个人所得税税率为 20%，并按应纳税额减征 30%，其实际税率为 14%。

33. C 【解析】本题考核个人所得税应纳税所得额。附加减除费用标准为：符合适用范围内的人员每月工资、薪金所得在减除 2 000 元费用的基础上，再减除 2 800 元。

34. D 【解析】本题考核个人所得税应纳税所得额。劳务报酬所得，每次收入 4 000 元以上的，减除 20%的费用，其余额为应纳税所得额。

35. C 【解析】本题考核个人所得税应纳税所得额。对劳务报酬所得一次收入畸高的，实行加成征收。

36. C 【解析】本题考核个人所得税应纳税所得额。劳务报酬所得一次收入畸高是指一次劳务报酬所得的应纳税所得额超过 2 万元。

37. C 【解析】本题考核个人所得税应纳税所得额。财产转让所得的应纳税所得额为每次收入减除财产原值和合理费用后的余额。

38. C 【解析】本题考核个人所得税纳税期限。工资、薪金所得的应纳税额由扣缴义务人或纳税人在次月的7日内缴入国库。

39. D 【解析】本题考核个人所得税纳税期限。对于年所得12万元以上的纳税人，无论取得的各项所得是否已足额缴纳了个人所得税，均应按照规定，于纳税年度终了后3个月内向主管税务机关办理纳税申报。

二、多项选择题

1. ABC 【解析】本题考核增值税类型。根据税基和购进固定资产的进项税额是否扣除及如何扣除的不同，各国增值税可以分为生产型、收入型和消费型三种类型。

2. ABC 【解析】本题考核增值税税率。我国增值税采用的是比例税率分为基本税率17%、低税率13%、零税率。

3. ABCD 【解析】本题考核增值税税率。增值税适用13%税率的货物包括粮食、自来水、图书、饲料、农业产品等。

4. BD 【解析】本题考核销售额包含的内容。增值税是价外税，销售额不包括向购买方收取的销项税额；受托加工应征消费税的消费品所代收代缴的消费税属于代收性质，也不包含在价外费用内。

5. ACD 【解析】本题考核增值税纳税义务发生时间的规定。采取预收货款方式销售货物，为货物发出的当天。

6. ACD 【解析】本题考核消费税纳税人。在中国境内从事生产、委托加工和进口应税消费品的单位和个人，为消费税的纳税人。

7. AB 【解析】本题考核消费税的征税范围。现行消费税的征收范围主要包括：烟，酒及酒精，鞭炮、焰火，化妆品，成品油，贵重首饰及珠宝玉石，高尔夫球及球具，高档手表，游艇，木制一次性筷子，实木地板，汽车轮胎，摩托车，小汽车等税目，有的税目还进一步划分若干子目。

8. ACD 【解析】本题考核消费税税率。消费税采用比例税率、定额税率和复合税率三种形式。

9. BC 【解析】本题考核消费税税率。现行消费税的征税范围中只有卷烟、白酒采用复合计征方法。

10. AB 【解析】本题考核消费税计税依据。销售应税消费品的，为应税消费品的销售数量；自产自用应税消费品的，为应税消费品的移送使用数量；委托加工应税消费品的，为纳税人收回的应税消费品数量；进口的应税消费品，为海关核定的应税消费品进口征税数量。

11．BCD 【解析】营业税应税劳务是指属于交通运输业、建筑业、金融保险业、邮电通信业、文化体育业、娱乐业、服务业税目征收范围的劳务。加工和修理修配劳务属于增值税的征税范围，不属于营业税的应税劳务。单位或个体工商户聘用的员工为本单位或雇主提供的劳务，也不属于营业税的应税劳务。

12．BD 【解析】本题考核营业税税率。文化体育业、交通运输业适用税率为3%，服务业、金融保险业、销售不动产和转让无形资产适用5%的营业税税率。

13．ABC 【解析】本题考核营业税应纳税额的计算方法。营业税应纳税额计算方法包括全额计税、差额计税、按组成计税价格计税。

14．ABC 【解析】本题考核营业税纳税义务发生时间。未签订书面合同或者书面合同未确定付款日期的，为应税行为完成的当天。

15．ACD 【解析】本题考核营业税纳税地点。从事运输业务的，应当向其机构所在地主管税务机关申报缴纳营业税。

16．AD 【解析】本题考核企业所得税纳税人。个人独资企业和合伙企业适用《个人所得税法》的规定。

17．AB 【解析】本题考核企业所得税税率。现行企业所得税税率为25%、20%、15%。

18．ABCD【解析】本题考核企业所得税扣除项目。企业实际发生的与取得收入有关的、合理的支出，包括成本、费用、税金、损失和其他支出准予在计算应纳税所得额时扣除。

19．ABCD 【解析】本题考核企业所得税收入总额。《企业所得税法》规定的收入总额的范围包括销售货物收入，提供劳务收入，转让财产收入，股息、红利等权益性投资收益，利息收入，租金收入，特许权使用费收入，接受捐赠收入，其他收入。

20．ABC 【解析】本题考核企业所得税不征税收入。不征税收入主要包括：财政拨款，依法收取并纳入财政管理的行政事业性收费、政府性基金以及国务院规定的其他不征税收入。

21．AD 【解析】本题考核企业所得税扣除项目。7 类不得扣除的固定资产折旧包括：①除房屋、建筑物以外未投入使用的固定资产；②以经营租赁方式租入的固定资产；③以融资租赁方式租出的固定资产；④已经足额提取折旧继续使用的固定资产；⑤与经营活动无关的固定资产；⑥单独估价作为固定资产入账的土地；⑦其他不得计算折旧扣除的固定资产。

22．ABC 【解析】本题考核企业所得税扣除项目。公益性捐赠支出在计算企业所得税时是可以扣除的。

23．ABD 【解析】本题考核企业所得税扣除项目。4 类不得计算摊销费用

扣除的无形资产包括：①自行开发的支出已经在计算应纳税所得额时扣除的无形资产；②自创商誉；③与经营活动无关的无形资产；④其他不得计算摊销费用扣除的无形资产。

24. ACD【解析】本题考核个人所得税纳税人。个人所得税以所得人为纳税义务人，包括自然人、个体工商户、个人独资企业、合伙企业。

25. AB 【解析】本题考核个人所得税税率。我国个人所得税采用的税率形式有比例税率和超额累进税率。

26. ABC 【解析】本题考核个人所得税税率。工资、薪金所得适用九级超额累进税率；个体工商户生产、经营所得和对企事业单位的承包、承租经营所得适用五级超额累进税率；财产转让所得适用 20%比例税率。

27. ACD【解析】本题考核个人所得税税率。劳务报酬所得，虽然适用的个人所得税税率为 20%，但对劳务报酬所得一次收入畸高的，可以实行加成征收。

28. ABD【解析】本题考核个人所得税应纳税所得额。选项 C 在中国境内的外商投资企业中工作取得工资、薪金所得的人员中，只有外籍人员在计算个人应纳税所得额时适用附加减除费用。

29. ABCD【解析】本题考核个人所得税应纳税所得额。四个选项都属于不征收个人所得税的津贴补贴。

30. BD 【解析】本题考核个人所得税应纳税所得额。劳务报酬和财产租赁所得可以扣除 800 或 20%费用，分得的红利和有奖销售中奖分别属于利息、股息、红利所得和偶然所得，计算个人所得税时不得扣除任何费用。

31. ABCD【解析】本题考核个人所得税纳税申报。需自行申报的情形包括：年所得 12 万元以上的；从中国境内两处或两处以上取得工资、薪金所得的；从中国境外取得所得的；取得应纳税所得，没有扣缴义务人的；国务院规定的其他情形。

三、判断题

1. √ 【解析】本题考核增值税的类型，题干表述正确。

2. × 【解析】本题考核进项税额的抵扣。增值税小规模纳税人购进货物不得抵扣进项税额。

3. × 【解析】本题考核一般纳税人认定标准。商业性企业及主营商业的企业，年应税销售额不低于 80 万元的，可以认定为一般纳税人。

4. × 【解析】本题考核增值税一般纳税人进项税额抵扣规定。并非所有的进项税额都可以抵扣，比如购进货物用于免税项目、非应税项目、集体福利和个人消费的，就不得抵扣进项税额。

5. × 【解析】本题考核纳税义务发生时间。采取托收承付和委托银行收款方式销售货物，为发出货物并办妥托收手续的当天。

6. × 【解析】本题考核纳税地点。总机构和分支机构不在同一县（市）的，应当分别向各自所在地的主管税务机关申报纳税。

7. √ 【解析】本题考核纳税地点。题干表述正确。

8. × 【解析】本题考核纳税期限。进口货物应当自海关填发税款缴纳凭证之日起 15 日内缴纳税款。

9. × 【解析】本题考核消费税的计税依据。实行从价定率计算的消费税应税消费品，其消费税税基和增值税税基是一致的，即都是以含消费税不含增值税的销售额作为计税基数。

10. √ 【解析】本题考核消费税的计税规定。题干表述正确。

11. × 【解析】本题考核消费税的计税依据。受托加工应征消费税的消费品所代收代缴的消费税不包括在价外费用中。

12. × 【解析】本题考核消费税的计税依据。销售额为纳税人销售应税消费品向购买方收取的全部价款和价外费用，但不包括向购货方收取的增值税款。

13. × 【解析】本题考核消费税的计算。在从量定额征收情况下，根据不同的应税消费品确定不同的单位税额，以应税消费品的数量为基数乘以单位税额计算应纳税额。

14. × 【解析】本题考核进口应税消费品组成计税价格。进口消费税应税消费品的组成计税价格公式为：组成计税价格=（关税完税价格+关税）÷（1−消费税税率）。

15. × 【解析】本题考核消费税的纳税义务发生时间。纳税人委托加工的应税消费品，其消费税纳税义务的发生时间，为纳税人提货的当天。

16. × 【解析】本题考核消费税的纳税地点。纳税人的总机构与分支机构不在同一县（市）的，应当分别向各自机构所在地的主管税务机关申报缴纳消费税。

17. √ 【解析】本题考核消费税的征收管理。委托加工的应税消费品，除委托方为个体经营者外，一律由受托方向所在地主管税务机关解缴税款。

18. × 【解析】本题考核增值税的征税范围。根据规定，提供货物加工、修理修配劳务的收入，缴纳增值税。

19. × 【解析】本题考核营业税税率。纳税人兼营不同税目应税行为的，应当分别核算各自的营业额、转让额、销售额，按各自的适用税率计算应纳税额；未分别核算的，应从高适用税率。

20. × 【解析】本题考核营业税征税范围。加工和修理修配劳务属于增值税的征税范围，不属于营业税的应税劳务。

21. × 【解析】本题考核营业税纳税义务发生时间。纳税人转让土地使用权

或者销售不动产，采取预收款方式的，其营业税纳税义务发生时间为收到预收款的当天。

22. × 【解析】本题考核营业税纳税义务发生时间。纳税人将自建建筑物对外赠与，其建筑业应税劳务的营业税纳税义务发生时间为该建筑物产权转移的当天。

23. × 【解析】本题考核营业税纳税地点。纳税人转让土地使用权，应当向土地所在地主管税务机关申报缴纳营业税。

24. √ 【解析】本题考核企业所得税纳税人。题干表述正确。

25. × 【解析】本题考核企业所得税税率。在中国境内设有机构、场所且所得与机构、场所有关联的非居民企业适用25%的企业所得税税率。

26. × 【解析】本题考核企业所得税收入总额。企业所得税的应税收入总额指企业以货币形式和非货币形式从各种来源取得的收入。

27. × 【解析】本题考核企业所得税不征税收入的概念。不征税收入是指不属于企业营利性活动带来的经济利益、不负有纳税义务并不作为应纳税所得额组成部分的收入。

28. × 【解析】本题考核企业所得税扣除项目。公益性捐赠支出在计算企业所得税时可以扣除，超过规定标准的捐赠支出不得扣除。

29. √ 【解析】本题考核企业所得税扣除项目。题干表述正确。

30. × 【解析】本题考核企业所得税亏损弥补。纳税人发生年度亏损的，可以用下一纳税年度的所得弥补；下一纳税年度的所得不足弥补的，可以逐年延续弥补，但是延续弥补期最长不得超过5年。5年内不论是盈利或亏损，都作为实际弥补期限计算。

31. × 【解析】本题考核企业所得税亏损弥补。企业在汇总计算缴纳企业所得税时，其境外营业机构的亏损不得抵减境内营业机构的盈利。

32. × 【解析】本题考核企业所得税纳税申报。居民企业在中国境内设立不具有法人资格的营业机构的，应当汇总计算并缴纳企业所得税。

33. × 【解析】本题考核企业所得税纳税地点。非居民企业在中国境内未设立机构、场所的，或者虽设立机构、场所但取得的所得与其所设机构、场所没有实际联系的所得，以扣缴义务人所在地为纳税地点。

34. √ 【解析】本题考核企业所得税纳税申报。题干表述正确。

35. √ 【解析】本题考核企业所得税纳税申报。题干表述正确。

36. × 【解析】本题考核个人所得税居民纳税义务人的纳税义务。居民纳税人负无限纳税义务，应就其来源于中国境内、境外的全部所得，依法缴纳个人所得税。

37. × 【解析】本题考核个人所得税应纳税所得额。个体工商户的生产、经营所得，以每一纳税年度的收入总额，减除成本、费用以及损失后的余额为应纳税所得额。

38. × 【解析】本题考核个人所得税应纳税所得额。财产转让所得以转让财产的收入额减除财产原值和合理费用后的余额为应纳税所得额；财产租赁所得应纳税所得额的计算同劳务报酬所得。

39. × 【解析】本题考核个人所得税应纳税所得额。股票转让所得不征收个人所得税。

40. × 【解析】本题考核个人所得税应纳税所得额。特许权使用费所得每次收入 4 000 元以下的，以每次收入减除费用 800 元后的余额为应纳税所得额；每次收入在 4 000 元以上的，以每次收入减除 20%费用后的余额为应纳税所得额。

41. × 【解析】本题考核个人所得税应纳税所得额。个人转让自用 5 年以上并且是家庭唯一生活用房取得的所得免征个人所得税。

42. × 【解析】本题考核个人所得税纳税期限。对于年所得 12 万元以上的纳税人，无论取得的各项所得是否已足额缴纳了个人所得税，均应按照规定，于纳税年度终了后 3 个月内向主管税务机关办理纳税申报。

第三节 税收征管

一、单项选择题

1. A 【解析】本题考核设立税务登记的时间。设立税务登记时间为 30 日。领取工商营业执照的纳税人，自领取工商营业执照之日起 30 日内申报办理税务登记；未办理工商营业执照但经有关部门批准设立的纳税人，自批准之日起 30 日内申报办理税务登记；未办理工商营业执照也未经有关部门批准设立的纳税人，自纳税义务发生之日起 30 日内申报办理税务登记。

2. D 【解析】本题考核变更登记的范围。纳税人税务登记内容发生变化时应向原税务机关申报办理变更税务登记，包括改变法定代表人、增加注册资本等。

3. B 【解析】本题考核变更税务登记的时间。办理变更税务登记的时间为 30 日。纳税人应当自工商行政管理机关变更登记之日起 30 日内，或自税务登记内容实际发生变化之日起 30 日内，或自有关机关批准或宣布变更之日起 30 日内办理变更登记。

4. A 【解析】本题考核变更税务登记的范围。选项 A 属于注销税务登记的范围。

5. B 【解析】本题考核注销税务登记的时间。注销税务登记的时间为 15 日。

6. C 【解析】本题考核设立税务登记的时间。纳税人因住所、经营地点变

动，涉及改变税务登记机关的，应先在原税务机关办理注销税务登记，再自注销税务登记之日起 30 日内到迁达地税务机关办理设立税务登记。

7. B 【解析】本题考核停业复业登记的适用范围。停业复业登记适用于实行定期定额征收的个体工商户。

8. B 【解析】本题考核停业复业登记。办理停业登记的纳税人停业期限不得超过 1 年。

9. B 【解析】本题考核停业复业登记。纳税人停业期满不能及时恢复生产经营的，应在停业期满前向税务机关申请延长停业，停业期满既不按期复业又不申请延长停业的，税务机关应当视为已恢复营业，实施正常的税收征收管理。

10. A 【解析】本题考核外出经营报验登记。选项 A 从事生产、经营的纳税人到外县（市）进行生产经营的，应当在外出经营前向主管税务机关申请开具外出经营活动税收管理证明。

11. C 【解析】本题考核外出经营报验登记。《外管证》的有效期限最长不超过 180 日。

12. A 【解析】本题考核增值税专用发票的使用范围。增值税专用发票只限于税务机关认定的增值税一般纳税人领购使用。

13. D 【解析】本题考核增值税专用发票。经税务机关认证相符的增值税专用发票可以抵扣。

14. C 【解析】本题考核增值税专用发票。增值税专用发票由国家税务总局指定的企业统一印制。

15. B 【解析】本题考核普通发票。普通发票由各省、自治区、直辖市税务机关指定的企业印制，符合条件的企业可以印制具名普通发票。

16. A 【解析】本题考核普通发票中的行业发票。行业发票适用于某个行业的经营业务。

17. D 【解析】本题考核普通发票中的专用发票。选项 A 保险专用发票属于专业发票；选项 B 和 C 属于行业发票。

18. C 【解析】本题考核普通发票中的行业发票。选项 A 和 D 属于专用发票；选项 B 邮政业务统一发票属于专业发票。

19. D 【解析】本题考核专业发票。国有公路、水上运输企业的客票、货票等属于专业发票。

20. C 【解析】本题考核专业发票。专业发票不套印发票监制章。

21. A 【解析】本题考核税款征收方式。题干为查账征收方式的概念。

22. C 【解析】本题考核税款征收方式。题干为查验征收方式的概念。

23. B 【解析】本题考核税款征收方式。题干为查定征收方式的概念。

24. D 【解析】本题考核税收保全措施的适用范围。税务机关有根据认为从

事生产、经营的纳税人有逃避纳税义务的行为，可以在规定的纳税期限之前责令其限期缴纳税款；在限期内发现纳税人有明显的转移、隐匿其应纳税的商品或财产迹象的，税务机关可责令其提供纳税担保。如果纳税人不能提供纳税担保，经县以上税务局（分局）局长批准，税务机关可以采取税收保全措施。

25．D 【解析】本题考核税收保全措施。选项 A 既不属于税收强制至此那个措施，也不属于税收保全措施，选项 B、C 为税收强制执行措施，选项 D 为税收保全措施。

26．D 【解析】本题考核不适用税收强制执行措施的财产。个人及其所扶养家属维持生活必需的住房和用品，不在强制执行措施的范围之内。

27．C 【解析】当事人对各级税务机关做出的具体行政行为不服的，向其上一级税务机关申请行政复议。

二、多项选择题

1．ABCD 【解析】本题考核税务登记种类。税务登记种类包括：设立登记、变更登记、停业复业登记、注销登记、外出经营报验登记。

2．ABD 【解析】本题考核注销税务登记。需办理注销税务登记的情形包括：纳税人解散、破产、撤销，终止纳税义务的；被撤掉营业执照或被撤销；因住所、经营地点变动，涉及改变税务机关的。选项 C 属于办理变更税务登记的情形。

3．ABCD 【解析】本题考核纳税人在办理注销税务登记之前的义务。本题四个选项均符合要求。

4．ABCD 【解析】本题考核发票的作用。四个选项都正确。

5．ABC 【解析】本题考核发票的种类。发票按用途不同可分为：增值税专用发票、普通发票、专业发票。选项 D 专用发票属于普通发票。

6．ACD 【解析】本题考核增值税专用发票。领购增值税专用发票所需证件包括“增值税一般纳税人”税务登记证、经办人身份证明、发票专用章印模。

7．ABCD 【解析】本题考核增值税专用发票的使用规定。增值税一般纳税人有下列情形之一的，税务机关应停止其领购和使用增值税专用发票：一是不能准确核算增值税的销项、进项和应纳税额的；二是不能向税务机关准确提供销项、进项和应纳税额纳税资料的；三是未按规定使用和保管防伪税控系统专用设备的。

8．AC 【解析】本题考核普通发票的构成。普通发票由行业发票和专用发票组成。

9．BCD 【解析】本题考核普通发票的使用范围。普通发票主要由营业税纳税人和增值税小规模纳税人使用，增值税一般纳税人在不能开具专用发票的情况下也可使用普通发票。

10．ABCD【解析】本题考核专业发票的使用范围。浙江省已纳入税务机关管理的专业发票有：保险专用发票、金融服务统一发票、邮政业务统一发票、货物运输统一发票。

11．AB 【解析】本题考核发票开具要求。选项C错误，填开发票应使用中文，民族自治地区可同时使用一种民族文字；外商投资企业和外资企业可同时使用一种外国文字；选项D错误，未经税务机关批准，不得拆本使用发票。

12．ABCD【解析】本题考核纳税申报方式。纳税申报的方式主要有：直接申报、邮寄申报、数据电文申报、简易申报。

13．BD 【解析】本题考核税款征收方式。税款征收方式有：查账征收、查定征收、查验征收、定期定额征收、代扣代缴、代收代缴、委托代征、邮寄申报纳税、自计自填自缴、自报核缴。

14．ABCD【解析】本题考核税款征收方式。同上。

15．ABC 【解析】本题考核税款征收方式。税款征收方式中的其他征收方式指邮寄申报纳税、自计自填自缴、自报核缴。

16．AB 【解析】本题考核税款征收方式。选项C应为代扣代缴方式，选项D应为代收代缴方式。

17．ABD 【解析】本题考核税务代理业务范围。税务代理业务范围中不包括增值税专用发票的领购。

18．ABCD【解析】本题考核税务代理的特点。四个选项都正确。

19．BCD 【解析】税收保全措施仅适用于从事生产、经营的纳税人，不适用于扣缴义务人和纳税担保人，也不适用于非从事生产经营的纳税人。

20．BC 【解析】本题考核税收保全措施与强制执行措施。选项A、D属于税收保全措施。

21．ABD 【解析】税务行政处罚的种类主要有：责令限期改正、罚款、没收财产、收缴未用发票和暂停供应发票、停止出口退税权。

22．ABCD【解析】本题考核税务行政复议的受案范围。四个选项都属于税务行政复议的受案范围。

三、判断题

1．× 【解析】本题考核设立税务登记的规定。未办理工商营业执照的纳税人也应办理设立税务登记，时间为30日内。

2．√ 【解析】本题考核设立税务登记的规定。题干表述正确。扣缴义务人也应办理扣缴税款登记，时间为30日内。

3．× 【解析】本题考核外出经营报验登记《外管证》的有效期。《外管证》有效期限最长不超过180天。

4. √ 【解析】本题考核发票的概念。题干表述正确。

5. × 【解析】本题考核发票的概念。发票是一种收付款凭证，但并非所有的收付款凭证都是发票。

6. × 【解析】本题考核发票管理。税务机关是发票的主管机关。

7. √ 【解析】本题考核发票管理。题干表述正确。

8. √ 【解析】本题考核发票管理。题干表述正确。

9. × 【解析】本题考核发票管理。发票的种类由省级以上税务机关根据社会经济活动的需要确定。

10. √ 【解析】本题考核增值税专用发票的有关规定。题干表述正确。

11. × 【解析】本题考核增值税专用发票的有关规定。并非所有一般纳税人都能领购使用增值税专用发票，有法定情形的一般纳税人不得领购和使用增值税专用发票。

12. √ 【解析】本题考核发票管理。题干表述正确。

13. × 【解析】本题考核专业发票和专用发票的区别。专业发票不同于专用发票。专用发票属于普通发票，专业发票是一种特殊种类的发票。

14. √ 【解析】本题考核发票开具。题干表述正确。

15. √ 【解析】本题考核专业发票。题干表述正确。

16. × 【解析】本题考核专业发票。邮票属于专业发票。

17. × 【解析】本题考核发票的开具要求。使用电子计算机开具发票必须报主管税务机关批准。

18. √ 【解析】本题考核发票的开具要求。题干表述正确。

19. √ 【解析】本题考核发票的开具要求。题干表述正确。

20. √ 【解析】本题考核纳税申报。题干表述正确。

21. × 【解析】本题考核纳税申报。邮寄申报以邮政部门寄出的邮戳日期为实际申报日期。

22. √ 【解析】本题考核纳税申报。题干表述正确。

23. × 【解析】本题考核纳税申报。纳税人在纳税期限内没有应纳税款的，也应按规定办理纳税申报。

24. √ 【解析】本题考核纳税申报。题干表述正确。

25. × 【解析】本题考核查账征收方式的适用范围。并非所有设置了账簿的单位都应采用查账征收方式。虽然设置了账簿，但是会计核算仍不健全的，不能采用查账征收方式。

26. × 【解析】本题考核税款征收方式的适用范围。题干表述的是查验征收方式的适用范围。

27. √ 【解析】本题考核代扣代缴税款征收方式的概念。题干表述正确。

28. √【解析】本题考核代收代缴税款征收方式的概念。题干表述正确。

29. ×【解析】本题考核委托代征税款征收方式的概念。委托代征是指受托单位以税务机关的名义（非代替税务机关）向纳税人征收零散税款的征收方式。

30. √【解析】本题考核定期定额征收方式的概念。题干表述正确。

31. ×【解析】本题考核税务代理的概念。税务代理是指税务代理人在国家法律规定的代理范围内，以代理机构的名义，接受纳税人、扣缴义务人的委托，代其办理税务事宜的各项行为的总称。

32. ×【解析】本题考核税收保全措施的适用对象。税收保全措施的适用对象为从事生产经营的纳税人，不包括非从事生产经营的纳税人。

33. ×【解析】本题考核不适用税收保全措施的财产。个人及其所扶养家属维持生活必需的住房和用品，不在税收保全措施的范围之内。

34. ×【解析】本题考核不适用税收保全措施、强制执行措施的财产。税务机关对单价 5 000 元以下的其他生活用品，不采取税收保全措施和强制执行措施。

35. √【解析】本题考核税务法律责任形式。题干表述正确。

36. √【解析】本题考核税务行政处罚的对象。题干表述正确。

37. √【解析】本题考核法律责任的规定。

38. ×【解析】本题考核税务行政复议的概念和对象。税务行政复议的对象包括纳税人、扣缴义务人、纳税担保人以及其他税务当事人。

39. ×【解析】对行政复议决定不服，申请人可以向人民法院提起行政诉讼，也可以向国务院申请裁决，国务院的裁决为终局裁决。

第四章　财政法律制度

第一节　预算法律制度

一、单项选择题

1．B　【解析】本题考核预算法的通过时间。现行的预算法为 1994 年 3 月 22 日第八届全国人民代表大会第二次会议通过的《中华人民共和国预算法》。

2．B　【解析】本题考核国家预算的原则。每一收支项目的数字指标必须运用科学的方法，依据充分确实的资料，并总结出规律性进行计算，不得假定、估算，更不能任意变造。体现了国家预算的可靠性原则。

3．B　【解析】我国国家预算现设立中央、省（自治区、直辖市）、市（自治州）、县（不设区的市、市辖区）、乡（镇）五级预算。

4．C　【解析】本题考核各级人民代表大会的职权。地方各级政府预算由本级人民代表大会审查和批准。

5．D　【解析】本题考核预算收入。预算收入划分为中央预算收入、地方预算收入以及中央和地方预算共享收入。

6．C　【解析】我国国家预算年度自公历 1 月 1 日起至 12 月 31 日止。

7．A　【解析】本题考核预算的审批。中央预算由全国人民代表大会审查和批准。

8．B　【解析】本题考核预算批复时间。财政部自全国人民代表大会批准中央预算之日起 30 日内批复中央各部门预算。

9．D　【解析】本题考核预算支出执行应遵循的原则。政府财政部门遵循下列三项原则对预算拨款实施严格管理：①按照预算拨款；②按照规定的预算级次和程序拨款；③按照进度拨款。

10．B　【解析】本题考核预算执行的相关规定。各级国库库款的支配权属于本级政府财政部门。除法律、行政法规另有规定外，未经本级政府财政部门同意，任何部门、单位和个人都无权动用国库库款或者以其他方式支配已入国库的库款。

11．C　【解析】本题考核预算执行情况报告时间。省、自治区、直辖市政府财政部门应在每月终了后 5 日内向财政部报告本行政区域预算收支月报。

12．B　【解析】本题考核预算调整。中央预算调整方案应提请全国人民代表大会常务委员会审批。

13．A 【解析】本题考核预决算监督的相关规定。各级政府财政部门负责监督本级各部门及所属单位预算执行，并向本级政府和上级政府财政部门报告预算执行情况。

二、多项选择题

1．ABCD【解析】本题考核国家预算原则。国家预算原则包括公开性、可靠性、完整性、统一性、年度性。

2．ABD 【解析】国家预算的作用主要包括财力保证作用、调节制约作用和反映监督作用等三个方面。

3．ABCD【解析】本题考核国家预算的构成。四个选项都正确。

4．BCD 【解析】本题考核国家预算的构成。对于选项 A，中央预算是由中央各部门的预算组成的，不包括地方各级预算。

5．AB 【解析】本题考核中央预算。中央政府预算由中央各部门（含直属单位）的预算组成。中央预算包括地方向中央上解的收入数额和中央对地方返还或者给予补助的数额。其中，中央各部门，是指与财政部直接发生预算缴款、拨款关系的国家机关、军队、政党组织和社会团体；直属单位，是指与财政部直接发生预算缴款、拨款关系的企业和事业单位。

6．ABD 【解析】本题考核全国人民代表大会的预算职权。C 选项是全国人民代表大会常务委员会的职权之一。

7．ABC 【解析】本题考核全国人民代表大会常务委员会的预算职权。D 选项是国务院财政部门的职权之一。

8．ABD 【解析】本题考核国务院财政部门的预算职权。C 选项是全国人民代表大会常务委员会的预算职权之一。

9．ABCD【解析】本题考核各单位的预算职权。

10．ABD 【解析】本题考核各部门的预算职权。各部门的预算职权包括：①编制本部门预算、决算草案；②组织和监督本部门预算的执行；③定期向本级政府财政部门报告预算的执行情况。

11．ABD 【解析】从归属上看，预算收入划分为中央预算收入、地方预算收入、中央和地方预算共享收入。

12．ABCD【解析】本题考核我国预算收入的形式。

13．ABCD【解析】本题考核我国预算支出的形式。我国预算支出的形式包括：①经济建设支出；②教育、科学、文化、卫生、体育等事业发展支出；③国家管理费用支出；④国防支出；⑤各项补贴支出；⑥其他支出。

14．BD 【解析】从主体上讲，预算支出划分为中央预算支出和地方预算支出。

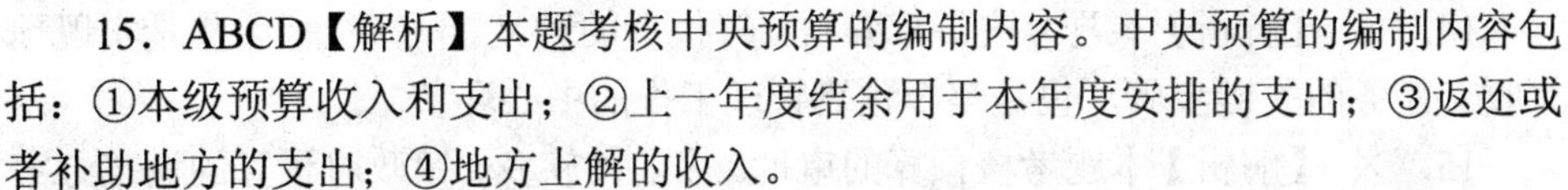

15. ABCD【解析】本题考核中央预算的编制内容。中央预算的编制内容包括：①本级预算收入和支出；②上一年度结余用于本年度安排的支出；③返还或者补助地方的支出；④地方上解的收入。

16. ABCD【解析】本题考核地方各级政府预算的编制内容。地方各级政府预算的编制内容包括：①本级预算收入和支出；②上一年度结余用于本年度安排的支出；③上级返还或者补助的收入；④返还或者补助下级的支出；⑤上解上级的支出；⑥下级上解的收入。

17. AB 【解析】本题考核预算的审批。根据规定，地方各级政府预算由本级人民代表大会审查和批准。各级政府预算批准后，必须依法向相应的国家机关备案。

18. ABD 【解析】本题考核预决算的监督。选项C乡、民族乡、镇人民代表大会对本级预算、决算进行监督。

19. ABCD【解析】本题考核预决算的监督。四个选项都正确。

三、判断题

1. √ 【解析】本题考核国家预算。本题的表述是正确的。

2. √ 【解析】本题考核我国国家预算的级次划分。题干表述正确。

3. × 【解析】本题考核预算法律制度。根据规定，不具备设立预算条件的乡、民族乡、镇，经省、自治区、直辖市政府确定，可以暂不设立预算。

4. √ 【解析】本题考核地方预算。题干表述正确。

5. × 【解析】本题考核总预算。总预算由本级政府预算和汇总的下一级总预算组成。

6. × 【解析】本题考核全国人民代表大会常务委员的预算职权。撤销省、自治区、直辖市人民代表大会及其常务委员会制定的同宪法、法律和行政法规相抵触的关于预算、决算的地方性法规和决议，是全国人民代表大会常务委员会的职权之一。

7. √ 【解析】本题考核我国国家预算的内容。题干表述正确。

8. × 【解析】本题考核预算支出。中央预算支出是指按照分税制财政管理体制，由中央财政承担并列入中央预算的支出，包括中央本级支出和中央返还或补助地方的支出。

9. √ 【解析】本题考核预算收入。题干表述正确。

10. √【解析】本题考核预算的执行部门。题干表述正确。

11. √【解析】本题考核预算编制依据。题干表述正确。

12. √【解析】本题考核预算编制依据。题干表述正确。

13. √【解析】本题考核预算编制内容。题干表述正确。

14. × 【解析】本题考核预算编制预算执行的意义。预算执行工作是实现预算收支任务的关键步骤，也是整个预算管理工作的中心环节。

15. × 【解析】本题考核预算的审批。乡、民族乡、镇政府预算的调整方案必须提请本级人民代表大会审查和批准。

16. × 【解析】本题考核国库的概念和划分。国库是办理预算收入的收纳、划分、留解和库款支拨的专门机构，分为中央国库和地方国库。

17. × 【解析】本题考核国库的设置。县级以上各级预算必须设立国库；具备条件的乡、民族乡、镇也应当设立国库。

18. × 【解析】本题考核国库的相关规定。中央国库业务由中国人民银行经理，接受财政部的指导和监督，对中央财政负责。

19. √ 【解析】本题考核决算的概念。题干表述正确。

第二节 政府采购法律制度

一、单项选择题

1. B 【解析】本题考核政府采购法。《政府采购法》自2003年1月1日起施行。

2. D 【解析】本题考核政府采购的主体。政府采购的主体是依靠国家财政资金运作的政府机关、事业单位和社会团体等。

3. A 【解析】本题考核政府采购法的适用范围。政府采购法适用于各级国家机关、事业单位和团体组织，使用财政性资金采购依法制定的集中采购目录以内的或者采购限额标准以上的货物、服务和工程。

4. C 【解析】本题考核政府采购的原则。政府采购的原则包括：公开透明原则、公平竞争原则、公正原则、诚实信用原则。

5. C 【解析】本题考核政府采购的执行模式。《政府采购法》规定，我国政府采购实行集中采购和分散采购相结合。

6. B 【解析】本题考核集中采购目录。属于中央预算的政府采购项目，其集中采购目录和政府采购限额标准由国务院确定并公布；属于地方预算的政府采购项目，其集中采购目录和政府采购限额标准由省、自治区、直辖市人民政府或者其授权的机构确定并公布。

7. C 【解析】本题考核政府采购当事人。政府采购当事人包括采购人、供应商和采购代理机构。

8. A 【解析】本题考核政府采购方式。公开招标方式是政府采购的主要方式。

9. C 【解析】本题考核政府采购方式。采用招标方式的，包括公开招标方式和邀请招标方式。两者的区别在于：公开招标方式是向不特定的供应商发出招标公告；邀请招标方式是向随机邀请的 3 家以上供应商发出招标邀请书，邀请其参加投标。

10．C 【解析】本题考核单一来源方式。可以采用单一来源方式采购的情形之一是必须保证原有采购项目的一致性或者服务配套的要求，需要继续从原供应商处添购，且添购资金总额不超过原合同采购金额 10%的。

11．B 【解析】本题考核竞争性谈判。竞争性谈判方式，是指要求采购人就有关采购事项，与不少于 3 家供应商进行谈判，最后按照预先规定的成交标准，确定成交供应商的方式。

12．A 【解析】本题考核采购方式。邀请招标是指采购人依法从符合相应资格条件的供应商中随机邀请 3 家以上的供应商，并以投标邀请书的方式，邀请其参加投标。

二、多项选择题

1．ABD 【解析】本题考核政府采购的概念。所谓政府采购，是指各级国家机关、事业单位和团体组织，使用财政性资金采购依法制定的集中采购目录以内的或者采购限额标准以上的货物、工程和服务的行为。

2．ABCD 【解析】本题考核政府采购的特点。政府采购具有非盈利性、资金来源的财政性或公共性、管理上的规范性、公开性的特点。

3．ABC 【解析】本题考核政府采购限额标准的规定。属于中央预算的政府采购项目，由国务院确定并公布。属于地方预算的政府采购项目，由省、自治区、直辖市人民政府或者其授权的机构确定并公布。

4．ABCD 【解析】本题考核政府采购的功能。政府采购功能包括：①节约财政支出，提高资金使用效益；②强化宏观调控；③活跃市场经济；④推进反腐倡廉；⑤保护民族产业。

5．ABC 【解析】本题考核政府采购人的范围。根据规定，采购人是指依法进行政府采购的国家机关、事业单位和团体组织。

6．ABC 【解析】本题考核供应商参加政府采购合同应当具备的条件。选项 D 供应商参加政府采购活动前 3 年内，在经营活动中没有重大违法记录。

7．ABCD 【解析】本题考核政府采购的方式。本题四个选项均属于政府采购的方式。

8．AC 【解析】可以采用邀请招标方式采购情形有：①具有特殊性，只能从有限范围的供应商处采购的；②采用公开招标方式的费用占政府采购项目总价值的比例过大的。

9．ABD 【解析】本题考核政府采购方式。选项 C 适用邀请招标方式。

10．ABC【解析】本题考核单一来源方式采购的适用范围。符合下列情形之一的货物或者服务，可以依法采用单一来源方式采购：①只能从唯一供应商处采购的；②发生了不可预见的紧急情况不能从其他供应商处采购的；③必须保证原有采购项目一致性或者服务配套的要求，需要继续从原供应商处添购，且添购资金总额不超过原合同采购金额百分之十的。

11．ABD【解析】本题考核询价采购方式的程序。采取询价方式采购的，应当遵循下列程序：①成立询价小组；②确定被询价的供应商名单；③询价；④确定成交供应商。

12．ABCD【解析】本题考核政府采购的监督检查。政府采购监督检查的内容包括：①有关政府采购的法律、行政法规和规章的执行情况；②采购范围、采购方式和采购程序的执行情况；③政府采购人员的职业素质和专业技能。

三、判断题

1．× 【解析】本题考核政府采购资金范围。政府采购资金包括财政性资金和需要由财政偿还的公共借款。

2．√ 【解析】本题考核政府采购的功能。题干表述正确。

3．× 【解析】本题考核政府集中采购目录和采购限额标准的规定。政府集中采购目录和采购限额标准由省级以上人民政府确定并公布。

4．× 【解析】本题考核集中采购。纳入集中采购目录的政府采购项目应当实行集中采购。

5．× 【解析】本题考核政府采购当事人。采购人是指依法进行政府采购的国家机关、事业单位、团体组织。

6．√ 【解析】本题考核公开招标方式的相关规定。采购人不得将应当以公开招标方式采购的货物或者服务化整为零或者以其他任何方式规避公开招标采购。

7．√ 【解析】本题考核政府采购的方式。题目的表述是正确的。

8．× 【解析】本题考核政府采购监督。为了保证政府采购监督管理的公正有效，政府采购监督管理部门不得设置集中采购机构，不得参与政府采购项目的采购活动。

第三节　国库集中收付制度

一、单项选择题

1．B 【解析】本题考核管理国库单一账户体系的职能部门。财政部是管理国库单一账户体系的职能部门。

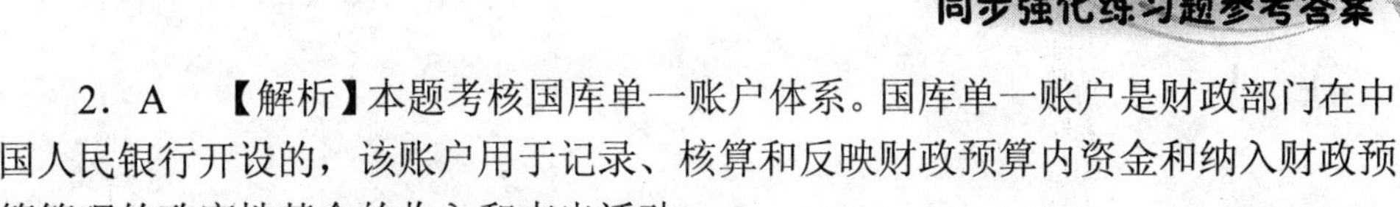

2．A 【解析】本题考核国库单一账户体系。国库单一账户是财政部门在中国人民银行开设的，该账户用于记录、核算和反映财政预算内资金和纳入财政预算管理的政府性基金的收入和支出活动。

3．D 【解析】本题考核预算内资金的核算账户。根据规定，财政直接支付各单位的预算内资金是通过“财政零余额账户”进行核算支付的。

4．A 【解析】本题考核财政收入收缴方式。直接缴库是由缴款单位或者缴款人依法直接将应缴收入缴入国库单一账户或者预算外资金财政专户的方式。

5．C 【解析】本题考核财政收入收缴方式。集中汇缴是指由征收机关（有关法定单位）按有关法律法规规定，将所收的应缴收入汇总缴入国库单一账户或预算外资金财政专户。

6．A 【解析】本题考核财政支付的方式。财政直接支付是指由财政部开具支付令，通过国库单一账户体系将资金直接支付到收款人或用款单位账户的方式。

7．A 【解析】本题考核财政支付方式。由预算单位根据财政授权自行开具支付令的支付方式，称为财政授权支付方式。未纳入财政直接支付范围的购买支出、零星支出属于财政授权支付方式。

二、多项选择题

1．ABCD 【解析】本题考核国库单一账户体系的构成。国库单一账户体系的构成包括国库单一账户、财政部门零余额账户、预算单位零余额账户、预算外资金专户、特设账户。

2．BC 【解析】本题考核财政收入收缴方式。财政收入收缴方式可分为直接缴库和集中汇缴。

3．AD 【解析】本题考核财政支出支付方式。财政支出支付方式按不同主体可分为财政直接支付和财政授权支付。

4．ABCD 【解析】本题考核财政性资金的范围。预算单位实行财政直接支付的财政性资金包括工资、工程采购支出、物品和服务采购支出。

三、判断题

1．√ 【解析】本题考核国库集中收付制度的概念。题干表述正确。

2．√ 【解析】本题考核国库单一账户体系的构成。题干表述正确。

第五章　会计职业道德

第一节　会计职业道德概述

一、单项选择题

1．A　【解析】本题考核会计职业道德的调整对象。会计职业道德是调整会计职业关系的职业行为准则和规范。

2．C　【解析】本题考核会计职业道德的特点。会计职业道德具有利益的相关性、发展的稳定性、广泛的社会性、较高的约束性的特点。

3．C　【解析】本题考核会计职业道德功能。会计职业道德功能包括指导功能、评价功能、教化功能。

4．A　【解析】本题考核会计职业道德和会计法律制度的区别。选项 B 错误，会计职业道德主要靠会计人员的自觉遵守，会计法律制度是由国家的强制力保障实施的；选项 C 错误，会计法律制度的表现形式是具体的、明确的、正式形成文字的成文规定，会计职业道德表现形式既有明确的成文的规定，也有不成文的规范；选项 D 错误，违反会计法律制度可能会受到法律制裁，违反会计职业道德主要是受到舆论谴责，并引起违背良心的内疚和行为的反思。

5．D　【解析】本题考核会计职业道德与会计法律制度的联系。会计职业道德其表现形式既有明确的成文的规定，也有不成文的约定。

6．D　【解析】本题考核会计职业道德与会计法律制度的联系。会计法律制度是会计职业道德的最低限度的要求，会计职业道德是会计法律制度的最高限度的要求，所以违反会计职业道德不一定违反会计法律制度。

二、多项选择题

1．ABCD【解析】本题考核会计职业道德与会计法律制度的联系。两者的联系体现在：根本目的一致；作用上相互补充；内容上相互渗透，相互重叠；地位上相互转化，相互吸收；实施过程中相互作用，相互促进。

2．ABCD【解析】本题考核会计职业道德与会计法律制度的区别。会计职业道德与会计法律制度的主要区别体现在四方面：性质不同、作用范围不同、实现形式不同、实施保障机制不同。

3．BCD　【解析】本题考核会计职业道德与会计法律制度的区别和联系。

会计法律制度具有很强的他律性，会计职业道德具有很强的自律性；会计法律制度侧重于调整会计人员的外在行为和结果，具有较强的客观性；会计职业道德不仅强调会计人员的外在行为，还要调整会计人员的内在动机和内在精神世界；会计职业道德的表现形式既有明确的成文的规定，也有不成文的约定；违反会计职业道德不仅可能受到道德谴责，还可能受到法律的制裁。

三、判断题

1. √ 【解析】本题考核会计职业道德的概念。题干表述正确。

2. √ 【解析】本题考核会计职业道德的性质。题干表述正确。

3. √ 【解析】本题考核会计法律制度的性质。题干表述正确。

4. × 【解析】本题考核会计职业道德的性质。会计职业道德依靠社会舆论和良心来实现，依靠会计从业人员的自愿执行。

5. √ 【解析】本题考核会计职业道德和会计法律制度的作用范围。题干表述正确。

6. × 【解析】本题考核违反会计职业道德和会计法律制度行为的判定。会计人员不钻研业务，不加强新知识的学习，造成工作上的差错，缺乏胜任工作的能力，这是违反会计职业道德的行为。

7. √ 【解析】本题考核会计职业道德和会计法律制度的关系。题干表述正确。

8. √ 【解析】本题考核会计法律制度的表现形式。题干表述正确。

9. √ 【解析】本题考核会计职业道德的表现形式。题干表述正确。

10. √ 【解析】本题考核会计职业道德的表现形式。题干表述正确。

11. × 【解析】本题考核会计行为的法治与德治。会计行为的规范化不仅要以会计法律、法规作保证，还要依赖会计人员的道德信念、道德品质来实现。

12. √ 【解析】本题考核会计职业道德和会计法律制度的关系。题干表述正确。

第二节　会计职业道德规范的主要内容

一、单项选择题

1. D 【解析】本题考核会计职业道德规范的主要内容。爱岗敬业是会计从业人员做好本职工作的基础和条件，是会计人员最基本的道德素质。

2. A 【解析】本题考核会计职业道德规范的主要内容。诚实守信是会计职业道德的基本工作准则。

3. A 【解析】本题考核会计职业道德规范的主要内容。保守秘密，不为利益所诱惑是诚实守信的基本要求。

4. C 【解析】本题考核会计职业道德规范的主要内容。会计工作的特点决

定了廉洁自律是会计职业道德的内在要求，也是会计人员的行为准则。

5．C　【解析】本题考核会计职业道德规范的主要内容。爱岗敬业是所有职业道德规范的共同要求。

6．B　【解析】本题考核会计职业道德规范的主要内容。“理万金而分文不沾”体现的会计职业道德是廉洁自律。

7．B　【解析】本题考核会计职业道德规范的主要内容。实事求是，不偏不倚，保持应有的独立性，体现会计职业道德中客观公正的要求。

8．A　【解析】本题考核会计职业道德规范的主要内容。坚持依法办理会计事项，体现了会计职业道德中坚持准则的要求。

9．B　【解析】本题考核会计职业道德规范的主要内容。全面熟悉本单位经营活动和业务流程，主动提出合理化建议，协助领导决策，体现了会计职业道德中参与管理的要求。

10．D　【解析】本题考核会计职业道德规范的主要内容。会计职业道德规范中的参与管理要求会计人员要全面熟悉本单位经营活动和业务流程，主动提出合理化建议，协助领导决策。因此张某违背的是参与管理的要求。

11．B　【解析】本题考核会计职业道德规范的主要内容。会计职业道德规范中的诚实守信要求会计人员保守单位商业秘密，不为利益所诱惑。因此陈某违反的是诚实守信的要求。

12．B　【解析】本题考核会计职业道德规范的主要内容。王某在明知总经理的要求是不合法的前提下仍按其要求对财务会计报告进行技术处理，没有保持应有的独立性，没有坚持准则，因此违反了客观公正和坚持准则两项会计职业道德的要求。

13．C　【解析】本题考核会计职业道德规范的主要内容。刘某的行为违背了廉洁自律的要求。

二、多项选择题

1．ABC　【解析】本题考核会计职业道德涵盖的范围。会计职业道德作为职业道德体系的一个组成部分，涵盖了会计从业人员与会计主体、职业与职工、职业与职业之间的关系。

2．ABCD　【解析】本题考核会计职业道德规范的内容。会计职业道德规范的主要内容包括：爱岗敬业、诚实守信、廉洁自律、客观公正、坚持准则、提高技能、参与管理、强化服务。

3．ABC　【解析】本题考核会计职业道德规范的内容。爱岗敬业的基本要求：热爱会计工作，敬重会计职业，安心本职岗位；严肃认真，一丝不苟；忠于职守，尽职尽责。选项D“执业谨慎，信誉至上”是诚实守信的要求。

4．ACD　【解析】本题考核会计职业道德规范的内容。诚实守信的基本要求：做老实人，说老实话，办老实事，不弄虚作假；实事求是，如实反映；保守秘密，不为利益所诱惑；执业谨慎，信誉至上。选项 B“安心本职岗位，忠于职守”是爱岗敬业的要求。

5．ABD　【解析】本题考核会计职业道德规范的内容。廉洁自律的基本要求：树立正确的人生观和价值观；公私分明，不贪不占；遵纪守法；清正廉洁。选项 C“熟悉准则”是坚持准则的要求。

6．BCD　【解析】本题考核会计职业道德规范的内容。客观公正的基本要求是依法办事；实事求是，不偏不倚；保持应有的独立性。选项 A 是爱岗敬业的基本要求。

7．ABC　【解析】本题考核会计职业道德规范的内容。坚持准则的基本要求是熟悉准则；遵循准则；坚持准则。选项 D“勤学苦练，刻苦钻研”是提高技能的要求。

8．ABCD【解析】本题考核会计职业道德规范的内容。会计职业道德“坚持准则”中的“准则”泛指有关会计的法律法规和国家统一的会计制度，包括会计法律、会计行政法规、国家统一的会计制度以及与会计工作相关的法律制度。

9．ACD　【解析】本题考核会计职业道德规范的内容。提高技能的基本要求是增强提高专业技能的自觉性和紧迫感；勤学苦练，刻苦钻研；开拓进取，不断提高业务水平。选项 B“实事求是，不偏不倚”是客观公正的要求。

10．ABCD【解析】本题考核会计职业道德规范的内容。会计职业道德“提高技能”中所指的“会计职业技能”内容主要包括：会计及相关专业理论水平；会计实务操作能力；沟通交流能力；职业判断能力。

11．ACD　【解析】本题考核会计职业道德规范的内容。参与管理的基本要求是努力钻研业务，熟悉财经法规和相关制度，提高业务技能，为参与管理打下基础；熟悉服务对象的经营活动和业务流程，使参与管理的决策更具有针对性和有效性。选项 B，“参与管理”应该是协助领导决策，而非代替领导决策。

12．ABCD【解析】本题考核会计职业道德规范的内容。强化服务的基本要求是树立服务意识；提高服务质量；努力维护和提升会计职业的良好社会形象。

13．ABCD【解析】本题考核会计职业道德规范的内容。朱镕基在 2001 年视察北京国家会计学院时，为北京国家会计学院题词“诚信为本、操守为重、坚持准则、不做假账”。

三、判断题

1．√　【解析】本题考核职业道德的基本内容。题干表述正确。

2．× 【解析】本题考核会计职业道德规范的内容。会计人员在工作中“懒”、“惰”、“拖”的不良习惯和作风，是会计人员违背会计职业道德规范中爱岗敬业的具体体现。

3．√ 【解析】本题考核会计职业道德规范的内容。题干表述正确。

4．√ 【解析】本题考核会计职业道德规范的内容。题干表述正确。

5．× 【解析】本题考核会计职业道德规范的内容。“常在河边走，就是不湿鞋”体现了会计职业道德廉洁自律的基本要求。

6．× 【解析】本题考核会计职业道德规范的内容。保守秘密一方面指会计人员要保守企业自身的秘密，另一方面也包括会计人员不得以不道德的手段去获取他人的秘密。

7．√ 【解析】本题考核会计职业道德规范的内容。题干表述正确。

第三节 会计职业道德教育与修养

一、单项选择题

1．B 【解析】本题考核接受教育的概念。接受教育即外在教育，是指通过学校或培训单位对会计人员进行以职业责任、职业义务为核心内容的正面灌输，以规范其职业行为，维护国家和社会公众利益的教育。

2．D 【解析】本题考核会计职业道德教育的概念和内容。选项 D 会计职业道德规范教育应贯穿于会计职业道德教育的始终。

3．B 【解析】本题考核职业道德警示教育。会计职业道德警示教育是指通过对违反会计职业道德行为和违法会计行为典型案例进行讨论和剖析，给会计人员以启发和警示，提高会计人员法律意识和辨别是非的能力。

4．B 【解析】本题考核会计职业道德规范教育的相关规定。会计职业道德规范教育是会计职业道德教育的核心内容，应贯穿于会计职业道德教育始终。

5．A 【解析】本题考核会计职业道德教育的途径。会计学历教育在会计职业道德教育中具有基础性地位。

6．C 【解析】本题考核会计职业道德修养的概念。会计人员职业道德修养是指通过不断地自我教育，最终把会计职业道德原则和规范逐步转化为自己的道德品质，从而将会计职业实践中对职业道德的意识情感和信念上升为遵守职业道德习惯，并最终成为自己的职业本能。

二、多项选择题

1．AB 【解析】本题考核会计职业道德教育的形式。会计职业道德教育形式包括接受教育和自我教育。

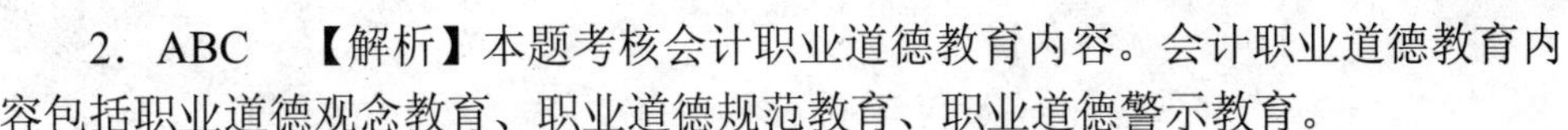

2．ABC　【解析】本题考核会计职业道德教育内容。会计职业道德教育内容包括职业道德观念教育、职业道德规范教育、职业道德警示教育。

3．ABCD 【解析】本题考核会计职业道德观念教育的目的。会计职业道德观念教育的主要目的是树立会计职业道德观念，普及会计职业道德基础知识，使会计人员了解会计职业道德对社会经济秩序、会计信息质量有何重要影响，懂得一旦违反会计职业道德，除了受到良心和道义上的谴责外，还会受到行业惩戒和处罚。

4．ACD　【解析】本题考核会计职业道德规范教育的主要内容。会计职业道德规范教育以会计职业道德规范（爱岗敬业、诚实守信、廉洁自律、客观公正、坚持准则、提高技能、参与管理和强化服务）为主要内容。

5．BCD　【解析】本题考核会计职业道德警示教育的作用。会计职业道德警示教育是通过开展对违法会计行为典型案例的讨论，给会计人员以启发和警示，从而提高会计人员法律意识、提高会计人员会计职业道德观念、提高会计人员辨别是非能力。选项 A 是会计职业道德观念教育的作用。

6．AB　　【解析】本题考核会计职业道德教育途径。会计职业道德教育的途径包括：在会计学历教育中进行职业道德教育、在会计继续教育中进行职业道德教育。

7．ABD　【解析】本题考核会计职业道德修养的方法。会计职业道德修养的方法主要有：不断地进行“内省”；要提倡“慎独”精神；虚心向先进人物学习。

8．ABCD【解析】本题考核会计职业道德修养的环节。会计职业道德修养环节包括形成正确的会计职业道德认知；培养高尚的会计职业道德情感；树立坚定的会计职业道德信念；养成良好的会计职业道德行为。

三、判断题

1．×　【解析】本题考核会计职业道德教育的形式。会计职业道德教育形式包括接受教育和自我教育。

2．√　【解析】本题考核接受教育的概念。题干表述正确。

3．√　【解析】本题考核自我教育的概念。题干表述正确。

4．×　【解析】本题考核会计职业道德规范教育。会计职业道德规范教育以会计职业道德规范为主要内容的教育。

5．√　【解析】本题考核会计职业道德警示教育。题干表述正确。

6．×　【解析】本题考核自我教育的目的。会计职业道德自我教育、自我修养的最终目的，在于把会计职业道德规范转化为会计人员的内在品质，从而将会计职业实践中对职业道德的意识情感和信念上升为遵守职业道德习惯，并最终成为自己的职业本能，规范和约束自身的会计行为。

7．√　【解析】本题考核会计职业道德修养的环节。题干的表述是正确的。

第四节 会计职业道德建设

一、单项选择题

1．B 【解析】本题考核会计职业道德建设。要抓好会计职业道德建设，关键在于加强和改善会计职业道德建设的组织和领导。

2．A 【解析】本题考核会计职业道德建设。财政部门作为《会计法》的执法主体，可以依法对单位执行会计法律、会计法规及会计信息质量情况进行检查。

3．B 【解析】本题考核会计职业组织的行业自律。会计职业组织是对会计职业道德进行自律管理与约束的自律性组织。

二、多项选择题

1．ABD 【解析】本题考核会计职业道德建设的组织与实施。会计职业道德建设的组织与实施依靠：财政部门的组织与推动；会计职业组织行业自律；社会各界各尽其职，相互配合，齐抓共管。

2．ABCD 【解析】本题考核财政部门组织推动会计职业道德的途径。财政部门可以从以下方面组织实施会计职业道德建设：采用多种形式开展会计职业道德宣传教育；会计职业道德建设与会计从业资格证书注册登记管理相结合；会计职业道德建设与会计专业技术资格考评、聘用相结合；会计职业道德建设与会计法执法检查相结合；会计职业道德建设与会计人员表彰奖励制度相结合。

3．ABC 【解析】本题考核会计职业道德建设的相关内容。财政部门、业务主管部门、各单位应当定期检查会计人员遵守职业道德的情况，并作为会计人员晋升、晋级、聘任专业职务，表彰奖励的重要考核依据。

三、判断题

1．√ 【解析】本题考核会计职业道德建设的相关内容。各单位在聘任会计人员专业职务时，除必须具备同级专业技术资格外，也应考查其遵守会计职业道德的情况，将遵守会计职业道德情况作为一项主要的考核内容。

2．× 【解析】本题考核会计职业道德建设的相关内容。会计人员晋升、晋级、聘任会计专业职务、表彰奖励需要考虑会计人员遵守会计职业道德的情况。

3．√ 【解析】本题考核财政部门组织推动会计职业道德的途径。题干表述正确。

4. √ 【解析】本题考核会计职业道德建设的相关内容。题干表述正确。

5. √ 【解析】本题考核会计职业道德建设的相关内容。题干表述正确。

6. × 【解析】本题考核会计职业组织的行业自律。会计职业组织建立行业自律机制。

7. √ 【解析】本题考核会计职业道德建设，题干表述正确。

2008 年浙江省会计从业资格考试
财经法规与会计职业道德参考答案

一、单项选择题

1．C　【解析】本题考核会计规章的制定依据。会计规章属于国家统一会计制度，其制定依据是《会计法》和会计行政法规。

2．B　【解析】本题考核会计规范性文件的制定单位。会计规范性文件属于国家统一会计制度，是由国务院财政部门制定的。

3．A　【解析】本题考核单位负责人的概念。单位负责人是指法定代表人或法律、法规规定代表单位行使职权的主要负责人。

4．D　【解析】本题考核财务会计报告的规定。单位负责人、主管会计工作的负责人、会计机构负责人应该在对外提供的财务会计报告上签名并盖章。

5．A　【解析】本题考核会计信息质量要求中的相关性要求的定义。企业提供的会计信息应当符合国家宏观经济管理的要求，满足有关各方了解企业财务状况、经营成果和现金流量的需要，满足企业加强内部经营管理的需要体现的是相关性要求。

6．B　【解析】本题考核实质重于形式要求的表现形式。将融资租赁方式租入的资产视为企业的资产进行核算，符合会计信息质量要求中的实质重于形式要求。

7．C　【解析】本题考核会计信息质量要求中的重要性要求的体现形式。评价某些项目的重要性时，很大程度上取决于会计人员的职业判断。

8．B　【解析】本题考核会计信息质量要求中的重要性要求的体现形式。对于次要的会计事项，在不影响会计信息真实性和不至于误导财务会计报告使用者作出正确判断的前提下，作适当简化处理，这是会计信息质量要求中重要性要求的体现。

9．A　【解析】本题考核会计资料的范围。会计资料包括会计凭证、会计账簿、财务会计报告和其他会计资料，经济合同不属于会计资料。

10．C　【解析】本题考核财务会计报告的责任主体的责任。单位负责人要对对外提供的财务会计报告的真实性、完整性负责。

11．D　【解析】本题考核会计工作的政府监督的对象。财政部门实施会计监督的对象是会计行为。

12．B 【解析】本题考核会计工作的政府监督的主管部门。财政部门是会计工作的主管部门，有权对发现有违法会计行为的单位和个人实施行政处罚。

13．C 【解析】本题考核会计机构设置的条件。一个单位是否设置会计机构，主要取决于以下几个因素：①单位规模的大小；②经济业务和财务收支的繁简；③经营管理的要求。

14．C 【解析】本题考核代理记账机构及其从业人员的义务范围。代理记账机构及其从业人员的义务包括：①按照委托合同办理代理记账业务，遵守有关法律、行政法规和国家统一的会计制度的规定；②对在执行业务中知悉的商业秘密负有保密义务；③对委托人示意其作出不当的会计处理，提供不实的会计资料，以及其他不符合法律、行政法规和国家统一会计制度规定的要求，应当拒绝；④对委托人提出的有关会计处理原则问题应当予以解释。

15．C 【解析】本题考核会计从业资格证书管理的离岗备案的规定。持有会计从业资格证书的人员，离开会计工作岗位超过六个月的，应当填写注册登记表，并持会计从业资格证书，向原注册登记的会计从业资格管理机构办理离岗备案。

16．D 【解析】本题考核会计从业资格证书管理的上岗注册登记。会计从业资格证书持证人员从事会计工作，应当自从事会计工作之日起90日内，填写注册登记表，并持会计从业资格证书和所在单位出具的从事会计工作的证明，向颁发会计从业资格证书的会计从业资格管理机构办理注册登记。

17．C 【解析】本题考核会计从业资格证书管理的调转登记的规定。持证人员在不同会计从业资格管理机构管辖范围调转工作单位，且继续从事会计工作的，应当向原注册登记的会计从业资格管理机构办理调出手续，并自办理调出手续之日起90日内，持会计从业资格证书、调转登记表和调入单位出具的从事会计工作证明，向调入单位所在地的会计从业资格管理机构办理调入手续。

18．D 【解析】本题考核会计人员继续教育的时间要求。持有会计从业资格证书的人员每年参加继续教育培训的时间不得少于24小时。

19．A 【解析】本题考核会计专业技术资格的学历要求。报名参加会计专业技术资格初级考试的人员，除了应具备规定的基本条件外，还必须具备教育部门认可的高中以上的学历。

20．D 【解析】本题考核会计工作岗位。档案管理部门管理会计档案、医院门诊收费员、住院处收费员、药房收费员、药品库房记账员、商场收银员、单位内部审计、社会审计、政府审计都不属于会计工作岗位。

21．C 【解析】本题考核会计工作岗位的有关规定。出纳人员不得兼管审核、会计档案保管、收入费用账目、债权债务账目的登记工作。

22．C 【解析】本题考核伪造、变造会计凭证、会计账簿，编制虚假财务会计报告的法律责任。伪造、变造会计凭证、会计账簿，编制虚假财务会计报告的，

县级以上人民政府财政部门视其情节轻重，在予以通报的同时，可以在对单位并处5 000元以上100 000元以下的罚款，对其直接负责的主管人员和其他直接责任人员，可以处3 000元以上50 000元以下的罚款。

23. B 【解析】本题考核打击报复会计人员罪的特点。构成打击报复会计人员罪有以下三个特点：①打击报复会计人员的主体是单位的领导人；②打击报复会计人员罪的犯罪对象是依法履行职责、抵制违反《会计法》规定行为的会计人员；③打击报复会计人员罪在客观上表现为对依法履行职责，抵制违反《会计法》规定行为的会计人员实行打击报复情节恶劣的行为。

24. B 【解析】本题考核填写票据和结算凭证的基本要求。票据的出票日期应大写，在填写月、日时，月为壹、贰和壹拾的，日为壹至玖和壹拾、贰拾和叁拾的，应在其前加“零”；日为拾壹至拾玖的，应在其前面加“壹”。

25. D 【解析】本题考核基本存款账户和临时存款账户的区别。临时存款账户与基本存款账户在功能上具有一定的相似之处，但基本存款账户没有时间限制，临时存款账户有效期不得超过两年。

26. A 【解析】本题考核基本存款账户的功能。存款人因办理日常转账结算和现金收付，可以在银行开立基本存款账户。

27. C 【解析】本题考核一般存款账户。开立一般存款账户没有数量限制。

28. B 【解析】本题考核临时存款账户。注册验资的临时存款账户在验资期间只收不付。

29. C 【解析】本题考核专用存款账户。对财政预算外资金的使用管理，存款人应依法申请开立专用存款账户。

30. D 【解析】本题考核银行汇票的时间规定。银行汇票的提示付款期限为自出票日起1个月，持票人超过提示付款期提示付款的，代理付款人不予接受。

31. A 【解析】本题考核支票结算的可靠性的含义。支票结算的可靠性是指银行严禁签发空头支票，各单位必须在银行存款余额内才能签发支票，因而一般不存在得不到正常支付的情况。

32. C 【解析】本题考核设立税务登记的时间规定。从事生产、经营的纳税人领取工商执照（含临时工商营业执照）的，应当自领取工商营业执照之日起30日内申报办理税务登记。

33. B 【解析】本题考核停业复业登记。纳税人停业期满未按期复业又不申请延长停业的，税务机关应当视为已恢复营业，实施正常的税收征收管理。

34. A 【解析】本题考核外出经营报验登记。《外管证》的有效期限一般为30日，最长不得超过180天。

35. D 【解析】本题考核领取增值税专用发票所需的证件。领购增值税专用发票所需证件包括：盖有“增值税一般纳税人”专用章的税务登记证（副本）、经办人身份证明、发票专用章印模。

36．B　【解析】本题考核专用发票的适用范围。专用发票适用于某一经营项目，如电话费专用发票、技术贸易专用发票等。

37．D　【解析】本题考核普通发票的有关规定。符合条件的企业可以申请印制具名普通发票。

38．B　【解析】本题考核纳税申报方式的范围。纳税申报主要方式包括：直接申报、邮寄申报、数据电文申报。

39．A　【解析】本题考核会计职业道德规范的内容。诚实守信是会计职业道德的基本工作准则。

40．B　【解析】本题考核会计职业道德规范的内容。“常在河边走，就是不湿鞋”体现的会计职业道德是廉洁自律。

二、多项选择题

1．ABCD【解析】本题考核单位负责人在单位内部会计管理工作中的职责。单位负责人负责单位内部的会计管理工作，应当保证会计机构、会计人员依法履行职责，不得授意、指使、强令会计机构、会计人员违法办理会计事项，同时对本单位的会计工作和会计资料的真实性、完整性负有责任。单位负责人负责单位内部会计监督制度的组织实施，对本单位内部会计监督制度的建立及有效实施承担最终责任。单位负责人应接受并配合有关监督检查部门依法实施的监督检查，如实提供会计资料及有关情况。

2．ABC　【解析】本题考核会计规范性文件的范围。选项 D《会计从业资格管理办法》属于会计规章。

3．ABCD【解析】本题考核我国的会计工作管理体制的范围。我国的会计工作管理体制主要包括明确会计工作的主管部门、明确国家统一会计制度的制定权限、明确会计人员的管理和明确单位内部的会计工作管理等内容。

4．ABCD【解析】本题考核单位内部会计监督制度的基本要求。单位内部会计监督制度应当符合以下四个方面的要求：①记账人员与经济业务事项或会计事项的审批人员、经办人员、财物保管人员的职责权限应当明确，并相互分离、相互制约；②重大对外投资、资产处置、资金调度和其他重要经济业务事项的决策和执行的相互监督、相互制约的程度应当明确；③财产清查的范围、期限和组织程序应当明确；④对会计资料定期进行内部审计的办法和程序应当明确。

5．ABCD【解析】本题考核我国会计法规制度的内容。我国会计法规制度对会计核算的原则、会计资料的基本要求以及会计年度、记账本位币、填制会计凭证、登记会计账簿、编制财务会计报告、财产清查、会计档案管理等作出了统一规定。

6. ABC 【解析】本题考核会计核算一般原则。今年的教材中会计核算一般原则已经改成会计信息质量要求了，这题不再适用。

7. ACD 【解析】本题考核对财务会计报表做出具体规定的法规。

8. ABCD 【解析】本题考核会计工作的社会监督。注册会计师及其所在的会计师事务所业务范围包括：①审查企业财务会计报告，出具审计报告；②验证企业资本，出具验资报告；③办理企业合并、分立、清算事宜中的审计业务，出具有关报告；④法律、行政法规规定的其他审计业务。

9. ABCD 【解析】本题考核会计工作的政府监督的范围。应当接受财政部门依法实施会计监督检查的单位和组织包括国家机关、社会团体、事业单位、公司、企业以及除上述以外的其他组织。

10. BCD 【解析】本题考核会计从业资格。申请参加会计从业资格考试的人员，应当符合下列基本条件：①遵守会计和财经法律、法规；②具备良好的道德品质；③具备会计专业基本知识和技能。

11. ABC 【解析】本题考核会计从业资格证书管理。会计从业资格证书管理工作的内容包括上岗注册登记、离岗备案、调转登记、变更登记。

12. ABCD【解析】本题考核会计专业职务。大学专科或中等专业学校毕业，在财务会计工作岗位上见习1年期满，可聘任会计员职务；大学专科毕业见习期满后从事会计工作满2年，或大学本科毕业见习期满，经考核胜任一般会计岗位工作的，可聘任助理会计师职务；获得博士学位，经考核胜任主要会计工作的，可聘任会计师职务；获得硕士学位并担任助理会计师职务2年，可聘任会计师职务。

13. ABC 【解析】本题考核会计工作岗位的规定。会计工作岗位可以一人一岗、一人多岗或一岗多人。出纳不得兼管稽核、会计档案保管、收入账目、费用账目和债权债务账目的登记工作。

14. BC 【解析】本题考核会计人员回避制度。按照会计人员回避制度的规定，单位领导人的直系亲属不得在本单位担任会计机构负责人、会计主管人员。

15. ABCD【解析】本题考核会计人员工作交接的相关规定。会计人员调动工作或离职，必须与接管人员办清交接手续。会计人员临时离职或因病不能工作，需要接替或代理的以及临时离职或因病不能工作的会计人员恢复工作的，也应办理交接手续。

16. ABCD【解析】本题考核违反会计法规定应承担的法律责任。违反会计法规应承担的法律责任包括责令限期改正、罚款、给予行政处分、吊销会计从业资格证书以及依法追究刑事责任。

17. BCD 【解析】本题考核可能被吊销会计从业资格证书的情形。无故不参加会计人员继续教育，会计证不予年检，不得参加各级先进会计工作的评选，不得参加高一档次的会计专业技术资格考试和高级会计师资格评审，但不会被吊销会计从业资格证书。

18．ABD 【解析】本题考核任用会计人员应具备的条件。选项 C《会计法》未对主办会计的任职资格作出规定。

19．ABCD【解析】本题考核综合内容。以上各项答案均符合《会计法》规定。

20．ABCD【解析】本题考核办理支付结算的基本要求。办理支付结算的要求包括：①使用按中国人民银行统一规定印制的票据和结算凭证；②按《人民币银行结算账户管理办法》的规定开立和使用银行账户；③票据和结算凭证上的签章和其他记载事项应当真实，不得伪造、变造；填写票据和结算凭证应当规范，做到要素齐全、数字正确、字迹清晰、不错不漏、不潦草、防止涂改。

21．AC 【解析】本题考核银行结算账户的种类。银行结算账户按存款人的不同分为单位银行结算账户和个人银行结算账户。

22．ACD【解析】本题考核一般存款账户的使用范围。一般存款账户可以办理现金缴存、借款转存和借款归还，不得办理现金支取。

23．ACD【解析】本题考核专用存款账户的设置。选项 B 流动资金借款应开设一般存款账户。

24．AB 【解析】本题考核个人银行结算账户的功能。储蓄账户只能办理现金存取款，不得办理转账。

25．ABC 【解析】本题考核票据的特征。选项 D 票据的持票人只要向付款人提示付款，付款人即无条件向收款人或持票人支付票面金额。

26．AC 【解析】本题考核支票的相关规定。选项 B 任何单位和个人不得签发空头支票。选项 D 支票的提示付款期为自出票日起 10 日。

27．ABCD【解析】本题考核税务登记种类。税务登记的种类包括设立登记、变更登记、停业复业登记、注销登记和外出经营报验登记。

28．ABD 【解析】本题考核增值税专用发票的使用范围。增值税小规模纳税人、只纳营业税的纳税人以及有法定情形的一般纳税人不得领购使用增值税专用发票。

29．ABD 【解析】本题考核发票的开具要求。选项 C 任何单位和个人不得转借、转让、代开发票。

30．ABD 【解析】本题考核会计职业道德规范的内容。“参与管理”要求会计人员努力钻研相关业务，全面熟悉本单位经营活动和业务流程，主动提出合理化建议。协助领导决策而不是代替领导决策，积极参与管理。

三、判断题

1．× 【解析】本题考核国家统一的会计制度的定义和内容。国家统一的会计制度是指由国务院财政部门根据《会计法》制定的关于会计核算、会计监督、会计机构和会计人员以及会计工作管理的制度，包括规章和规范性文件。

2. × 【解析】本题考核记账本位币的规定。外资企业可以以其业务收支为主的货币或人民币作为记账本位币，但是编报会计报表必须使用人民币。

3. √ 【解析】本题考核重要性原则的意义。题干表述正确。

4. × 【解析】本题考核会计监督的种类。会计监督可分为单位内部监督、政府监督和社会监督。

5. × 【解析】本题考核单位内部会计监督的主体。内部会计监督的主体是单位的会计机构和会计人员。

6. × 【解析】本题考核会计机构和会计人员在单位内部会计监督中的职权。会计机构、会计人员发现会计账簿记录与实物、款项及有关资料不相符合的，按照国家统一会计制度的规定有权自行处理的，应当及时处理；无权处理的，应当立即向单位负责人报告，请求查明原因，作出处理。

7. × 【解析】本题考核政府监督的主体和对象。国务院财政部门和省、自治区、直辖市人民政府财政部门，依法对注册会计师、会计师事务所、注册会计师协会进行监督、指导。

8. × 【解析】本题考核代理记账的概念。代理记账是指从事代理记账业务的社会中介机构接受委托人的委托办理的会计业务。

9. √ 【解析】本题考核会计从业资格。题干表述正确。

10. × 【解析】本题考核会计岗位的范围。会计档案管理岗位，在会计档案正式移交之前，属于会计岗位，正式移交档案管理部门之后，不再属于会计岗位。

11. × 【解析】本题考核会计工作岗位。出纳不得兼管收入、费用账目和债权债务账目的登记工作，但出纳不是完全不能记账，只要所记的账不是直接与单位资金收支增减往来有关的账目，是可以承担一部分记账工作的，比如固定资产明细账。

12. √ 【解析】本题考核会计工作交接的规定。题干表述正确。

13. × 【解析】本题考核会计工作交接的规定。会计工作办理交接后，接替人员继续使用移交前的账簿，不得擅自另立账簿，以保证会计记录前后衔接、内容完整。

14. × 【解析】本题考核违反会计法应承担法律责任的行为。任用会计人员不符合《会计法》规定的行为包括：单位任用无会计从业资格证书的人员从事会计工作的行为；任用会计机构负责人（会计主管人员）不符合国家规定的资格条件的行为；任用总会计师不符合国家规定的资格条件的行为。

15. × 【解析】本题考核对会计资料的基本要求。采取涂改、挖补或者其他手段改变会计账簿的真实内容的行为属于变造会计账簿行为。

16. √ 【解析】本题考核隐匿或者故意销毁依法应当保存的会计凭证、会计账簿、财务会计报告行为的法律责任。题干表述正确。

17. √ 【解析】本题考核支付结算的特征。题干表述正确。银行是支付结算和资金清算的中介机构。这里的“银行”是银行、城市信用合作社、农村信用合作社的统称。

18. √ 【解析】本题考核银行结算账户管理应遵守的基本原则。题干表述正确。

19. × 【解析】本题考核填写票据和结算凭证的基本要求。票据出票日期使用小写填写的，银行不予受理。票据出票日期使用大写填写但是填写不规范的，银行可以受理，但由此造成损失的，由出票人自行承担。

20. × 【解析】本题考核变更税务登记的时间规定。存款人更改名称，但不改变开户银行及账号的，应于5个工作日内向开户银行提出银行结算账户的变更申请。

21. × 【解析】本题考核基本存款账户的开设条件。单位附属独立核算的食堂可以开立基本存款账户。

22. × 【解析】本题考核专用存款账户的相关规定。单位银行卡账户的资金必须由其基本存款账户转账存入。

23. × 【解析】本题考核票据的特征。票据所记载的金额可以由出票人自行支付或委托他人支付，如汇票和支票就是由出票人委托支付的。

24. × 【解析】本题考核会计法律制度与会计职业道德的关系。会计法律制度是对会计人员行为的最低要求。

25. √ 【解析】本题考核税务登记中的停业、复业登记。题干表述正确。

26. × 【解析】本题考核税务登记中的外出经营报验登记。纳税人外出经营活动结束后，应当向经营地税务机关缴销发票。

27. √ 【解析】本题考核普通发票的相关规定。题干表述正确。

28. √ 【解析】本题考核专业发票的相关规定。题干表述正确。

29. √ 【解析】本题考核发票的相关规定。题干表述正确。

30. √ 【解析】本题考核纳税申报的相关规定。题干表述正确。

2009年浙江省会计从业资格考试
财经法规与会计职业道德参考答案

一、单项选择题

1. C 【解析】本题考核会计法律的公布时间。我国现行《会计法》于1999年10月31日第九届全国人大常委会第十二次会议修订通过，2000年7月1日起施行。

2. C 【解析】本题考核会计规章的制定主体。会计规章是根据《立法法》规定的程序，由财政部制定，并由部门首长签署命令予以公布的关于会计核算、会计监督、会计机构和会计人员以及会计工作管理的会计法律制度。

3. B 【解析】本题考核《企业会计准则——基本准则》的施行时间。《企业会计准则——基本准则》属于会计规章，是财政部于2006年2月15日颁布，2007年1月1日起施行的。

4. D 【解析】本题考核财务会计报告的规定。单位负责人应在对外提供的财务会计报告上签名并盖章。

5. D 【解析】本题考核会计信息质量要求中的重要性要求。题干是重要性要求的概念。

6. A 【解析】本题考核会计信息质量要求中的可比性要求的含义。可比性要求包括纵向可比和横向可比。纵向可比是指同一企业不同时期发生的相同或相似的交易或事项，应当采用一致的会计政策，不得随意变更。确需变更的，应当在附注中说明。

7. A 【解析】本题考核对会计资料的基本要求。会计资料的真实性，主要是指会计资料所反映的内容和结果，应当与本单位实际发生的经济业务的内容及结果相一致。

8. D 【解析】本题考核记账本位币的规定。我国会计核算以人民币为记账本位币。业务收支以人民币以外的货币为主的单位，可以选定其中一种货币为记账本位币，但编报的财务会计报告必须以人民币反映。

9. B 【解析】本题考核填制和审核会计凭证的要求。会计人员对于记载不准确、不完整的原始凭证予以退回，并要求经办人员按国家统一的会计制度的规定进行更正、补充。

10．A　【解析】本题考核填制和审核凭证中的记账凭证的要求。除部分转账以及结账和更正错误记账凭证外，记账凭证必须附有原始凭证。

11．C　【解析】本题考核单位内部会计监督的对象。单位内部会计监督的对象是单位的经济活动。

12．D　【解析】本题考核单位内部会计监督制度的基本要求。单位内部会计监督制度的基本要求包括四项：①记账人员与经济业务事项或会计事项的审批人员、经办人员、财物保管人员的职责权限应当明确，并相互分离、相互制约。②重大对外投资、资产处置、资金调度和其他重要经济业务事项的决策和执行的相互监督、相互制约程序应当明确。③财产清查的范围、期限和组织程序应当明确。④对会计资料定期内部审计的办法和程序应当明确。

13．A　【解析】本题考核会计工作的政府监督的对象。审计、税务、证券监管、人民银行、保险监管部门实施会计监督的对象是单位的会计资料。

14．A　【解析】本题考核会计从业资格管理的离岗备案。持有会计从业资格证书的人员，离开会计工作岗位超过 6 个月的，应向原注册登记的会计从业资格管理机构办理备案。

15．C　【解析】本题考核会计工作岗位的回避要求。出纳人员不得兼管稽核、会计档案保管和收入费用账目、债权债务账目的登记工作。

16．D　【解析】本题考核代理记账的业务范围。代理记账机构业务范围包括四项：①根据委托人提供的原始凭证和其他资料进行会计核算。②对外提供财务会计报告。经代理记账机构负责人和委托人签名并盖章后对外提供。③向税务机关提供税务资料。④委托人委托的其他会计业务。出具审计报告是注册会计师及其所在的会计师事务所的业务范围。

17．A　【解析】本题考核会计工作交接的责任归属。原移交人员对在其经办会计工作期间内的会计资料的真实性、完整性承担法律责任。

18．D　【解析】本题考核会计从业资格管理中的会计继续教育的时间规定。会计人员应当接受继续教育，不断提高和保持专业胜任能力和职业道德水平。每年参加继续教育不得少于 24 小时。

19．C　【解析】本题考核会计人员回避制度。会计机构负责人（会计主管人员）的直系亲属不得在本单位会计机构内担任出纳工作。

20．B　【解析】本题考核违反会计法行为应承担的法律责任。不依法设置会计账簿属于违反会计法应承担法律责任的行为。对不依法设置会计账簿的行为，县级以上人民政府财政部门在责令其限期改正的同时，可以对其直接负责的主管人员和其他直接责任人员，处以 2 000～20 000 元的罚款。

21．C　【解析】本题考核会计记录文字。会计记录文字应使用中文。民族自治地方的单位可以同时使用当地通用的一种民族文字；外资企业和外国企业可以

同时使用一种外国文字。

22. B 【解析】本题考核办理支付结算的基本要求。选项 B 票据和结算凭证上的签章，应该是签名或盖章。

23. D 【解析】本题考核填写票据和结算凭证的基本要求。票据的出票日期必须使用中文大写。月为壹、贰、壹拾，日为壹拾、贰拾、叁拾的，应在前面加“零”；日为拾壹至拾玖的，应在前面加“壹”。因此 2 月 20 日应写成零贰月零贰拾日。

24. D 【解析】本题考核银行结算账户的开立。中国人民银行应于 2 个工作日内对银行报送的基本存款账户、临时存款账户和预算单位专用存款账户的开户资料进行审核，符合开户条件的，予以核准。

25. A 【解析】本题考核银行结算账户的开立。存款人开立单位银行结算账户，自开立之日起 3 个工作日后，方可使用该账户办理付款业务。

26. B 【解析】本题考核基本存款账户的使用范围。基本存款账户的使用范围为存款人日常经营活动的资金收付，以及工资、奖金和现金的支取。

27. D 【解析】本题考核一般存款账户的数量限制。开立一般存款账户没有数量限制。

28. C 【解析】本题考核个人银行结算账户的功能。可以通过个人银行结算账户使用支票、信用卡等信用支付工具，这是个人结算账户的三项功能之一。

29. D 【解析】本题考核填写票据和结算凭证的基本要求。阿拉伯小写金额数字中有“0”的，中文大写金额应按汉语语言规律、金额数字构成和防止涂改的要求进行书写。

30. A 【解析】本题考核票据当事人的范围。票据基本当事人包括出票人、付款人、收款人。

31. C 【解析】本题考核银行本票的提示付款期。银行本票的提示付款期是自出票日起 2 个月内。

32. D 【解析】本题考核票据的相关规定。选项 D 我国的票据均为记名票据，必须通过背书转让或交付转让的方式予以流通转让。

33. B 【解析】本题考核银行汇票的相关规定。银行汇票的绝对记载事项包括：表明“银行汇票”的字样、无条件支付的承诺、确定的金额、付款人名称、收款人名称、出票日期、出票人签章。

34. B 【解析】本题考核设立税务登记的时间规定。从事生产、经营的纳税人领取工商营业执照（含临时工商营业执照）的，应当自领取工商营业执照之日起 30 日内申报办理税务登记。

35. C 【解析】本题考核增值税专用发票的相关规定。选项 C 增值税专用发票应由国家税务总局指定的企业统一印刷。

36. B 【解析】本题考核发票的开具要求。选项 B 开具发票时应按号码顺

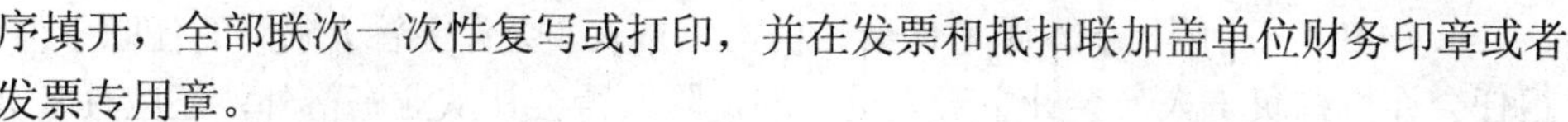

序填开，全部联次一次性复写或打印，并在发票和抵扣联加盖单位财务印章或者发票专用章。

37. A 【解析】本题考核税款征收方式。查定征收是指由税务机关根据纳税人的生产设备等在正常条件下的生产、销售情况，对其生产的应税产品查定产量和销售额据以征税。主要适用于规模较小、账册不健全、产品零星、税源分散的单位。

38. D 【解析】本题考核会计职业道德规范。廉洁自律的基本要求包括：公私分明、不贪不占，遵纪守法，清正廉洁。

39. C 【解析】本题考核会计职业道德规范中诚实守信的定义。诚实守信的基本要求包括：做老实人，说老实话，办老实事，不弄虚作假；执业谨慎，信誉至上；保守秘密，不为利益所诱惑。

40. B 【解析】本题考核会计职业道德规范中客观公正的基本要求。客观公正的基本要求是端正态度、依法办事、实事求是、保持应有的独立性。

二、多项选择题

1. CD 【解析】本题考核国家统一的会计制度的制定部门。国家统一的会计制度由国务院财政部门制定并发布，包括会计规章和会计规范性文件。

2. ABD 【解析】本题考核会计规范性文件的范围。选项 C《总会计师条例》属于会计行政法规。

3. ABCD 【解析】本题考核国家统一的会计制度的范围。四项答案都属于国家统一的会计制度。

4. ABC 【解析】本题考核会计规章的法律地位。会计规章属于国家统一的会计制度，其法律地位低于会计法律和会计行政法规，因此其效力低于宪法、法律、会计行政法规。

5. ABC 【解析】本题考核会计资料的有关规定。会计资料必须符合国家统一会计制度的规定。会计资料包括会计凭证、会计账簿、财务会计报告和其他会计资料。

6. ACD 【解析】本题考核财政部门实施会计监督的范围。财政部门实施会计监督的范围包括四项：①是否依法设置账簿；②会计资料是否真实、完整；③会计核算是否合法；④从事会计工作人员是否具备会计从业资格。

7. AC 【解析】本题考核会计工作的社会监督的范围。会计工作的社会监督主要是指注册会计师及其所在的会计师事务所依法对委托单位的经济活动进行审计、鉴证的一种监督制度。单位和个人检举违反《会计法》和国家统一会计制度规定的行为也属于社会监督的范畴。

8. ABC 【解析】本题考核设置会计机构的条件。一个单位是否单独设置会计机构取决于以下几个因素：单位规模大小、业务收支简繁、经营管理需求。

9. AB　【解析】本题考核会计机构负责人（会计主管人员）的任职条件。担任会计机构负责人（会计主管人员）的，除取得会计从业资格外，还应具备会计师以上会计专业技术资格或从事会计工作 3 年以上。

10. BC　【解析】本题考核会计从业资格证书或会计岗位。选项 A 注册会计师和选项 D 会计教学不属于会计工作岗位，因此不需要会计从业资格证书。

11. ABD【解析】本题考核会计工作岗位。会计工作岗位可以一人一岗、一人多岗、一岗多人。

12. ABCD【解析】本题考核会计从业资格管理中的变更登记。持证人员接受继续教育、受到表彰表扬，或学历学位、会计专业技术职务资格发生变更的，应办理变更登记。

13. CD　【解析】本题考核《会计法》法律责任形式。《会计法》法律责任主要形式包括行政责任和刑事责任。

14. ABCD【解析】本题考核基本存款账户的开立范围。凡是具有民事权利能力和民事行为能力，并依法独立享有民事权利和承担民事义务的法人和其他组织，均可开立基本存款账户。另外，有些单位虽然不是法人组织，但具有独立核算资格，有自主办理资金结算的需要，包括非法人企业、外国驻华机构、个体工商户、单位设立的独立核算的附属机构等，也可以开立基本存款账户。

15. ABCD【解析】本题考核专用存款账户。四项都属于专用存款账户的使用范围。

16. AC　【解析】本题考核临时存款账户的开立。临时存款账户是因临时需要并在规定期限内使用而开立的，注册验资和异地临时经营都可开立临时存款账户。缴纳住房基金和清算证券交易结算资金应开立专用存款账户。

17. AC　【解析】本题考核一般存款账户的使用范围。一般存款账户的使用范围包括：借款转存、借款归还、现金缴存，但不得办理现金支取。

18. ABCD【解析】本题考核票据的功能。票据具有支付、汇兑、信用、结算、融资的功能。

19. ABC【解析】本题考核票据行为的范围。票据行为包括出票、背书、承兑、保证。

20. ABCD【解析】本题考核银行汇票的记载事项。银行汇票的绝对记载事项包括：表明“银行汇票”的字样、无条件支付的承诺、确定的金额、付款人名称、收款人名称、出票日期、出票人签章。

21. ACD【解析】本题考核支票的办理和使用要求。选项 B 出票人签发空头支票，银行应予以退票，并按票面金额处以 5%但不低于 1 000 元的罚款。

22. ABCD【解析】本题考核变更税务登记的情形。纳税人税务登记内容发生变化时应向原税务机关申报办理变更税务登记，四个选项都正确。

23．ACD 【解析】本题考核纳税申报的方式。纳税申报的方式包括直接申报、邮寄申报、数据电文申报。

24．ABCD【解析】本题考核税款征收方式。我国税款征收方式有：查账征收、查定征收、查验征收、定期定额征收、代扣代缴、代收代缴、委托代征、邮寄申报纳税、自计自填自缴、自报核缴。

25．ABCD【解析】本题考核核定应纳税额的情形。税务机关有权核定应纳税额的情形包括：按规定可以不设账簿的；应设而未设账簿的；擅自销毁账簿或拒不提供税务资料的；账务混乱难以查账的；未按规定期限申报的；计税依据偏低又无正当理由的；未按规定办理税务登记的。

26．ABCD【解析】本题考核会计职业道德规范的主要内容。会计职业道德规范的主要内容包括：爱岗敬业、诚实守信、廉洁自律、客观公正、坚持准则、提高技能、参与管理、强化服务。

27．ABD 【解析】本题考核会计职业道德规范中坚持准则的基本要求。坚持准则的基本要求包括：熟悉准则、执行准则、依法监督。

28．ABCD【解析】本题考核会计职业道德规范中会计职业技能的内容。提高技能中所指的会计职业技能的内容主要包括：专业基础知识；会计理论、专业操作的创新能力；组织协调能力；主动更新知识的能力；提供会计信息的能力。

29．ABCD【解析】本题考核会计职业道德规范中坚持准则的含义。会计职业道德规范"坚持准则"中所指准则包括会计法律、会计行政法规、国家统一的会计制度、与会计工作相关的法律制度。

30．ABCD【解析】本题考核会计职业道德与会计法律制度的区别。会计职业道德与会计法律制度的区别包括：性质不同；作用范围不同；实现形式不同；实施保障机制不同。

三、判断题

1．× 【解析】本题考核《企业财务会计报告条例》实施时间。《企业财务会计报告条例》2000 年 6 月 21 日由国务院发布，于 2001 年 1 月 1 日开始实施。

2．× 【解析】本题考核单位负责人的会计责任。应对本单位的会计工作和会计资料的真实性、完整性负责的是单位负责人，而非会计机构负责人。

3．√ 【解析】本题考核会计核算的一般要求中对会计核算依据的基本要求。题干表述正确。

4．√ 【解析】本题考核会计核算的内容。题干表述正确。

5．√ 【解析】本题考核记账本位币的规定。题干表述正确。

6．× 【解析】本题考核会计工作岗位的回避要求。出纳人员不得兼管稽核、会计档案保管和收入费用账目、债权债务账目的登记工作。

7. × 【解析】本题考核会计人员工作交接的要求。会计工作交接后，为保证会计记录前后衔接、内容完整，接替人员应继续使用移交前的账簿。

8. √ 【解析】本题考核会计工作岗位。会计档案移交之前属于会计岗位，正式移交档案管理部门后，档案管理部门保管会计档案不属于会计岗位，故题干表述正确。

9. × 【解析】本题考核会计从业资格管理办法。现行《会计从业资格管理办法》自 2005 年 3 月 1 日起施行。

10. × 【解析】本题考核会计监督。我国会计监督体系包括单位内部会计监督、政府（国家）监督、社会监督。

11. × 【解析】本题考核会计档案的销毁。并非所有的会计档案保管到期后都必须销毁。保管期满后不得销毁的会计档案有：未结清的债权债务原始凭证、涉及其他未了事项的原始凭证、正在建设期间的建设单位的会计档案。

12. × 【解析】本题考核登记会计账簿。各单位应当依法设置的会计账簿包括：总账、明细账、日记账和其他辅助账簿。

13. √ 【解析】本题考核填制和审核会计凭证。题干表述正确。

14. √ 【解析】本题考核隐匿或者故意销毁依法应当保存的会计凭证、会计账簿、财务会计报告行为应承担的法律责任。题干表述正确。

15. × 【解析】本题考核填写票据和结算凭证的基本要求。票据出票日期应使用中文大写，使用小写填写的，银行不予受理。大写日期未按要求规范填写的，银行可予受理；但由此造成损失的，由出票人自行承担。

16. √ 【解析】本题考核基本存款账户的开立范围。题干表述正确。

17. × 【解析】本题考核票据当事人的定义。背书人是指在转让票据时，在票据背面或粘单上签字或盖章并将该票据交付给受让人的票据收款人或持有人。被背书人是指被记名受让票据或接受票据转让的人。

18. √ 【解析】本题考核票据行为的规定。题干表述正确。

19. √ 【解析】本题考核银行汇票的办理和使用要求。题干表述正确。

20. × 【解析】本题考核支票的使用规定。划线支票只能用于转账，不能支取现金。

21. √ 【解析】本题考核支票的提示付款期。题干表述正确。

22. × 【解析】本题考核注销税务登记的时间规定。办理注销税务登记的时间为 15 日。

23. × 【解析】本题考核发票的有关规定。税务机关在发售发票时，应按财政、物价部门核准的收费标准收取发票工本费，并向购票方开具收据。

24. × 【解析】本题考核专业发票的有关规定。专业发票不印发票监制章。

25. √ 【解析】本题考核纳税申报的有关规定。题干表述正确。

26. √　【解析】本题考核会计职业道德与会计法律制度的关系。题干表述正确。

27. √　【解析】本题考核会计职业道德与会计法律制度的关系。题干表述正确。

28. √　【解析】本题考核会计职业道德教育中的警示教育。题干表述正确。

29. ×　【解析】本题考核会计职业道德与会计法律制度的关系。会计人员不钻研业务，不加强新知识的学习，造成工作上的差错，缺乏胜任工作的能力。这是一种违反会计职业道德的行为，但不能说其违反了会计法律制度。

30. √　【解析】本题考核会计职业道德与会计法律制度的关系。题干表述正确。

2010 年浙江省会计从业资格考试
财经法规与会计职业道德参考答案

一、单项选择题

1. B 【解析】本题考核行政责任中的行政处罚。行政处罚由违法行为发生地县级以上地方人民政府具有行政处罚权的行政机关实施。

2. C 【解析】本题考核行政处分的对象。行政处分的对象是国家工作人员，即公务员。

3. C 【解析】本题考核违反会计法规应承担的法律责任。违反会计法规县级以上人民政府财政部门在责令限期改正的同时，可以对单位处以 3 000～50 000 元的罚款，对直接责任人处以 2 000～20 000 元的罚款。

4. D 【解析】本题考核法律责任。承担资产评估、验资、会计、审计等职责的中介组织的人员故意提供虚假证明文件，情节严重的，处 5～10 年有期徒刑或拘役，并处罚金。

5. D 【解析】本题考核隐匿或者故意销毁依法应当保存的会计凭证、会计账簿、财务会计报告的法律责任。隐匿或者故意销毁依法应当保存的会计凭证、会计账簿、财务会计报告，尚未构成犯罪的，应当根据《会计法》的有关规定，县级以上人民政府财政部门在予以通报的同时，可对单位并处 5 000～100 000 元的罚款，对直接责任人可处以 3 000～50 000 元的罚款。

6. C 【解析】本题考核授意、指使、强令会计机构、会计人员及其他人员伪造、变造会计凭证、会计账簿、编制虚假财务会计报告的法律责任。授意、指使、强令会计机构、会计人员及其他人员伪造、变造会计凭证、会计账簿、编制虚假财务会计报告，尚未构成犯罪的，应当根据会计法的有关规定，由县级以上人民政府财政部门对违法行为人处以 5 000～50 000 元的罚款。

7. B 【解析】本题考核会计职业道德规范。遵守法律法规是保证会计工作客观公正的前提。

8. B 【解析】本题考核会计职业道德规范。会计职业道德的基本工作准则是诚实守信。

9. A 【解析】本题考核会计职业道德规范。爱岗敬业是所有职业道德规范的共同要求。

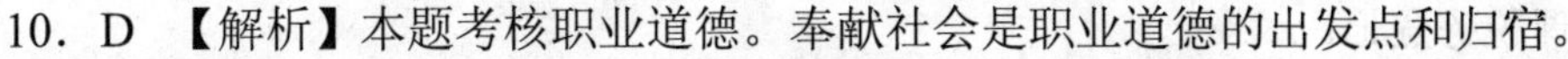

10. D 【解析】本题考核职业道德。奉献社会是职业道德的出发点和归宿。

11. D 【解析】本题考核填写票据的基本要求。票据出票的大写日期未按要求规范填写的，银行可以受理，但由此造成的损失，应由出票人承担。

12. B 【解析】本题考核基本存款账户的使用范围。基本存款账户是存款人的主办账户，存款人日常经营活动发生的资金收付以及工资、奖金的支付，都应该通过该账户办理。

13. C 【解析】本题考核银行结算账户的分类。银行存款结算账户按存款人不同，分为单位银行结算账户和个人银行结算账户。

14. A 【解析】本题考核银行结算账户的开立。中国人民银行是银行结算账户的监督管理部门，存款人开立基本存款账户、临时存款账户和预算单位开立专用存款账户实行核准制度，经中国人民银行核准后，由开户银行核发开户登记证。

15. B 【解析】本题考核办理银行结算账户变更的时间。存款人更改名称，但不改变开户银行及账号的应于5个工作日内向开户银行提出银行结算账户的变更申请，并出具有关部门的证明文件。

16. C 【解析】本题考核设立税务登记的时间。从事生产经营的纳税人领取工商营业执照的，应当自领取工商营业执照之日起30日内申报办理税务登记。

17. D 【解析】本题考核设立税务登记。从事生产、经营的纳税人外出经营自其在同一县（市）实际经营或提供劳务之日起，在连续的 12 个月内累计超过180天的，应当自期满之日起30日内，向生产经营所在地的税务机关申报办理税务登记。

18. D 【解析】本题考核停业登记。实行定期定额征收方式的个体工商户需要停业的，应当向税务机关办理停业登记，其停业期限最长不得超过一年。

19. B 【解析】本题考核注销税务登记。不需要在工商管理机关或者其他机关办理注销登记的，应当自有关机关批准或者宣告终止之日起15日内，持有关证件和资料向原税务登记机关办理注销税务登记。

20. B 【解析】本题考核普通发票。无固定经营场地，临时取得应税收入的纳税人需要发票的，可到税务部门办税大厅申请代开发票。

21. C 【解析】本题考核办理变更税务登记的范围。纳税人发生改变名称、改变法定代表人、改变登记类型、改变住所和经营地点（不涉及主管税务机关变动的）、改变生产经营方式和经营地点或经营范围、增减注册资金或投资总额、改变隶属关系、改变生产经营期限、改变或增减银行账号、改变生产经营权属及改变其他税务登记内容的，应当办理变更税务登记。发生重大投资损益不属于办理变更税务登记的范围。

22. A 【解析】本题考核设立税务登记。从事生产经营的纳税人未办理工商营业执照也未经有关部门批准设立的，应当自纳税义务发生之日起30日内申报办

理税务登记。

23．A 【解析】本题考核纳税申报。纳税人在纳税期间没有应纳税款的，也应按规定办理纳税申报。

24．C 【解析】本题考核会计法律的制定部门。会计法律是由全国人民代表大会及其常委会制定的。

25．B 【解析】本题考核会计机构负责人的任职资格。担任单位会计机构负责人的，除了取得会计从业资格证书以外，还应具备会计师以上专业技术职务资格或从事会计工作 3 年以上。

26．B 【解析】本题考核会计信息质量要求。将融资租赁方式租入的资产视为企业资产，体现了实质重于形式要求。

27．A 【解析】本题考核记账本位币。我国规定会计核算的记账本位币是人民币。

28．D 【解析】本题考核财务会计报告的责任主体。单位对外提供的财务会计报告的责任主体是单位负责人。

29．B 【解析】本题考核会计信息质量要求。企业对交易或者事项进行会计确认、计量和报告时不应高估资产或收益、低估负债或费用，体现了谨慎性要求。

30．A 【解析】本题考核内部会计监督。内部会计监督的主体是单位会计机构和会计人员。

31．C 【解析】本题考核会计资料的质量要求。真实性和完整性是会计资料最基本的质量要求。

32．D 【解析】本题考核内部会计监督。内部会计监督的对象是单位的经济活动。

33．A 【解析】本题考核会计继续教育。会计从业资格持证人员每年参加继续教育培训不少于 24 小时。

34．B 【解析】本题考核会计专业技术资格。高级会计师资格的取得实行考试和评审相结合制度。

35．C 【解析】本题考核会计机构的设置。各单位应依据会计业务的需要设置会计机构，或者在有关机构中设置会计人员并指定会计主管人员。

36．D 【解析】本题考核会计主管人员的概念。《会计法》中所称的会计主管人员是指负责组织管理本单位会计事务，行使会计机构负责人职权的负责人，不同于日常所称的“会计主管”、“主管会计”或“主办会计”。

37．A 【解析】本题考核代理记账业务范围。代理记账业务范围包括：据委托人提供的原始凭证和其他资料进行会计核算、对外提供财务会计报告、向税务机关提供税务资料以及委托人委托的其他会计业务，不包括代理申请工商登记。

38．D 【解析】本题考核上岗注册登记。持证人员从事会计工作，应当自从

事会计工作之日起90日内向单位所在地的会计从业资格管理机构办理注册登记。

39．B　【解析】本题考核会计从业资格管理部门。财政部门管理会计从业资格工作，省级财政部门负责组织指导全省会计从业资格管理工作。

40．B　【解析】本题考核会计工作交接。一般会计人员办理会计工作交接，由会计机构负责人（会计主管人员）监交。

二、多项选择题

1．ACD　【解析】本题考核行政处罚。选项B为不予行政处罚的情形。

2．BD　【解析】本题考核行政责任的形式。行政责任包括行政处罚和行政处分。

3．ABCD【解析】本题考核行政处罚的形式。行政处罚主要分为警告、罚款、没收违法所得和非法财物、责令停产停业、暂扣或吊销许可证和执照、行政拘留。

4．ABD　【解析】本题考核刑事责任中的附加刑的种类。附加刑分为罚金、剥夺政治权利、没收财产。

5．AD　【解析】本题考核法律责任。公司向股东和社会公众提供虚假的或者隐瞒重要事实的财务会计报告，严重损害股东或者其他人利益的，对其直接负责的主管人员和其他直接责任人员，处3年以下有期徒刑或拘役，并处或者单处20 000～200 000元罚金。

6．ACD　【解析】本题考核会计职业道德的特点。会计职业道德的特点表现出利益的相关性、发展的稳定性、广泛的社会性、较高的约束性。

7．ABD　【解析】本题考核职业道德的主要内容。职业道德主要内容包括：爱岗敬业、诚实守信、办事公道、服务群众、奉献社会。

8．AD　【解析】本题考核会计职业道德规范的主要内容。会计职业道德规范的主要内容包括：爱岗敬业、诚实守信、廉洁自律、客观公正、坚持准则、提高技能、参与管理、强化服务。

9．ABCD【解析】本题考核会计职业道德规范中廉洁自律的要求。廉洁自律的基本要求：公私分明，不贪不占；遵纪守法；清正廉洁。

10．ACD　【解析】本题考核办理支付结算的基本原则。办理支付结算的基本原则包括：恪守信用、履约付款；谁的钱进谁的账，由谁支配；银行不垫款。

11．ABCD【解析】本题考核专用存款账户的使用范围。四个选项都属于专用存款账户。

12．ABCD【解析】本题考核票据的功能。票据功能有支付、汇兑、信用、结算。

13．ABCD【解析】本题考核银行汇票结算的特点。银行汇票结算具有适用

范围广；票随人走、钱货两清；信用度高，安全可靠；使用灵活、适应性强的特点。

14. ABCD【解析】本题考核支票的绝对记载事项。支票的绝对记载事项包括：表明“支票”的字样、无条件支付的委托、确定的金额、付款人的名称、出票日期、出票人签章。

15. AC 【解析】本题考核银行结算账户变更的范围。银行结算账户的变更是指开户资料发生变更，包括存款人名称、单位法定代表人、住址等发生变更。

16. ABCD【解析】本题考核银行结算账户。四个选项说法都正确。

17. ACD 【解析】本题考核办理税务登记的范围。凡有法律、法规规定的应税收入、应税财产、应税行为的各类纳税人，均应按相关规定办理税务登记。

18. ABCD【解析】本题考核税务登记种类。税务登记种类包括：设立登记、变更登记、停业、复业登记、注销登记、外出经营报验登记。

19. ABC 【解析】本题考核设立税务登记。纳税人在申报办理税务登记时，应根据不同情况提供营业执照；有关合同、章程、协议书，银行账号证明，组织机构代码证，居民身份证以及税务机关要求提供的其他有关证件和资料。

20. ACD 【解析】本题考核发票的分类。发票按填开金额的不同限制，可以分为无限额发票、限额发票、定额发票。

21. ABCD【解析】本题考核增值税专用发票。增值税专用发票需经税务机关认证相符后才能作为抵扣凭证。不得抵扣的情形包括：仅取得发票联或抵扣联，认证不符、密文有误，虚开发票，未按规定开票。

22. ABCD【解析】本题考核专业发票的管理。浙江省已纳入税务机关管理的专业发票有：保险专用发票、金融服务统一发票、邮政业务统一发票、货物运输统一发票。

23. BCD 【解析】本题考核纳税申报方式。纳税申报的方式有直接申报（也叫上门申报）、邮寄申报、数据电文申报。

24. ABD 【解析】本题考核核定应纳税额的情形。税务机关有权核定应纳税额的情形包括：按规定可以不设账簿的；应设而未设账簿的；擅自销毁账簿或拒不提供税务资料的；账务混乱难以查账的；未按规定期限申报，经税务机关责令限期申报仍不申报的；计税依据偏低又无正当理由的；未按规定办理税务登记的。选项C“发生纳税义务，未按规定的期限办理纳税申报的”，如果经税务机关责令限期申报，在规定期限内申报纳税的，不需核定应纳税额。

25. ABCD【解析】本题考核会计规范性文件的代表性文件。四个选项都属于会计规范性文件。

26. ABCD【解析】本题考核广义会计法的内容。广义的会计法包括会计法律、会计行政法规、会计地方性法规和会计规章。

27．BD　【解析】本题考核会计信息质量要求。及时性要求要求及时收集会计信息、及时处理会计信息、及时传递会计信息。

28．ACD【解析】本题考核财务会计报告的构成内容。财务会计报告由会计报表、会计报表附注、财务情况说明书组成。

29．ABCD【解析】本题考核财政部门实施会计监督的内容。四个选项都正确。

30．AC　【解析】本题考核会计档案的管理部门。会计档案工作的指导、监督和检查由各级人民政府财政部门和档案行政管理部门共同负责。

三、判断题

1．×　【解析】本题考核变造会计凭证的概念。题干表述应为变造会计凭证，伪造会计凭证是以虚假的经济业务为前提的，即无中生有。

2．×　【解析】本题考核行政处罚相关内容。行政机关应在作出处罚决定前告知当事人做出处罚决定的事实、理由、依据以及当事人依法享有的有关权利。

3．√　【解析】本题考核行政处罚的相关规定。题干表述正确。

4．√　【解析】本题考核伪造会计凭证的法律责任。题干表述正确。

5．√　【解析】本题考核行政处分的相关规定。题干表述正确。

6．√　【解析】本题考核会计法律制度与会计职业道德的关系。题干表述正确。

7．×　【解析】本题考核会计法律制度与会计职业道德的关系。会计法律制度是会计职业道德的最低要求。

8．×　【解析】本题考核会计职业道德教育的途径。会计职业道德教育的途径包括会计学历教育（基础）、会计继续教育。

9．√　【解析】本题考核会计职业道德建设，题干表述正确。

10．×【解析】本题考核单位银行卡账户的相关规定。单位银行卡账户的资金必须由其基本存款账户转账存入。

11．√【解析】本题考核挂失止付的相关规定。题干表述正确。

12．√【解析】本题考核普通支票的规定。题干表述正确。

13．×【解析】本题考核银行汇票的适用范围。银行汇票不仅适用于在银行开户的单位、个体经济户和个人，也适用于未在银行开立账户的个体经济户和个人。

14．×【解析】本题考核扣缴税款登记的相关规定。根据税收法律、行政法规的规定，负有扣缴税款义务的扣缴义务人（国家机关除外），要办理扣缴税款登记。

15．×【解析】本题考核停业登记的相关规定。纳税人在办理完停业手续后，税务机关应收存其税务登记证件及副本、发票领购簿、未使用完的发票和其他税务证件。

16．√【解析】本题考核会计回避制度。题干表述正确。

17. × 【解析】本题考核停业复业登记的相关规定。纳税人应当于恢复生产经营之前，向税务机关办理复业登记。

18. √ 【解析】本题考核增值税专用发票。题干表述正确。

19. × 【解析】本题考核增值税专用发票。有法定情形的一般纳税人不得领购使用增值税专用发票。

20. × 【解析】本题考核增值税专用发票的开具。销售免税货物时不得开具增值税专用发票。

21. √ 【解析】本题考核普通发票的使用范围。题干表述正确。

22. × 【解析】本题考核纳税申报。纳税人在享受减税、免税待遇期间也应办理纳税申报。

23. √ 【解析】本题考核会计岗位的不相容职务。题干表述正确。

24. × 【解析】本题考核会计法律法规的法律地位。《会计法》是我国会计法律制度中层次最高的法律。

25. × 【解析】本题考核会计信息质量要求。明晰性要求企业的会计核算和编制的财务会计报告应当清晰明了，便于理解和利用。

26. √ 【解析】本题考核会计机构和会计人员在单位内部会计监督中的职责。题干表述正确。

27. √ 【解析】本题考核会计专业技术资格考试的报名条件。题干表述正确。

28. × 【解析】本题考核会计岗位的不相容职务。出纳人员不得兼管稽核发、会计档案保管和收入费用、债权债务账目的登记工作。

29. √ 【解析】本题考核会计工作交接的相关规定。题干表述正确。

30. × 【解析】本题考核会计工作交接的相关规定。会计工作交接后，原移交人员仍应对其经办会计工作期间内的会计资料的真实性、完整性承担法律责任。

参 考 文 献

[1] 会计从业资格考试辅导教材编写组．财经法规与会计职业道德[M]．北京：中国财政经济出版社，2009．

[2] 会计从业资格考试习题集编写组．会计从业资格考试习题集[M]．北京：中国财政经济出版社，2007．